본서는 예수의 기적들을 하나님의 구속의 통일성이라는 관점에서 잘 풀어내고 있다. 예수의 기적들은 단순히 치유와 축사 같은 물리적인 회복이 아니라 깊고 넓은 차원에서 예수 그리스도의 부활과 새 창조를 통한 하나님의 인류 구속과 새 창조를 보여주는 상징으로서 일관된 구속적인 유사성 및 통일성을 지닌다. 타락한 인류의 문제는 사탄의 지배, 즉 죄와 사망의 속박에 놓여 있다는 점이다. 예수의 기적들의 핵심은 사탄의 불의하고도 폭력적인 지배로부터 하나님의 의와 사랑의 왕국으로의 주권과 왕권의 변화다. 본서는 예수의 기적들이 이러한 주권의 변화 곧 사탄의 속박으로부터의 구속이라는 점을 일목요연하게 잘 드러내 보여준다. 예수의 기적들의 이러한 구속적인 일관성과 통일성을 이해하고 싶은 모든 이들에게 본서를 강력하게 추천한다.

류호영 | 백석대학교 신학대학원 신약학 교수

이 책은 목회와 상담에 재능을 보이는 자녀들을 위하여 아버지가 쓴 것으로서, 요한복음과 마태복음이 전하는 예수의 기적들과 부활을 쉽게 풀어주고, 실제 목회와 상담에 쓸 수 있도록 구성하였다. 정말 그 기적들은 일어났을까? 왜 기적들이 일어나야 했으며, 그 기적들이 뜻하는 바는 무엇일까? 구약의 기적들과 신약의 기적들은 어떤 관계일까? 이런 물음에 저자는 도표와 그림을 곁들여 자상하게 설명하고, 예수의 기적들을 우리 일상에 적용하도록 인도한다.

문우일 | 서울신학대학교 교양학부 신약학 조교수

기적을 통해 밝혀진 예수의 신성과 그의 정체성을 확인하여 복음서의 과녁을 명중(命中)시키는 본서는 기적이야말로 그리스도의 십자가와 부활의 예표(豫表)라는 비밀을 낱낱이 폭로한다. 저자는 기적이 무계획적으로 묘사된 상징이 아닌 하나님의 목적으로서의 내적 통일성, 즉 '그리스도'와 '그의 사역'의 최종지점인 '십자가와 부활을 통한 구속의 완성'을 지향한다고 강조한다. 특히 마태복음에 나오는 모든 기적의 본질을 새로운 관점으로 꿰뚫어 복음서 읽기의 수준을 한 단계 끌어올린 본서의 가치는 무궁무진하여 삶의 자리에서 실제로 적용할 수 있는 가장 효과적인 지침서가 될 것이다.

윤철원 | 서울신학대학교 신학대학원 신약학 교수

번 S. 포이트레스의 『구속사적 관점에서 본 예수의 기적』은 부제 '예수의 기적의 과거·현재·미래적 의미'를 통해 알 수 있듯이 주님께서 행하신 기적들이 구속이라는 관점에서 어떤 방식으로 결정적인 표징 역할을 하는지에 대해 다룬 책이다. 요한복음(II부)과 마태복음(III부)에 등장하는 기적들을 대상으로 기적의 실제와 의미를 종합적으로 고찰한 훌륭한 작품이다. 합리적 사고로 무장된 현대인들에게 성경에 기록된 기적은 일종의 도전으로 다가올 수 있다는 점에서 기적의 의미뿐 아니라 기적의 실제성에 대해 많은 지면을 할애하며 기적 배후에 계시는 하나님과 기적의 실제 행위자이신 예수가 누군지에 대해 진지하게 질문을 던지고 있는 이 책은 읽을 가치가 충분하다고 사료된다. 일독을 추천한다.

조광호 | 서울장신대학교 신약학 교수

그동안 신약성서 복음서의 기적 이야기는 그 차지하는 분량에 비해 본격적인 해석과 연구 노력에 상대적으로 인색한 경향이 있었다. 이는 그 초월적·초자연적 기적의 사실성 여부와 상징적 의미 분석의 소모적 논란으로 다람쥐 쳇바퀴 도는 식의 공전에 연유한 바 크다. 역사비평의 관점에서는 복음 선교의 매개로 작용한 초기교회 공동체의 '삶의 자리'가 양식비평의 일환으로 다루어지거나 문학적인 구조분석을 통한 일정한 패턴과 공통 요소를 살피는 정도로 선회하였을 뿐이다. 이에 비해 이 책은 복음서의 기적 이야기를 요한복음과 마태복음의 사례로 양단하여 이른바 '모형론적' 분석을 통해 각각의 기적 이야기가 지시하는 신학적 의미를 조명할 뿐 아니라, 그 메시지를 실천적인 맥락에 적용하는 데까지 나아가고 있다. 특히 기적 이야기의 핵심적인 의미를 창조-재창조의 관계망 속에 해석하면서 예수의 부활을 그 기적 이야기의 정점으로 제시한 저자의 관점은 상당한 설득력이 있다. 인간의 교만과 불신으로 기적이 사라진 시대에 하나님의 능력이 새롭게 발현되는 참신한 기적을 갈망하면서 독자들의 일독을 권한다.

차정식 | 한일장신대학교 신약학 교수, 한국신약학회 회장

번 포이트레스는 그의 성화된 학식을 통해 예수의 기적들을 무지와 혼란에서 구해냈다. 나는 목사로서 나 자신으로 하여금 기적들을 이해하고 나아가 내 회중들로 하여금 기적들을 이해하도록 도와준 그에게 빚을 지고 있다.

앨리스터 베그 | 오하이오주 샤그린 폴스 파크사이드 교회 수석 목사

포이트레스는 예수의 기적들의 장엄함에 대해 확실한 지침을 제공함으로써 우리 독자들로 하여금 그 기적들이 그의 권능과 주되심을 반사하며 그리고 궁극적으로 가장 위대한 일인 십자가라는 구속의 고동치는 표시들임을 볼 수 있게 해준다. 이 책의 정확성과 부드러운 목회적 실용성은 확실히 모든 독자들에게 활력을 줄 것이다. 설교하고 가르치는 이들은 사람들에게 기적들을 설명함에 있어서 면밀하게 쌓인 적용의 깊이가 유용하다는 것을 알게 될 것이다.

R. 켄트 휴즈 | 웨스트민스터 신학교 목회신학 초빙 교수

예수의 사역을 특징 짓는 기적들은 성서에서 가장 중요하기 때문에, 이 책은 주로 그 기적들에 집중해서 풍부한 통찰력을 가지고 그 기적들이 어떻게 예수가 성취한 구원의 전 범위를 드러내는 데 본질적인지 보여준다. 광범위한 청중들을 염두에 두고 쓰였고 저자의 특징인 간결하고 마음을 끄는 방식으로 쓰였기 때문에, 예수의 기적들이 복음에 대하여 어떻게 본질적인지를 더 이해하기 원하는 사람들은 이 책을 읽으면 큰 유익을 얻을 것이다.

리처드 B. 개핀 주니어 | 웨스트민스터 신학교 성경신학/조직신학 명예 교수

번 포이트레스는 심오한 통찰력과 명확한 설명을 조합해서 예수의 기적들이 단지 무작위적인 친절과 능력의 행위가 아니라—이 점이 가장 중요한데—예수의 희생적 죽음과 권능의 부활이라는 그의 구속 사명의 중심 사건들을 가리키는 표지들임을 보여준다. 포이트레스는 성육신, 치유들, 바다를 잠잠케 함, 변형과 영광스러운 하나님, 마지막 아담 그리고 약속된 메시아로서의 예수의 정체성을 드러내는 다른 초자연적인 사건들로부터 우리를 십자가와 빈 무덤으로 인도한다. 그런 후에 그는 계속해서 우리 자신의 삶, 죄, 고통과의 투쟁에 대한 적용으로 우리를 이끈다. 독자 친화적이며 그리스도를 영화롭게 하는 이 연구를 적극 추천한다.

데니스 E. 존슨 | 캘리포니아 웨스트민스터 신학교 실천신학 교수

우리 모두는 오늘날 어떤 종류의 기적도 일어나지 않는다고 단언하는 신자들과 불신자들을 대면한다. 그런데 우리는 거의 언제나 기적들을 경험한다고 주장하는 신자들과 불신자들도 만난다. 포이트레스는 문제의 핵심을 찌르는 방식으로 두 극단주의자들에게 이야기한다. 나사렛 예수는 세상이 지금까지 보았던 가장 위대한 기적을 행하는 사람이었다. 왜 그러한가? 예수의 기적들은 예수가 구주라고 증언하며 하나님의 기적적인 나라가 하늘에서 이루어진 것처럼 이 땅에 온다는 좋은 소식에 대해 증언하기 때문이다.

리처드 L. 프랫 주니어 | Third Millennium 사역원 원장

번 포이트레스는 그 학식으로 한 세대의 설교자들을 길러낸 신약 해석의 거장이다. 이 책은 예수의 기적들에 대한 독자의 이해에 큰 영향을 줄 보고(寶庫)다. 포이트레스는 예수의 신적 권위를 증명하는 것을 넘어서 기적들이 실제로 예수의 구원 사역의 넓은 범위에 대한 강력한 복음 제시임을 보여준다. 예수의 구속의 사랑이 얼마나 깊고 넓은지 더 잘 이해하기 원한다면, 이 책을 읽고 기뻐하라!

리처드 D. 필립스 | 사우스 캐롤라이나주 그린빌 제2장로교회 수석 목사,
필라델피아 개혁신학 컨퍼런스 의장

번 포이트레스의 학생으로서 나 자신의 이해를 형성해 주었던 기적 이야기들을 해석하는 원리들과 세부사항들이 나와서 기쁘다. 그는 특유의 방식으로 가장 접근하기 쉬운 용어들로 심오한 원리들을 발전시키며 마태복음에서 취한 수많은 예들을 통하여 그 적용을 보여준다. 나는 내 학생들의 손에 이 책이 놓일 수 있게 되어 매우 기쁘다.

마이클 J. 글로도 | 리폼드 신학교 성경학과 부교수

The Miracles of Jesus

How the Savior's Mighty Acts Serve as Signs of Redemption

Vern S. Poythress

구속사적 관점에서 본

예수의 기적

예수의 기적의 과거 · 현재 · 미래적 의미

번 S. 포이트레스 지음   홍승민 옮김

새물결플러스

이 책은 목회 사역 및 상담에 중점을 맞추고 있다.
따라서 나는 이 책을
목회 사역에 재능이 있는 내 아들 저스틴과
상담에 재능이 있는 내 아들 랜섬,
그리고 상담에 재능이 있는 내 딸 리스베스에게
헌정하고자 한다.

목차

그림목차

I

서론

사람들을 먹이시는 예수
Drawing by Gustave Dore.

1

예수의 기적들의 실제

성경에서 사복음서들—마태·마가·누가·요한—은 예수가 이 땅에 계실 때 행했던 기적들을 기록했다. 그는 나병 환자들, 소경들 그리고 다른 많은 질병들을 고쳤다. 그는 떡 다섯 덩이와 물고기 두 마리를 불려서 5,000명을 먹였다. 그는 귀신들을 쫓아냈다. 그는 물 위를 걸었고 죽은 자들을 살렸다.

기적에 대한 질문들

복음서의 기적 이야기들은 비범한 기록이지만 많은 질문들을 제기한다. 많은 현대인들은 맨 먼저 그 기적들이 실제로 일어났는지 여부에 대해 질문할 것이다. 만약 기적들이 실제로 일어났다면, 그 의미는 무엇인가? 그 기적들은 어떻게 일어났는가? 왜 일어났는가? 복음서들은 왜 그 기적들을 기록했는가? 그리고 우리는 그 기적들을 어떻게 이해해야 하는가? 그것들은 우리와 어떤 관련이 있는가?

우리는 주로 기적들의 의미와 적실성(relevance)에 대한 질문들을 다루기 원한다. 그러나 그 기적들이 실제로 일어났는지 여부에 대한 질문을 다루는 것도 중요하다. 기적들은 우리로 하여금 "우리는 어떤 세계에서 살고 있는가?"라는 질문과 마주하게 한다. 이 세계의 본질은 기적을 허용하는가, 아니면 이 세계는 그러한 기적에 대해 닫혀 있는가? 이 세계는 스스로의 규칙에서 벗어나는 것을 조금도 허용하지 않는, 자충족적인 구조(mechanism)인가? 이 세계에 관한 질문들은 곧바로 하나님에 관한 질문으로 이어진다. 하나님이 존재하는가? 만약 하나님이 존재한다면, 그는 기적들을 일으키는 그런 **종류**의 신인가? 그리고 하나님이 기적을 일으킬만한 이유는 무엇인가? 기적을 일으켰던 예수는 누구인가?

예수의 기적들은 실제로 일어났는가?

사람들은 수백 년 동안 기적들의 본질에 대하여 논쟁해왔다. 이에 관한 많은 책들이 저술되었다. 우리는 기적의 **의미**에 대하여 초점을 맞추고 있기 때문에 기적의 존재 여부에 관해 오래 지속되어온 논쟁은 자세히 다루지 않을 것이다. 이 논쟁에 대해서는 기적의 존재 여부에 대해 철저히 논의하고 있고 다른 많은 참고문헌들도 포함하고 있는 최근의 책 두 권을 추천하고자 한다. 이 책들은 C. 존 콜린스의 『기적의 하나님』(*The God of Miracles*) 그리고 크레이그 키너의 『기적들』(*Miracles*)이다.[1]

여기서 우리는 철저하게 논의하기보다는 기적들의 본질에 관해 제기

---

[1]   C. John Collins, *The God of Miracles*: *An Exegetical Examination of God's Action in the World* (Wheaton, IL: Crossway, 2000); Craig S. Keener, *Miracles*: *The Credibility of the New Testament Accounts* (Grand Rapids, MI: Baker, 2011). 또한 Vern S. Poythress, *In the Beginning Was the Word*: *Language—A God-Centered Approach* (Wheaton, IL: Crossway, 2009), 29장도 보라.

되는 주요 문제들을 간단히 살펴보는 데 만족할 것이다.

하나님의 존재. 첫 번째 문제는 하나님의 존재와 관련이 있다. 이 논쟁의 근저에는 하나님이 존재하는가 그리고 그는 어떤 종류의 하나님인가라는 문제가 놓여 있다. 성경이 묘사하는 대로의 기적들은 단순히 이례적인 사건들이거나 사람들이 아직 그에 대해 과학적 설명을 발견하지 못한 사건들일 뿐이기만 한 것이 아니다. 그 기적들은 하나님의 능력이 작동하고 있음을 극적으로 나타내는 하나님의 행위들이다. 하나님이 존재하지 않는다면 확실히 기적들도 존재하지 않는다.

어떤 종류의 신인가. 두 번째 문제는 어떤 **종류**의 신이 존재하는가와 관련이 있다. 이신론(Deism)은 하나님을 모든 것을 창조했지만 그 후에는 이 세계의 일상적인 운영에 개입하지 않는 신으로 묘사한다. 그는 멀리 떨어져 있다. 일반적으로 이신론자들은 하나님이 세계를 자신이 "개입"할 필요가 없는 완벽한 구조로 만들었다고 믿는다. 기적은 그 구조에 결함이 있음을 인정하는 셈이다. 따라서 대부분의 이신론자들은 기적이 일어나지 않는다고 주장한다.

과학의 영향을 받은 현대의 유물론적 세계관은 이 세계는 기본적으로 어길 수 없는 기계적 법칙들에 의하여 지배되는 물질과 운동으로 이루어졌다고 믿는다. 대부분의 유물론자들은 하나님의 존재를 믿지 않는다. 그들은 설사 하나님이 존재한다 해도, 하나님은 이 세계의 일상적인 기능 수행과는 관계가 없다고 주장한다. 유물론에서의 하나님의 지위는 이신론에서의 지위와 비슷하다.

그렇다면 어떤 견해가 옳은가? 간단히 말해서 성경에 묘사된 하나님은 애초에 세계를 창조했고 그 후 자기가 창조한 세계를 유지하는 활동을 하는 하나님이라고 할 수 있을 것이다. 성경은 하나님이 만든 사물들을 통해 그의 존재가 드러날 뿐 아니라, 자기가 만든 모든 것들을 통해서 모든 인간으로 하여금 자신을 알게 했다고 말한다. 모든 사람이 **하나님을 안다**. 그러나 그들은 이 지식을 억누르고 참 하나님에 대한 대체물을 만든다.

> 하나님의 진노가 불의로 진리를 막는 사람들의 모든 경건하지 않음과 불의에 대하여 하늘로부터 나타나나니 이는 하나님을 알 만한 것이 그들 속에 보임이라. 하나님께서 이를 그들에게 보이셨느니라. 창세로부터 그의 보이지 아니하는 것들, 곧 그의 영원하신 능력과 신성이 그가 만드신 만물에 분명히 보여 알려졌나니 그러므로 그들이 핑계하지 못할지니라. 하나님을 알되 하나님을 영화롭게도 아니하며 감사하지도 아니하고 오히려 그 생각이 허망하여지며 미련한 마음이 어두워졌나니, 스스로 지혜 있다 하나 어리석게 되어 썩어지지 아니하는 하나님의 영광을 썩어질 사람과 새와 짐승과 기어 다니는 동물 모양의 우상으로 바꾸었느니라(롬 1:18-23).

하나님의 존재에 관한 논거들은 사람들이 이미 알고 있는 바를 상기시켜주는 일종의 도구로서 유용할 것이다. 그러나 아무도 종교적으로 중립적이지 않기 때문에 그러한 논거들의 가치는 제한적이다. 인간들은 하나님으로부터 멀어져 있다.

성경에 의하면 하나님은 이례적인 사건들에서뿐만 아니라 이 세계의 규칙성들 내에서도 계속 활동하고 있다. 하나님의 통치 명령(governing word)은 과학자들이 과학 규칙이라고 부르는 것의 실제적인 원천이다.[2] 그는 규칙성과 예외 모두의 왕이고 지배자(Lord)다. 하나님의 통치 안의 규칙성들이 과학을 가능하게 한다. 하나님은 과학과 긴장 관계에 있는 것이 아니라 과학의 토대다.

또한 하나님은 기계적인 시스템이 아니라 인격적인 하나님이다. 따라서 하나님은 자신이 원할 경우 법칙에 예외를 둘 수 있다. 때로는 하나님이 특별한 목적이 있어서 특별한 행동을 할 수도 있다는 사실에 비춰볼 때, 기적들은 가능할 뿐만 아니라 이해할 수 있고 자연스러운 것이다. 예컨대 예수가 죽은 자들부터 부활한 사건은 대단히 이례적이지만 이 사건에서 성부 하나님이 그리스도를 신원(伸冤)했고 그의 순종에 대해 보상했음을 우리가 이해한다면 그 사건은 일리가 있다. 하나님은 이제 그리스도를 통해서 그리스도와 연합된 자들에게 구원을 가져온다. 하나님에 의해 다스려지는 세계에서는 그리스도의 부활은 일리가 있다. 세계가 비인격적이고 기계적인 법칙들에 의하여 다스려진다면 부활은 말이 되지 않는다.

복음서들에 묘사된 기적들의 신빙성. 셋째, 복음서들에 기록된 기적들에 관한 증언을 믿을 수 있는가라는 문제가 있다. 이에 대해서도 많은 책들이 써졌다. 하나님이 존재하지 않는다고 믿거나 기적이 불가능하다고 믿는 현대인에게 복음서의 증언은 결코 신빙성이 없을 것이다. 그러나 하나님이 존재한다고 믿고 기적이 가능하다고 믿는다 해도 특정 기적들이 실제로 일어났는가라는 문제는 여전히 남아 있다. 예컨대 예수가 귀신들을 쫓아낸

---

2   Vern S. Poythress, *Redeeming Science: A God-Centered Approach* (Wheaton, IL: Crossway, 2006), 특히 1장.

것(마 8:28-34) 혹은 백부장의 하인을 고친 것(마 8:5-13)은 어떤가? 이 특정 사건들이 실제로 일어났으며, 그 사건들은 복음서들에 묘사된 대로 일어났는가?

이와 관련해서 세 개의 하위 질문들이 있다. 하나는 복음서들을 기록한 사람들이 그 사건들이 실제로 일어났다고 주장하려고 의도했는지 여부다. 기록된 문구 그대로는 복음서 제자들이 그렇게 의도한 것으로 해석될 수 있다. 또한 이러한 순진한 인상은 누가의 역사적 조사에 관한 누가복음 1:1-4의 명시적인 진술에 의해 확인된다. 누가는 "각하가 알고 있는 바를 더 확실하게 하려"고(4절) 그의 복음서를 기록했다고 말한다. 요한복음은 "예수께서 행하신 일"을 기록했다고 밝힌다(21:25). 요한복음은 "너희로 예수께서 하나님의 아들 그리스도이심을 믿게 하려 함이요 또 너희로 믿고 그 이름을 힘입어 생명을 얻게 하려"고 이 기록을 제공한다(20:31). 이 목적은 요한이 그저 허구를 제공하고 있는 것이 아니라는 주장을 전제한다.[3]

둘째, 복음서 저자들은 실제로 성공적이었는가? 복음서들은 적어도 다른 인간 역사가들의 기록만큼 역사적으로 신뢰할 수 있는가? 누가복음 저자가 저술한 사도행전을 보면 유용하다(행 1:1을 보라). 사도행전에 수록된 로마제국에 관한 일부 정보들은 다른 자료들로부터 정보를 사용해서 교차 점검할 수 있는데, 이러한 점검은 사도행전의 신빙성을 확인한다. 현대의 신빙성 옹호는 이런 종류의 정보를 이용한다.[4] 우리의 초점 때문에 이

---

3   추가로 Vern S. Poythress, *Inerrancy and the Gospels: A God-Centered Approach to the Challenges of Harmonization*(Wheaton, IL: Crossway, 2012), 5-6장을 보라.

4   예컨대 F. F. Bruce, *The New Testament Documents: Are They Reliable?*(Grand Rapids, MI: Eerdmans, 2003)을 보라. 사도행전이 아니라 복음서들을 옹호하는 데 초점을 맞추는 문헌들도 있다. 다음 글들을 보라. Craig Blomberg, *The Historical Reliability of the Gospels*, 2판(Downers

논의도 다른 책들에 맡겨둘 것이다.

셋째, 복음서들은 그 책들이 말하는 내용에 있어서 인간의 권위뿐 아니라 신적 권위도 갖고 있는가? 만약에 그렇다면, 복음서들이 기적들에 관해 말하는 내용은 완전히 사실이며 신뢰할 수 있다. 복음서들은 인간의 역사적 저술이 그러하듯이 단지 어느 정도 신뢰할 수 있기만 한 것이 아니라, 하나님의 신뢰성 때문에 전적으로 신뢰할 수 있다. 이 문제에 대해서도 많은 책들이 저술되었다.[5] 나는 복음서들이 단지 인간의 말이기만 한 것이 아니라 참으로 하나님의 말씀이라고 믿는다. 복음서들에 대해 논의할 때 나는 복음서들이 말하는 내용의 신적 권위를 받아들인다.

예수는 누구인가? 복음서들에 수록된 기적들에 대하여 어떻게 생각하는가는 예수에 대하여 어떻게 생각하는가에 의존한다. 예수가 구약의 예언들에 의하여 약속된 메시아이고 하나님의 아들이라면 기적들은 예수의 사역에 어울리는 수반 현상(accompaniment)으로서 일리가 있다. 다른 한편으로 예수가 메시아라는 것을 믿지 않는 사람은 기적들에 대한 기록에 대해서도 회의적일 것이다. 예수의 정체성 문제는 앞에서 제기한 하나님에 관한 질문과 성경의 본질에 관한 질문에도 영향을 줄 것이다. 성경의 견해가 옳다면 예수는 하나님께로 가는 길이며(요 14:6), 예수에 대한 믿음이 하나님에 대한 그 사람의 믿음에 근본적인 영향을 줄 것이다. 예수가 구약성서

Grove, IL: InterVarsity Press, 2007); Blomberg, *The Historical Reliability of John's Gospel: Issues and Commentary*(Downers Grove, IL: InterVarsity Press, 2002).

5   John M. Frame, *The Doctrine of the Word of God*(Phillipsburg, NJ: Presbyterian & Reformed, 2010); N. B. Stonehouse and Paul Woolley 편, *The Infallible Word: A Symposium by the Members of the Faculty of Westminster Theological Seminary*(Philadelphia: Presbyterian & Reformed, 1967).

의 신적 권위에 대하여 증언하기 때문에, "예수가 누구인가"에 대한 결정은 성경의 성격에 관한 그 사람의 결정에도 영향을 준다.

진리 탐구

하나님, 기적 그리고 예수의 정체성에 관한 이 모든 질문들은 중요하다. 이미 살펴본 바와 같이, 이 문제들을 다루는 많은 책들을 찾아볼 수 있다. 그러나 이 책에서 우리는 기적들의 의미에 대하여 초점을 맞출 것이다. 따라서 우리는 모든 예비 질문들에 매우 짧은 답변들만 제공한다.

물어볼 질문이 많은 사람이라면 내가 위의 각주에서 인용한 것과 같은 책들을 찾아봐야 할 것이다. 그러나 그런 사람은 또한 단순히 사복음서들을 반복해서 읽는 것으로 시작할 수도 있을 것이다. 그 사람은 복음서들을 읽다가 "예수는 누구인가?"라고 묻는다. 또한 죄악된 인간은 언제나 예수가 참으로 어떤 존재인지 인정하기를 거부하고 우리의 삶에 대한 그의 요구를 받아들이는 데 저항하기 때문에, 나는 하나님께 참된 것을 드러내고 우리 자신의 저항을 극복하게 해 달라고 요청하기를 권한다. 하나님의 존재 여부에 관하여 불확실한 사람은 "하나님, 만약 당신이 존재한다면 내가 읽을 때 진리를 드러내 주세요"라고 요청할 수 있을 것이다.

복음서들을 읽기 시작하기 전에 그 책들이 적어도 인간의 저술 수준에서 역사적으로 믿을 만한지 여부에 대해 알아보기 원하는 사람도 있을 것이다. 따라서 그런 사람들은 역사적 신빙성 문제를 다루는 책들을 읽을 것이다. 그러나 복음서 자체로 시작할 수도 있을 것이다. 복음서들을 읽는 사람은 예수가 자신의 삶에 대해 독자가 회피할 수 없는 주장을 하는 것을 발견할 수도 있을 것이다. 따라서 역사적 신빙성에 대한 이론적인 문제는 처음에 생각했던 것만큼 중요하지 않음이 밝혀진다. 예수는 독특하다. 다른 종교들의 창시자들이나 지도자들 가운데 또는 성경에서 언급된 다른 사람들 가운데 예수와 같은 사람은 없다. 그가 말한 내용과 행한 일은 독특하다. 그것은 너무 놀라워서—또한 잘못을 신랄하게 지적해서—복음서를 읽는 사람은 어떤 인간도 복음서들에 나오는 내용을 고안해 낼 수 없었음을 깨달을 수도 있다.

만약 누군가 예수가 자신이 누구라고 주장한 바로 그 존재임을 알게 되면 많은 일들이 뒤따르게 된다. 예수가 우리에게 자신의 제자가 되라고 요구하기 때문에 우리 자신의 삶이 변해야 한다. 그리고 그의 제자가 되면 예수가 말한 것들을 받아들인다. 예수가 구약성서에 대해서 한 말은 신이 구약의 저자라는 점과 구약의 권위를 확인한다.[6] 그리고 그 동일한 권위는 신약성서에까지 확장된다. 신약성서는 예수 자신에 의하여 위임되어 구약에 더하여진 것이다.

그 결과 예수와 만나서 예수의 제자가 되는 길을 걷는 사람은 자신의 근본적인 질문들에 답을 얻게 될 것이다. 성경은 그의 질문들에 대하여 명확한 답을 갖고 있다. 그 답들은 아래의 내용들을 포함한다.

- 하나님은 존재한다. 그리고 오직 한 하나님만 존재한다.
- 하나님은 세계를 창조했으며 ("섭리" 안에서) 계속 세계를 다스린다.

---

6 John Murray, "The Attestation of Scripture," Stonehouse and Woolley, *Infallible Word*, 20-28에 실린 글.

- 하나님은 자신이 원하면 기적을 일으킬 수 있다.
- 하나님은 기적이 자신의 목적을 증진할 때 기적을 일으킨다.
- 복음서들은 인간을 저자로 둔 저작일 뿐 아니라 하나님을 신적 저자로 둔 저작이기 때문에 우리는 복음서들이 신뢰할 만한 역사적 설명을 제시한다는 것을 안다. 복음서들이 말하는 것은 하나님의 말씀이다.
- 복음서에 기록된 기적들은 복음서들이 묘사하는 대로 시공간에서 실제로 일어났다.
- 예수는 복음서들이 누구라고 말하는 바로 그 존재다. 그는 하나님이자 사람이며, 구원을 가져오고 다윗의 가계에서 메시아가 올 것이라는 구약의 약속을 성취하기 위해 성육신했다(인간의 본성을 취했다).

기적들의 의미

복음서들에 기록된 기적들이 실제로 일어났다면 그 기적들은 무엇을 보여주는가? 그 기적들은 왜 행해졌는가? 하나님은 왜 그 기적들을 일으켰는가? 우리는 이 질문들에 초점을 맞출 것이다.

2

기적들의 의미

일부 무신론자들이나 불가지론자들이 복음서들에 기록된 이례적인 사건들의 일부가 실제로 일어났다고 인정한다면, 그들은 그저 "이상한 일들이 일어난다"고 말할 수 있는가? 예수의 이례적인 행위들은 단지 이상한 사건, 어떠한 근거도 없고 정상적인 양상 바깥에 놓여 있는 유별난 사건들인가? 아니면 그 행위들은 하나님의 목적을 계시하는 하나님의 행위들인가? 만약 그렇다면, 그것들은 어떤 목적들을 드러내는가?

복음서들은 예수의 기적들을 마치 그것들이 유별나고 비합리적인 사건인 것처럼 취급하지 않는다. 그 기적들은 확실히 이례적이지만, 예수의 사역 전체의 특징에 대한 표지로서 충분히 일리가 있다. 예수의 기적을 본 사람들은 일어난 일을 해석했다. 예컨대 예수가 나인 성에서 과부의 죽은 아들을 살렸을 때 사람들은 다음과 같이 반응했다.

모든 사람이 두려워하며 하나님께 영광을 돌려 이르되 "큰 선지자가 우리 가운데 일어나셨다" 하고 또 "하나님께서 자기 백성을 돌보셨다" 하더라(눅 7:16).

나인은 엘리사가 수넴 과부의 죽은 아들을 살렸던 구약의 수넴(왕하 4:18-37)에서 가까웠을 수도 있다는 약간의 증거가 있다. 엘리야도 사르밧에서 한 과부의 죽은 아들을 살렸다(왕상 17:17-24). 사람들은 예수의 기적이 구약의 두 예언자들의 기적들과 비슷하다는 점을 알았다. 예언자들의 기적들은 하나님의 능력이 역사하는 것을 보여주었고, 예언자의 진정성을 입증했다. 따라서 사람들은 예수의 기적을 하나님의 역사로 보았다. "하나님이 자기 백성을 돌보셨다!" 또한 그들은 예수를 하나님의 예언자로 보았다. "큰 선지자가 우리 가운데 일어나셨다!" 사람들은 아직 예수가 육신으로 온 하나님이라는 사실을 깨닫지 못했다. 그러나 그들은 하나님이 예수를 통해 일하고 있음을 깨달았다.

현대에서의 적실성

예수의 기적들은 당대 사람들에게 적실성이 있었다. 현재에는 어떠한가? 복음서들은 일어난 일을 보여주기 위해 기적들을 기록한다. 그러나 복음서들에는 종교적인 목적도 있다. 예수가 누구이며 어떤 일을 했는지에 대한 이해를 통해, 우리는 예수를 믿으라고 초대받는다. 요한복음은 기적들의 이 목적을 가장 명시적으로 밝힌다.

> 예수께서 제자들 앞에서 이 책에 기록되지 아니한 다른 표적도 많이 행하셨으나 오직 이것을 기록함은 너희로 예수께서 하나님의 아들 그리스도이심을 믿게 하려 함이요 또 너희로 믿고 그 이름을 힘입어 생명을 얻게 하려 함이니라(요 20:30-31).

복음서들은 예수가 오래 전에 이 땅에서 살았지만, 지금도 하나님의 우편에 올라(행 2:33) 하늘에서 계속 살아 있다고 말한다. 이 땅에서 능력과 동정심을 갖고 행동했던 바로 그 예수가 지금도 능력과 동정심을 갖고 행동한다. 그는 사람들을 그들의 죄에서 구해주고, 하나님과 교제할 수 있도록 그들을 회복시켜주고, 장래에 있을 죽은 자들로부터의 부활에 대한 소망을 주기 위해 행동한다. 미래의 부활의 때에, 개인들과 온 세상을 향한 하나님의 목적들이 완전히 이루어질 것이다(롬 8:18-25).

예수의 기적들 각각은 특정 시간과 특정 공간에서 독특하게 일어났다. 상세한 형태에 있어서는 그 기적들은 절대로 반복되지 않을 것이다. 그러나 그 기적들은 "표적들"이기 때문에 지금 우리에게 적실하다. 요한복음은 기적 혹은 이적(wonder)과 같은 단어가 아니라 표적(그리스어로 *semeion*)이라는 단어를 사용하는 특징이 있다. 이는 기적들에 영속적인 의미가 있음을 보여준다. 그 기적들은 하나님에 관한 진리, 그리스도에 관한 진리 그리고 그리스도가 가져온 구원에 관한 진리를 **나타낸다**. 요한복음은—그리고 다른 복음서들도—우리에게 들으라고 촉구한다. 표적들의 의미의 핵심을 취함으로써 우리는 하나님 자신이 우리에게 말씀하는 바를 듣게 되고, 들음으로써 우리는 지금도 그리고 미래에도 변화될 수 있다.

기적의 세 가지 의미

예수의 기적들에는 적어도 세 가지 의미가 있는데, 이 의미들은 대략적으로 예수가 누구인가에 대한 세 가지 측면들과 상응한다. (1) 예수는 하나님이다. (2) 예수는 완전히 인간이며, 인간으로서 구약의 예언자들과 유사한 방식으로 기적을 행했다. (3) 예수는 구약에서 약속된 메시아, 곧 하나님과 인간 사이의 중재자다(그림 2.1을 보라).

그림 2.1: 예수의 기적들의 의미

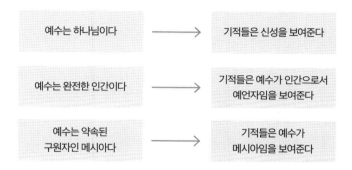

예수는 하나님이다	→	기적들은 신성을 보여준다
예수는 완전한 인간이다	→	기적들은 예수가 인간으로서 예언자임을 보여준다
예수는 약속된 구원자인 메시아다	→	기적들은 예수가 메시아임을 보여준다

첫 번째 측면, 즉 예수의 신성에서부터 시작해보자. 요한복음 1:1은 예수가 하나님이라고 말한다. 영원부터 예수는 삼위의 두 번째 위격인 말씀으로서 존재한다. 신적 권능의 역사로서의 기적들은 예수의 신성을 확인한다. 많은 그리스도인 독자들은 그 기적들에서 예수의 신성을 감지한다.

그러나 당시에 예수의 기적들을 본 사람들이 곧바로 그 의미를 완전히 이해하지는 못했다. 우리는 이미 누가복음 7:16에서 사람들이 예수를 "큰 선지자"로 인식했다는 것을 보았다. 예수는 참으로 예언자였지만 그 이상이었다. 그는 육신으로 온 하나님이었다(요 1:14).

엘리야나 엘리사와 같은 예언자들을 통하여 일어났던 구약의 기적들을 생각해보라. 이 기적들은 **신적 권능**의 역사들이다. 하나님이 그 기적들을 일으켰다. 엘리야와 엘리사가 자기들이 타고난 힘으로 그 기적들을 일으킨 것이 아니다. 예수도 구약의 예언자들과 마찬가지인가? 그렇지 않다. 왜냐하면 예수는 예언자들의 주장을 뛰어넘는 주장을 했기 때문이다. 예수는 아버지의 유일한 아들이며, 그의 이름은 아버지와 성령의 이름과 더불어 신적 이름으로서 영광을 받는다(마 28:19). 예수의 기적들을 그가 누구인가라는 맥락에서 이해하면, 그 기적들은 단지 하나님이 인간 예언자들을 통하여 행한 일들이 아니라, 예수가 자신의 신적 능력으로 행한 일들이라는 것을 알게 된다.

> …아들도 자기가 원하는 자들을 살리느니라(요 5:21).

> 내가 내 목숨을 버리는 것은 그것을 내가 다시 얻기 위함이니 이로 말미암아 아버지께서 나를 사랑하시느니라. 이를 내게서 빼앗는 자가 있는 것이 아니라 내가 스스로 버리노라. 나는 버릴 권세도 있고 다시 얻을 권세도 있으니 이 계명은 내 아버지에게서 받았노라 하시니라(요 10:17-18).

두 번째 종류의 의미는 예수의 완전한 인성 때문에 생긴다(그림 2.1을 보라). 성육신 때부터 예수는 완전한 하나님일 뿐 아니라 완전한 인간이다(히 2:14-18). 그는 신성과 인성의 두 본성을 가진 한 위격(person)이다. 이는 심오한 신비다. 인간으로서, 예수는 구약 예언자들의 기적들과 유사한 일들을 행했다. 예수가 자신의 신적 능력으로 행했던 일들에 대하여 우리가 방금 살펴보았던 진실에 **더하여** 이 또한 진실이다.

세 번째 의미는 구약에서 예언된 다윗의 가계의 위대한 구원자인 메시아로서의 예수의 독특한 역할과 관련이 있다. 예컨대 이사야 9:6-7과

11:1-9은 다윗의 가계에서 메시아가 올 것이라고 예언한다. 이사야 61:1-2은 포로들을 풀어주기 위해 성령으로 충만한 자로서의 야웨의 종을 묘사한다. 예수는 나사렛 회당에서 이사야 61장에 있는 구절을 인용해서 그 구절이 자신 안에서 성취되었다고 말했다(눅 4:18-21). 세례 요한이 예수에게 사자를 보냈을 때, 예수는 자신의 기적적인 사역들을 이사야 35:5-6의 배경에 비추어 성취의 표지라고 지적했다(눅 7:22).

> 그때에 맹인의 눈이 밝을 것이며 못 듣는 사람의 귀가 열릴 것이며 그때에 저는 자는 사슴 같이 뛸 것이며 말 못하는 자의 혀는 노래할 것이다.

따라서 예수의 기적들은 구약의 예언들을 성취한다.

예수가 기적들을 일으킨 뒤에 이제 2,000년이 지났다. 하나님의 백성들은 오랫동안 예수의 기적들에 대해 숙고했다. 유익한 많은 책들이 저술되었다. 그러나 우리는 기적들 각각이 그리스도의 영광에 대한 작은 그림으로서, 그리고 그의 구원의 사명에 대한 작은 그림으로서 어떻게 기능하는지에 대해서도 주목해볼 수 있을 것이다. 기적들은 웅대한 구속 이야기와 유사성을 보여주는 이야기들을 들려준다. 하나님은 사람들이 하나님의 임재의 영광 안으로 들어오도록 그들을 죄로부터 구속한다. 구속의 작은 이야기들은 특히 그리스도의 십자가형·죽음·부활·승천·다스림·재림 안에 있는 구속의 정점을 가리킨다.[1]

---

1   Vern S. Poythress, *In the Beginning Was the Word: Language—A God-Centered Approach*(Wheaton, IL: Crossway, 2009), 24-29에 실린 논의를 보라.

하나님의 구원으로의 부르심은 오늘날의 죄인들에게도 여전히 유효하기 때문에 이 이야기들은 우리와 관련이 있다.

알지 못하던 시대에는 하나님이 간과하셨거니와 이제는 **어디든지 사람에게 다 명하사** 회개하라 하셨으니 이는 정하신 사람으로 하여금 천하를 공의로 심판할 날을 작정하시고 이에 그를 죽은 자 가운데서 다시 살리신 것으로 모든 사람에게 믿을만한 증거를 주셨음이니라(행 17:30-31).

다른 이로써는 구원을 받을 수 없나니 천하사람 중에 구원을 받을 만한 다른 이름을 우리에게 주신 일이 없음이라(행 4:12).

목마른 자도 올 것이요 또 원하는 자는 값없이 생명수를 받으라(계 22:17).

20세기와 21세기 초에, 다양한 이유로 학자들 사이에서 구속 이야기들 사이의 유사성에 대한 이해가 다소 희미해졌다. 따라서 이러한 유사성들을 탐구할 필요가 있다. 이 과정을 정당화하는 이론적 토대를 놓은 책들이 있다.[2] 또한 구속적 유사성들에 의존함으로써 예수의 기적들이 오늘날 함

2　특히 Vern S. Poythress, *God-Centered Biblical Interpretation*(Phillipsburg, NJ: Presbyterian & Reformed, 1999); Poythress, *In the Beginning Was the Word*, 24-29장; Poythress, *Inerrancy and Worldview: Answering Modern Challenges to the Bible*(Wheaton, IL: Crossway, 2012); Poythress, *Inerrancy and the Gospels: A God-Centered Approach to the Challenges of Harmonization*(Wheaton, IL: Crossway, 2012); Poythress, *Reading the Word of God in the Presence of God: A Handbook for Biblical Interpretation*(Wheaton, IL: Crossway, 2016).

의하는 바를 목회적으로 설명한 리처드 필립스의 책도 있다.[3] 본서에서 나는 이러한 구속적 유사성들의 본질을 보여주려고 한다. 하나님은 역사 안에 구속적 유사성들을 확립해놓았다. 필립스의 책 **배후에** 놓여 있는 이러한 구속사적 유사성으로 인해 필립스는 기적의 의미를 훌륭하게 설명할 수 있었다. 필립스의 책은 누가복음에 기록된 기적들에 초점을 맞춘다. 그의 책을 보완하기 위해 나는 주로 요한복음과 마태복음에 기록된 기적들에 초점을 맞출 것이다.

---

3   Richard D. Phillips, *Mighty to Save: Discovering God's Grace in the Miracles of Jesus*(Phillipsburg, NJ: Presbyterian & Reformed, 2001).

II

표적으로서의 기적들

귀신 들린 아이를 고치시는 예수
Drawing by Gustave Dore.

3

요한복음에 기록된 예시적 기적들

요한복음은 예수의 기적이 어떻게 구속의 표적 역할을 하는지 보다 명시적으로 논의한다. 따라서 요한복음에 기록된 몇 가지 기적부터 논의를 시작해보기로 하자.

생명의 떡

5,000명을 먹인 기적이 기록된 요한복음 6장을 먼저 살펴보기로 하자 (요 6:1-14). 동일한 기적이 다른 세 개의 복음서들에 기록되어 있지만(마 14:13-21; 막 6:30-44; 눅 9:10-17), 요한복음만 같은 장의 뒷부분에서 생명의 떡에 관한 예수의 담화를 포함시킨다(요 6:25-59). 이 담화는 그 기적이 일어난 다음 날 발생했다(22절).

　　예수는 그 기적에 대한 언급으로 논의를 시작했다. "내가 진실로 진실로 너희에게 이르노니 너희가 나를 찾는 것은 표적을 본 까닭이 아니요 **떡을 먹고 배부른 까닭이로다**"(26절). 그리고 나서 그는 떡으로부터 오는 육체의 양식과 영생을 주는 영의 양식을 명확히 대조하는 방식으로 논의를 계속했다. "썩을 양식을 위하여 일하지 말고 영생하도록 있는 양식을 위하여 하라. 이 양식은 인자가 너희에게 주리니 인자는 아버지 하나님께서 인치신 자니라"(27절). 어느 순간에 군중이 하늘로부터 온 만나를 언급했다(31절). 그러자 예수는 만나라는 주제를 사용해서 그들에게 하늘로부터 온 참된 떡을 가리켰다.

> 예수께서 이르시되 "내가 진실로 진실로 너희에게 이르노니 모세가 너희에게 하늘로부터 떡을 준 것이 아니라 내 아버지께서 너희에게 하늘로부터 참 떡을 주시나니 하나님의 떡은 하늘에서 내려 세상에 생명을 주는 것이니라"(32-33절).

그리고 그는 "나는 생명의 떡이다"고 선언했다(35절).

따라서 예수는 모세 때의 만나와 5,000명을 먹인 기적 모두 상징적 의미가 있음을 보여주었다. 만나는 기적적인 방식으로 왔지만, 만나에 기적적인 성격이 있었음에도 불구하고 만나가 영생의 근원이 되지는 못했다. 만나는 단지 일시적으로만 생명을 유지해주었다. 마찬가지로 5,000명을 먹이도록 불어났던 떡은 육체의 생명을 유지시켰지만(26-27절), 예수는 만나와 불어난 떡 모두 더 깊은 것, 즉 영생을 가리키고 있다는 사실을 보여준다. 예수 자신이 영생을 공급하는 분이다. 영생은 그를 "먹는" 자들에게 속했다. "내 살을 먹고 내 피를 마시는 자는 영생을 가졌고 마지막 날에 내가 그를 다시 살리리라"(54절).

따라서 5,000명을 먹인 기적은 그것이 신적 능력을 나타낸다는 사실 이상의 상징적 의미가 있으며 예수가 구약의 예언자들 중 하나와 마찬가지로 진정한 하나님의 사자라는 사실을 확인하며 증언한다. 그 기적은 예수가 그의 삶, 죽음 그리고 부활을 통해서 영적으로 행하는 것을 상징적 형태로 보여준다. 그는 영생을 가져오며, 믿음으로 자기에게 나아오는 모든 자에게 영원한 영적 자양분을 준다(그림 3.1을 보라).

그림 3.1: 생명의 떡으로서의 예수(요한복음 6장)

예수가 5,000명에게 떡을 공급한다 → 예수가 자기의 육체를 통해서 영생을 공급한다

세상의 빛

두 번째로는 요한복음 9장에 기록된 선천적인 시각장애인을 고친 기적을 고려해보자. 이 기적은 신적 능력을 보여준다. 그러나 그 기적은 또한 **표적**이기도 하다. 그것은 예수가 어떤 종류의 인간이며 무슨 일을 하기 위해 이 땅에 왔는지를 나타낸다. 그 기적은 예수가 "나는 세상의 빛이니 나를 따르는 자는 어둠에 다니지 아니하고 생명의 빛을 얻으리라"(요 8:12)고 선언한 8장 다음에 나온다. 그 시각장애인을 고치기 직전에 예수는 비슷하게 선언했다. "내가 세상에 있는 동안에는 세상의 빛이로라"(요 9:5). 9장 끝에서 예수는 육체의 치유가 영적 시각장애를 고치는 영적 치유의 상징임을 명확히 했다.

예수께서 이르시되 "내가 심판하러 이 세상에 왔으니 보지 못하는 자들은 보게 하고 보는 자들은 맹인이 되게 하려 함이라" 하시니 바리새인 중에 예수와 함께 있던 자들이 이 말씀을 듣고 이르되 "우리도 맹인인가?" 예수께서 이르시되 "너희가 맹인이 되었더라면 죄가 없으려니와 본다고 하니 너희 죄가 그대로 있느니라"(요 9:39-41).

근본적인 조명은 아들을 통해서 아버지를 아는 것이다.

빌립이 이르되 "주여, 아버지를 우리에게 보여 주옵소서. 그리하면 족하겠나이다." 예수께서 이르시되 "빌립아, 내가 이렇게 오래 너희와 함께 있으되 네가 나를 알지 못하느냐? 나를 본 자는 아버지를 보았거늘 어찌하여 아버지를 보이라 하느냐? 내가 아버지 안에 거하고 아버지는 내 안에 계신 것을 네가 믿지 아니하느냐? 내가 너희에게 이르는 말은 스스로 하는 것이 아니라, 아버지께서 내 안에 계셔서 그의 일을 하시는 것이라. 내가 아버지 안에 거하고 아버지께서 내 안에 계심을 믿으라. 그렇지 못하겠거든 행하는 그 일로 말미암아 나를 믿으라"(요 14:8-11).

영생은 곧 유일하신 참 하나님과 그가 보내신 자 예수 그리스도를 아는 것이니이다(요 17:3).

본래 하나님을 본 사람이 없으되 아버지 품속에 있는 독생하신 하나님이 **나타내셨느니라**(요 1:18).

시각장애인을 고치는 물리적인 기적이 그 시각장애인 안에서의 영적 역사와 병행함으로써 그 사람은 인자(예수, 메시아)를 믿게 되었다.

이르되 "주여, 내가 **믿나이다**" 하고 절하는지라(요 9:38).

그 시각장애인은 영적 시력을 받았고 그 시력을 통해 예수를 믿어 구원받았다. 이처럼 육체적인 기적은 사람들을 구속하고 그들에게 구원을 주는 하나님에 대한 지식을 주기 위한 예수의 전체 목적을 밝혀준다(그림 3.2를 보라).

그림 3.2: 빛으로서의 예수(요한복음 9장)

예수가 시각장애인을 치료한다 ⟶ 예수가 영적 빛을 제공한다

부활과 생명

예수의 공적 사역의 일부로서 요한복음에 마지막으로 기록된 기적은 나사로의 부활이다(요 11:1-44). 이 이야기 중간에 예수는 자신에 관하여 이렇게 선언한다.

예수께서 이르시되 "나는 부활이요 생명이니 나를 믿는 자는 죽어도 살겠고 무릇 살아서 나를 믿는 자는 영원히 죽지 아니하리니 이것을 네가 믿느냐?"(요 11:25-26)

여기서 예수는 믿는 자들에게 육체의 부활을 약속했다. "죽어도 살리라." 그러나 육체의 부활은 믿는 자들이 **이미** 소유한 영적 생명에 적합한 부속물이다. "살아서 나를 믿는 자는 **영원히 죽지 아니하리니.**" **현재** 영생을 소유하고 있다는 사실은 요한복음의 다른 곳에서도 확인된다.

> 내가 진실로 진실로 너희에게 이르노니 "내 말을 듣고 또 나 보내신 이를 믿는 자는 **영생을 얻었고** 심판에 이르지 아니하나니 사망에서 생명으로 **옮겼느니라**"(요 5:24).

> 내 살을 먹고 내 피를 마시는 자는 **영생을 가졌고** 마지막 날에 내가 그를 다시 살리리니(요 6:54).

> **영생**은 곧 유일하신 참 하나님과 그가 보내신 자 예수 그리스도를 아는 것이니이다(요 17:3).

이 영생의 근거는 무엇인가? 영생은 확실히 부활이며 생명인 그리스도와의 연합에서 온다(그림 3.3을 보라).

그림 3.3: 부활로서의 예수(요한복음 11장)

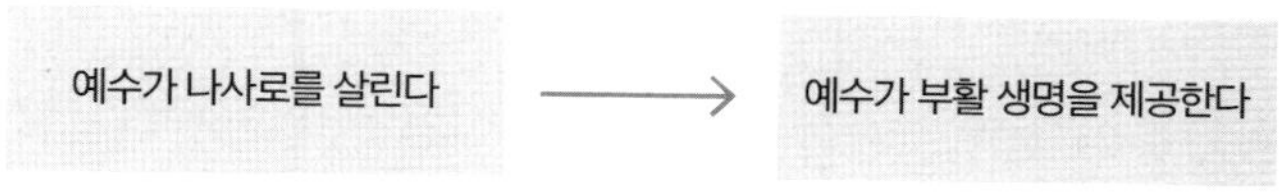

예수가 나사로를 살린다	⟶	예수가 부활 생명을 제공한다

십자가형과 부활

앞에서 살펴본 바와 같이 나사로를 일으킨 것은—부활을 제외하고—요한복음에 기록된 마지막 공적 기적이다. 예수가 나사로에게 행한 기적에 대한 반응으로 가야바와 유대 지도자들이 모여서 예수를 죽이려고 모의하였으며, 나사로도 죽이려 했다(요 11:47-53, 12:10-11). 요한복음은 이어서 베다니와 예루살렘에서의 예수의 마지막 날들의 기사를 기록하는데, 이 기사는 예수의 십자가형과 부활에서 절정을 이룬다.

요한복음에 기록된 모든 기사는 십자가형과 부활이라는 예수의 사역의 절정으로 이어진다. 예수 자신이 다가오는 이 사건들의 중요성을 묘사했다.

> "이제 이 세상에 대한 심판이 이르렀으니 이 세상의 임금이 쫓겨나리라. 내가 땅에서 들리면 모든 사람을 내게로 이끌겠노라" 하시니 이렇게 말씀하심은 자기가 어떠한 죽음으로 죽을 것을 보이심이러라(요 12:31-33).

나사로를 살린 사건은 특별히 예수의 부활과 밀접한 관계가 있다. 나사로의 부활은 예수의 부활을 미리 보여준다. 그러나 그것은 예수의 부활과 같은 수준은 아니다. 나사로는 다시 살아났을 때 그가 죽기 전에 가지고 있던 것과 **같은 종류**의 생명으로 살아났다. 그는 여전히 미래에 다시 죽게 되어 있었다. 이와 대조적으로 예수는 영생을 지니고 있다. 그는 절대로 다시 죽지 않을 것이다(롬 6:9).

그러나 이제 그리스도께서 죽은 자 가운데서 다시 살아나사 잠자는 자들의 첫 열매가 되셨도다(고전 15:20).

그리스도는 "첫 열매"다. 그는 다시 살아난 첫 번째 인간이 **아니다**. 다시 살아나는 일은 나사로뿐 아니라 사르밧 과부의 아들(왕상 17:17-24), 수넴 여인의 아들(왕하 4:18-37) 그리고 야이로의 딸에게도(마 9:18-26) 일어났다. 그렇다면 어떤 의미에서 예수가 첫 번째인가? 인간으로서의 예수는 영원하고 변함없는 부활 생명 안으로 들어간 첫 번째 인간이었다. 따라서 나사로를 살린 일은 앞으로 올 더 위대한 것의 **모형**(type) 혹은 그림자다. 그것은 예수의 부활과 비교하면 **그림자**일 뿐이다. 그러나 그것은 적어도 그림자다. 그것은 예수가 자신의 부활의 결과로서 주게 될 영원하고 영적인 삶에 대한 소규모의 그림을 우리에게 제공한다(그림 3.4를 보라).

그림 3.4: 예수의 부활

예수가 나사로를 살린다 ⟶ 예수의 부활은 첫 열매다

나사로를 살린 일이 앞으로 있을 예수의 부활과 연결된다면, 요한복음에 기록된 다른 기적들도 마찬가지인가? 그렇다. 5,000명을 먹인 기적을 생각해 보라. 이 기적은 육체적인 측면에서 예수가 생명의 떡이라는 실재를 묘사한다(요 6:35). 예수는 계속해서 요한복음 6장에서 그가 자신의 몸과 피를 줌으로써 자양분을 공급한다고 설명한다(53-56). 이런 말들은 예수가 이후에 자신의 몸과 피를 죄를 위한 제물로 드린 그의 십자가형과 죽음을 가리킨다. 우리가 예수를 신뢰할 때 영적 자양분이 생겨난다. 믿음으로 우리는 그의 십자가형, 죽음 그리고 부활에 연합한다.

예수는 언제나 생명의 떡이다. 그러나 십자가형과 죽음은 그의 사역의 중심이다. 특히 이 절정의 사건들에서 예수는 하나님의 백성들이 언제나 자양분을 받기 위해 필요한 조건을 성취했다.

이어서 예수가 선천적 시각장애인을 치료한 일 및 그 사건과 관련된 "나는 세상의 빛이다"라는 주장을 생각해보자. 요한복음 1:4은 창조에서 예수가 담당한 역할로 인해 그는 성육신 이전에도 넓은 의미에서 "빛"이었다고 말한다. "그 안에 생명이 있었으니 이 생명은 **사람들의 빛**이라." 그의 성육신에서 예수는 자신을 **구속**의 빛으로 제공했다.

> 말씀이 육신이 되어 우리 가운데 거하시매 우리가 그의 **영광**을 보니 아버지의 독생자의 영광이요 **은혜**와 진리가 충만하더라(요 1:14).

계시와 영광의 빛은 하나님의 구속 계획을 가장 잘 계시하는 곳인 십자가형과 부활에서 절정을 맞는다.

> 지금 인자가 **영광을 받았고** 하나님도 인자로 말미암아 **영광을 받으셨도다**. 만일 하나님이 그로 말미암아 **영광을 받으셨으면** 하나님도 자기로 말미암아 그에게 **영광을 주시리니** 곧 주시리라(요 13:31-32).

> 아버지여, 창세전에 내가 아버지와 함께 가졌던 **영화**로써 지금도 아버지와 함께 나를 **영화롭게 하옵소서**(요 17:5).

이처럼 몇몇 기적들은 앞으로 있을 그리스도의 부활이라는 위대한 기적을 가리킨다(그림 3.5를 보라).

그림 3.5: 부활 기적

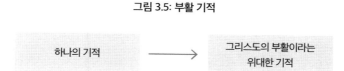

요한복음에 나오는 다른 기적들도 십자가형과 부활을 가리킨다. 우리는 그 기적들을 하나씩 간략하게 고찰할 것이다.

38년 된 환자(요한복음 5장)

요한복음 5장에서 양문(Sheep Gate) 옆에 있던 환자를 고친 사건을 살펴보자. 예수는 이 사건을 통해서 아버지의 일과 아들의 일 사이의 밀접한 관계를 나타내는 요한복음 5:19-47의 또 다른 담화를 제공한다. 아들은 그 사람을 치료한 것을 가리켜 "일"이라 표현했는데, 그것은 곧 아버지의 일이었다(17). 예수가 안식일에 치료했다는 사실은 하나님이 안식일에 계속 일한다는 사실에 상응한다. "내 아버지께서 이제까지 일하신다"(17). 따라서 예수는 사람들로 하여금 자신의 치유 사역을 자신의 정체성에 대한 표적으로 보도록 초대하고 있었다. 즉 그는 아버지가 자신에게 하라고 시킨 하나님의 일들을 행하고 있었다. 예수의 일들은 예수와 아버지의 연합을 드러냈다. "아버지께서 **내 안에 계셔서** 그의 일을 하시는 것이라"(14:10).

더욱이, 더 위대한 일이 다가오고 있다.

아버지께서 아들을 사랑하사 자기가 행하시는 것을 다 아들에게 보이시고 또 그보다 더 큰 일을 보이사 너희로 놀랍게 여기게 하시리라. 아버지께서 죽은 자들을 일으켜 살리심 같이 아들도 자기가 원하는 자들을 **살리느니라**(요 5:20-21).

죽은 사람을 살리는 것은 예수의 부활에 근거한다. 따라서 예수가 전에 했던 일들은 더 위대한 이 일을 가리킨다.

예수의 치유 사역들은 타락의 영향을 받은 불완전한 세상에 존재하는 온갖 종류의 물리적 결과들을 다룬다. 이 세상에서 인간은 병에 걸린다. 그리고 질병은 신체 기능의 완전한 파괴인 죽음의 전조다. 따라서 인간이 질병에서 회복되는 것은 부활의 몸에서 완전한 신체의 건강을 회복하는 더 위대한 회복을 가리킨다. 그리고 이처럼 더 완전한 회복을 위한 토대는 그리스도의 부활에 놓여 있다. 치유도 죄로부터의 치유에 대한 일종의 은유다. 그리스도는 우리 죄를 용서한다. 즉 그는 성령을 통해서 우리가 죄의 지배에서 해방된 새로운 삶을 살 힘을 준다(롬 6:7, 14).

더욱이 우리가 지금 갖고 있는 자유는 우리가 새 하늘과 새 땅에서 갖게 될, 모든 죄로부터의 완전한 자유에 대한 맛보기다. 우리는 거룩함을 입고 완벽해질 것이고, 우리의 새로운 몸 안에서 완벽해질 것이다. 요한복음 5장에 기록된 환자의 치유는 그리스도가 자신의 부활을 통해 우리에게 가져올 이 완벽함을 예시한다.

새 창조라는 주제

요한복음 5장의 치유는 새 창조라는 보다 큰 양상의 일부다. 예수의 사역은 새 창조를 가져온 하나님 나라의 사역이었다.

> 그런즉 누구든지 그리스도 안에 있으면 새로운 피조물이라. 이전 것은 지나갔으니 보라, 새 것이 되었도다(고후 5:17).

새 창조의 최종 형태는 요한계시록 21:1의 새 하늘과 새 땅을 포함한다. 그러나 새 창조도 예비적 기대를 갖고 있다. 새로운 영적 생명은 그리스도와 연합한 개인들에게 오기 때문에 그리스도와 함께하는 영생은 우리가 살고 있는 시간 안에서 시작된다. 새 생명은 지금 시작되어 나중에 완성된다. 우리는 그것이 지금 **시작되었고**, 새 하늘과 새 땅에서 **완성된다**고 말한다. 그리스도에게 속한 우리는 지금 하나님의 자녀로 입양된다(롬 8:15-17; 갈 4:5-7; 엡 1:5). 이 입양은 피조물들이 새롭게 될 장래에 완전히 실현된다(롬 8:23).

시작된 생명과 완성된 생명 사이의 이 관계에 비춰볼 때, 우리는 신약성서에서 새 창조의 많은 표적들을 볼 수 있다. 요한복음 3장에 묘사된 것처럼 거듭나는 것은 일종의 새 창조다. 그것은 새 창조의 **시작된** 단계를 나타낸다. 나사로의 부활은 육체의 마지막 부활을 기대하게 하며, 이 마지막 부활은 새 하늘과 새 땅이라는 창조의 더 큰 그림의 일부다(계 21:1). 몸의 부활은 새 창조의 **완성된** 형태다.

종말론이라는 단어는 마지막 일들에 관한 성경의 가르침을 가리키는 용어다. 좁은 의미의 **종말론**은 그리스도의 재림, 최후 심판 그리고 새 하늘과 새 땅에 관한 가르침과 관련이 있다. 그러나 이 용어는 더 광범위하게 "마지막 날들"에 관한 구약 예언들의 성취에 속하는 모든 사건들에도 사용될 수 있다. 예수가 지상 사역을 하던 동안 하나님 나라가 도래한 것은 그 성취의 시작이며, 따라서 그것도 종말론에 속한다. 그것은 종말론의 **시작**인 반면 새 하늘과 새 땅 그리고 몸의 부활은 종말론의 **완성**이다.

우리는 요한복음 9장의 선천적 시각장애인 치유에서 시작된 종말론의 양상을 볼 수 있다. 그는 예수를 믿게 되었을 때 영적 시력을 받았다. 그 영적 시력은 시작된 형태의 영적 시력이었다. 그것은 하나님의 종들이 "그의 얼굴을 보게"될 때(계 22:4) 얻게 될 최종 형태의 시력을 예기(豫期)한다. 그들은 오늘날 볼 수 있는 것보다 더 완전하게 하나님의 영광을 볼 것이다(계 21:23, 22:5).

5,000명을 먹인 기적에서도 시작된 새 창조와 완성된 새 창조라는 동일한 양상을 볼 수 있다. 그 기적은 예수가 그를 믿는 사람들에게 어떤 방식으로 생명의 떡인지를 묘사한다. 그러나 우리가 지금 예수로부터 받는 양식도 완전히 배부르게 될 완성에 대한 기대다. 즉 우리는 어린 양의 혼인 잔치를 기대한다(계 19:9).

물이 포도주로 바뀜

물이 포도주로 바뀐 다음 기적을 살펴보자. 이 기적도 "표적"이다.

> 예수께서 이 첫 **표적**을 갈릴리 가나에서 행하여 그의 영광을 나타내시매 제자들이 그를 믿으니라(요 2:11).

그렇다면 이 기적은 어떤 방식으로 "표적"인가? 이 기적의 의미는 우리가 이미 살펴본 기적들보다 덜 명백하다. 그러나 단서들이 있다. 이 일화의 마지막 절인 11절은 예수께서 "그의 **영광**을 나타내셨다"라고 말한다. **영광**이라는 단어는 요한복음에서 나중에 십자가형과 부활 사건들을 통해서 아버지와 아들의 영광이 드러나는 방식에 관한 논의와 연결된다(요 13:31-32). 이 이야기의 앞에서 예수는 자기 어머니에게 "내 때가 아직 이르지 아니하였나이다"라고 말했다(2:4). 그 말은 예수가 자기 어머니의 부탁을 거절하는 것으로 들린다. 그러나 예수는 그 뒤에 자기 어머니의 우려를 해결해주었다. "내 때"에 관한 말은 수수께끼 같다. 그러나 요한복음이 진행되면서 문제의 "때"는 확실히 예수의 십자가형과 부활의 때라는 점이 점점 명백해진다.

예수께서 대답하여 이르시되 "인자가 영광을 얻을 **때**가 왔도다"(12:23).

"지금 내 마음이 괴로우니 무슨 말을 하리요? '아버지여 나를 구원하여 **이 때**를 면하게 하여 주옵소서?' 그러나 내가 이를 위하여 **이 때**에 왔나이다. 아버지여, 아버지의 이름을 영광스럽게 하옵소서" 하시니 이에 하늘에서 소리가 나서 이르되 "내가 이미 영광스럽게 하였고 또다시 영광스럽게 하리라" 하시니(요 12:27-28).

유월절 전에 예수께서 자기가 세상을 떠나 아버지께로 돌아가실 **때**가 이른 줄 아시고 세상에 있는 자기 사람들을 사랑하시되 끝까지 사랑하시니라(요 13:1).

예수께서 이 말씀을 하시고 눈을 들어 하늘을 우러러 이르시되 "아버지여 **때**가 이르렀사오니 아들을 영화롭게 하사 아들로 아버지를 영화롭게 하게 하옵소서"(요 17:1).

요한복음 2장에서 예수는 사실상 갈릴리 가나의 혼인 잔치 동안에는 자기의 "때"가 이르지 않았지만 궁극적으로 그 때가 **올 것**이라고 말하고 있었다. 그리고 그때가 오면 예수에게 잔치─하나님 나라의 잔치─에 쓸 포도주를 공급해달라고 요청하는 것이 적절해질 것이다. 이 잔치는 이사야 25:6에 기록된 종말론적 약속뿐 아니라 유대의 절기들도 성취한다.

> 만군의 여호와께서 이 산에서 만민을 위하여
> 기름진 것과 오래 저장하였던 **포도주**로 연회를 베푸시리니
> 곧 골수가 가득한 기름진 것과 오래 저장하였던 맑은 **포도주**로 하실 것이며

포도주는 사실 우리에게 마시도록 주어진 예수의 피다(요 6:53-56). 혼인 잔치에 물리적 포도주를 공급한 것은 예수가 자신의 십자가형과 부활에서 성취한 더 큰 잔치를 베풀 것을 기대하며 예시한다.

또 다른 미묘한 연결에 의해 가나 혼인 잔치의 기적과 십자가형 및 부활 사이의 관계가 강화된다. 물이 포도주가 되기 전에, 그 물은 "유대인의 정결 예식을 따라 두세 통 드는 돌항아리 여섯"에 들어 있었다(요 2:6). 물은 구약에 속한 유대인의 정결 의식(rite)과 상징적인 관련이 있다. 이러한 의식들은 하나님이 종말론적 구원을 가져올 **실제적인** 정결의 모형인 **상징적** 정결과 관련이 있다. 가나에서의 기적에 들어 있는 상징은 구약의 모형

과 그림자 단계에서 신약의 성취 단계로 이전하는 상징적인 표현을 포함한다. 모형과 그림자가 어떻게 성취되는가? 메시아인 그리스도를 통해 성취된다. 그리스도가 물을 포도주로 바꾼 것처럼, 그는 또한 역사의 전체 경로를 한 시대에서 다른 시대로 바꿨다. 구약의 그림자 격인 "물"이 신약에서 성취의 "포도주"가 되었다.

요한복음 1장은 세례 요한의 사역 기사를 담고 있는데 이 기사도 적실성이 있다. 요한은 물로 세례를 주었다. 물은 정결케 함을 나타냈다. 그러나 그것은 단지 표적일 뿐이었다. 세례 요한은 자신이 주고 있는 물세례는 자기 뒤에 올 더 위대한 무엇인가를 가리킨다는 것을 깨달았다.

> 요한이 대답하되 "나는 물로 세례를 베풀거니와 너희 가운데 너희가 알지 못하는 한 사람이 섰으니 곧 내 뒤에 오시는 그이라. 나는 그의 신발끈을 풀기도 감당하지 못하겠노라" 하더라(요 1:26-27).

세례 요한 뒤에 오는 사람, 즉 예수는 "성령으로 세례를 베푸는 이"다(요 1:33).

세례 요한은 구약의 모든 제도의 종점을 대표한다. 그는 예수 안에서 도래한 종말론적 하나님 나라가 동트기 직전에 위치하고 있었다. 그러나 세례 요한이 한 일은 예수가 가져 올 것에 의해 대체되어야 했다. 갈릴리 가나에서의 기적은 뒤로는 마지막 구약 예언자인 세례 요한을 가리키고 앞으로는 하나님 나라의 잔치를 가리키면서 이러한 전환을 상징적으로 나타낸다. 이 잔치는 옛 것을 기적적으로 변화시킴으로써 일어나는 것이지, 옛 것이 직선적으로 계속되거나 옛 것에 덧붙여져서 일어나는 것이 아니다.

물이 포도주가 된 기적은 종말론의 시작과 완성을 모두 나타낸다. 예수의 종말론적 포도주 제공은 그의 십자가형과 부활의 때인 그의 "때"와 더불어 시작되었다. 포도주는 예수의 피로서, 우리는 이 피를 통해 이 시대 동안에도 영생을 지니고 있다. 이 포도주 공급은 일종의 종말론의 시작 형태다. 동시에 우리는 새 하늘과 새 땅에서 최종 형태의 영생과 마지막 혼인 잔치, 즉 어린 양의 혼인 잔치도 기대한다(계 19:9). 이 마지막 잔치는 종말의 완성이다.

왕의 신하의 아들을 고치고 물 위를 걸음

덜 언급되기는 하지만 요한복음에는 아직 두 개의 기적들이 더 남아 있다. 하나는 요한복음 4:46-54에 기록된 왕의 신하의 아들을 고친 사건이다. 요한은 그 사건을 표적이라고 명시하며 이를 가나에서의 표적과 연결한다.

예수께서 다시 갈릴리 가나에 이르시니 **전에 물로 포도주를 만드신 곳이라.** 왕의 신하가 있어 그의 아들이 가버나움에서 병들었더니(요 4:46).

이것은 예수께서 유대에서 갈릴리로 오신 후에 행하신 **두 번째** 표적이니라 (54절).

왕의 신하의 아들은 죽음의 문턱에서 고침 받았다. 이렇게 거의 죽게 되었다가 고침 받은 것은 확실히 예수가 성취한 죽음에 대한 완전한 승리를 예시한다. 십자가에 못 박혔을 때, 예수는 실제로 죽었다. 그는 단지 거의 죽게 되기만 한 것이 아니었다.

다른 기적들에서와 마찬가지로, 왕의 신하의 아들을 고친 기적의 의미는 종말론의 시작과 완성 모두를 포함한다. 종말론의 시작은 예수가 죽은 자 가운데서 살아났을 때 왔으며, 종말론의 완성은 예수를 따르는 사람들이 더 이상 죽지 않는 부활의 몸을 지니고 부활할 때 올 것이다.

요한복음 6:16-21에는 예수가 물 위를 걸은 기적이 나온다. 이 기적은 5,000명을 먹인 기적과 밀접하게 연결되어 있으며, 따라서 요한은 별도로 논평하지 않는다. 얼핏 보면 요한복음 6:25-65에 기록된 생명의 떡에 대한 예수의 담화는 5,000명을 먹인 사건과만 관련이 있는 것처럼 보인다. 그러나 예수는 자신과의 친교(communion)를 통해 영생을 얻는 것에 대해 말했다. 예수는 영원한 죽음으로부터 사람들을 구해내는데, 큰 파도는 죽음의 상징이 될 수 있다. 왜냐하면 사람이 파도에 빠져 죽을 수 있고, 물에 가라앉는 것은 무덤의 지하세계로 "가라앉는 것"과 유사하기 때문이다. 따라서 요나가 삼일 동안 바다 깊은 곳에 있었던 것은 죽음과 부활에 적합한 상징이 된다.

> 요나가 밤낮 사흘 동안 큰 물고기 뱃속에 있었던 것 같이 인자도 밤낮 사흘 동안 땅 속에 있으리라(마 12:40).

예수가 물 위를 걸은 것은 자연을 다스리는 것뿐만 아니라 죽음을 다스리는 것에도 들어맞는 상징이다. 이처럼 예수가 물 위를 걸은 사건은 그의 부활을 예시한다. 그의 부활은 종말론의 시작을 구성한다. 예수는 또한 그의 영을 통해 우리에게 새로운 생명을 제공한다. 종말의 완성은 신자들의 몸의 부활과 함께 온다.

요약

이처럼 요한복음에 기록된 기적들 각각은 그리스도 부활이라는 위대한 기적을 예표하며 이를 가리킨다(그림 3.6을 보라).

그림 3.6: 부활을 가리키는 기적들

물을 포도주로 변화시킴(요 2:1-11)

왕의 신하의 아들을 고침(요 4:46-54)

38년된 환자를 고침(요 5:1-9)

5,000명을 먹임(요 6:1-15)

물위를 걸음(요 6:16-21)

나사로를 살림(요 11:1-44)

그리스도의 부활이라는 위대한 기적

구속의 양상

요한복음에 기록된 기적들은 왜 그리스도의 십자가형과 부활 안에 있는 구속을 예표하는 작은 그림들과 같은 기능을 수행하는 양상을 보이는가? 십자가형 및 부활과 기적들 간의 이러한 연결들은 뭔가 예외적이거나 이상한 것인가? 아니면 다른 복음서들에서도 유사한 연결들을 발견할 수 있는가?

이 연결들이 예외적인 것이 아니라 바로 예수의 사역의 특징에 속한다는 적어도 네 가지 주요 이유들이 있다.

예수의 사역의 목표

첫째, 예수의 사역에는 통일된 특성과 통일된 목표가 있다. 예수는 자신을 아버지의 구속 계획을 성취하기 위해 아버지에 의해 보냄 받은 아들로 이해했다. 그는 자신의 목표를 다양하게 표현했다.

> 인자가 온 것은 섬김을 받으려 함이 아니라 도리어 섬기려 하고 자기 목숨을 많은 사람의 대속물로 주려 함이니라 (마 20:28).

주의 성령이 내게 임하셨으니

이는 가난한 자에게 복음을 전하게 하시려고

내게 기름을 부으시고

나를 보내사 포로 된 자에게 자유를,

눈 먼 자에게 다시 보게 함을 전파하며

눌린 자를 자유롭게 하고

주의 은혜의 해를 전파하게 하려 하심이라(눅 4:18-19).

인자가 온 것은 잃어버린 자를 찾아 구원하려 함이니라(눅 19:10).

아버지께서 행하시는 그것을 아들도 그와 같이 행하느니라(요 5:19).

이런 묘사들은 예수의 공적 사역과 그의 십자가형 및 부활 사이의 내적 통일성을 보여준다. 예수의 지상에서의 생애 전부는 "섬기는" 삶이었다. 그러나 그의 섬김은 "자기 목숨을 많은 사람의 대속물"로 주었을 때 절정에 도달했다. 예수가 이사야 61:1-2을 인용한 누가복음 4:18-19에 묘사된 것처럼, 포로들의 석방은 예수가 환자들을 치료하고 귀신들을 쫓아낸 그의 공적 사역 기간 내내 일어났다. 그것은 예수가 자신의 십자가형과 부활을 통해 우리를 죄와 죽음에서 자유로워지게 한 데서 절정에 도달했다. 예수의 공적 사역에서 그는 사람들을 회개하도록 초대했으며, 세리들과 같이 악명 높은 "죄인들"과 교제했다. 그는 잃어버린 자들을 구하러 왔다(눅 19:10; 마 9:12-13과 비교하라). 잃어버린 자들에 대한 구원은 그의 죽음과 부활에서 절정을 이룬다.

하나님 나라의 통일성

둘째, "하나님 나라"라는 표현으로 예수의 사역과 죽음에서의 내적 통일성이 강조된다. 예수는 하나님 나라가 오고 있다고 선언했고(마 4:7; 막 1:15), 자신의 사역에서 하나님 나라를 구현했다.

예수가 사용한 "하나님 나라"라는 표현은 모든 역사에 대한 하나님의 섭리적 통치를 주로 일컫는 것이 아니라, 하나님의 **구원하는** 능력이 절정의 형태로 행사되는 것을 일컫는다. 예수의 사역은 하나님이 자기 백성을 구원하러 올 때인 마지막 날을 바라보았던 구약의 예언들을 성취했다. 메시아적 왕이자 하나님 자신인 예수는 그의 생애 동안에 하나님의 구원하는 통치를 드러냈는데, 이는 그의 부활에서 절정에 이르렀다. 그의 초기 사역과 십자가형 및 부활 모두는 구약에서 약속된 구원을 성취하는 하나님의 통일된 사역의 측면들이다.

절정으로 나아가는 복음서들의 내러티브 형태

셋째, 복음서—요한복음뿐 아니라 공관복음서들도—각각은 어딘가로 인도하는 내러티브 기사들을 제공한다. 복음서 각각은 십자가형과 부활이라는 내러티브의 절정을 향해 나아간다. 예수는 세례 요한에 의해 소개되고, 그 뒤 공적 사역에 착수한다. 그 사역은 어딘가로, 즉 십자가로 나아간다. 예수가 자신의 다가올 죽음을 명시적으로 예언할 때—마태복음 16:21-23; 17:22-23; 20:17-19; 21:39; 26:2 그리고 다른 복음서들의 병행구들—이 목표가 특히 강조된다. 누가는 이미 누가복음 9:51에서 (9:31을 기반으로) 예수가 예루살렘으로 가기로 결심했다고 말함으로써 십자가형이 다가

오고 있음을 강조한다. 복음서들은 또한 유대 지도자들의 반대가 점점 격렬해지는 것을 보여주는데, 이는 최후의 대결을 향해 나아가고 있음을 가리킨다.

이처럼 이야기의 중간과 끝이 연결된 것은 우리로 하여금 예수의 생애에서의 각각의 일화들과 이러한 일화들이 향하고 있는 목표 사이의 관계를 보도록 초대한다. 복음서들은 하나님이 역사를 다스린다고 전제하기 때문에 그 연결들은 더 중요하다. 복음서들이 기록하는 사건들은 그저 무작위적인 것이 아니라 신적인 목적들을 수행하도록 하나님에 의해 계획되었다.

구속의 신학적 통일성

넷째, 성경은 역사 전체에서 하나님의 구속 사역에 내적 통일성이 있다고 가르친다. 그리스도와 그의 사역을 통하는 것이 구속의 유일한 길이다.

> 예수께서 이르시되 "내가 곧 길이요 진리요 생명이니 나로 말미암지 않고는 아버지께로 올 자가 없느니라"(요 14:6).

> 다른 이로써는 구원을 받을 수 없나니 천하사람 중에 구원을 받을 만한 다른 이름을 우리에게 주신 일이 없음이라(행 4:12).

> 하나님은 한 분이시요 또 하나님과 사람 사이에 중보자도 한 분이시니 곧 사람이신 그리스도 예수라. 그가 모든 사람을 위하여 자기를 대속물로 주셨으니 곧 기약이 이르러 주신 증거니라(딤전 2:5-6).

사람들에게 축복과 구원과 회복과 건강을 가져다주는 작은 단계들은 모두 하나님의 은혜에서 나오는데, 하나님의 은혜는 언제나 궁극적으로 그리스도의 사역을 근거로 한다. 우리는 그중 어느 것도 받을 자격이 없다. 죄 때문에 우리에게는 죽음만이 마땅하다(롬 6:23). 그리스도의 대속 사역과 승리 때문에 하나님은 "자기도 의로우시며 또한 예수 믿는 자를 의롭다 할" 수 있게 되었다(롬 3:26). 가나 혼인 잔치에서의 포도주 공급, 왕의 신하의 아들 치료, 양문에서의 병자 치료는 모두 받을 자격이 없는 사람들에게 하나님의 은혜를 보여주었다. 이 기적들은 시간 순서로는 그리스도의 죽음과 부활에 앞서 일어났다. 그러나 그 기적들은 본질적으로는 그리스도를 통해서 가능해진 은혜에 의존한다. 신학적으로, 모든 은혜의 행위들에는 강력한 통일성이 있다. 왜냐하면 그 행위들 모두 그리스도 안에 동일한 기반을 두기 때문이다.

구속의 줄거리들은 이 통일성을 보여준다. 복음서들에 기록된 모든 기적들은 문제가 있는 상황 또는 고통으로부터 그리스도에 의한 구원의 행위를 통해서 회복의 상황 또는 평화나 조화로 전환되는 것과 관련이 있다. 문제로부터 해결로의 이러한 이동은 모든 기적들에 보편적인 간단한 줄거리 구조다. 그것은 모든 기적들을 십자가형과 부활의 예표로 만드는 요소다. 그리스도의 십자가형과 부활은 그리스도가 우리의 대표로서 인간이 겪을 수 있는 가장 큰 곤경을 경험하게 한다. 부활은 이 곤경을 해결했다. 그리스도는 우리의 대표로서 행동했기 때문에 곤경에 대한 이 승리도 이 세대에서 우리에게 적용된다. 그러나 이 승리는 또한 그리스도가 지상에서 사역할 때 섬겼던 사람들과 구약에서의 은혜 수혜자들에게도 소급적으로 적용되었다.

종종 복음서들에 기록된 기적들은 적어도 그리스도의 사역의 의미의 일부 측면들과 관련하여 십자가형과 부활의 생생한 예표들을 보여준다. 특정 **종류**의 문제가 모든 문제들 중 가장 심오한 문제인 죄 및 죽음과 명백한 상징적 관계에 있을 때 이런 예표가 더 생생해진다. 예컨대 나사로를 살린 것은 죽음에 대한 답이며, 따라서 그 기적은 죽음에 대한 최종적 답인 그리스도의 부활과 생생하게 연결된다. 선천적 시각장애인을 고친 것은 영적 시각장애 치료 및 영적 시력을 준 것과 생생하게 연결된다. 이는 그리스도가 이미 자신이 세상의 빛이라고 선언했기 때문이다(요 8:12). 그리고 이 선언은 더 나아가 요한복음과 구약성서에 나오는 영적 빛이라는 주제와 연결된다.

그러나 보다 넓은 의미에서는 육체적 질병 치유는 모두 예표와 관련이 있다. 치유라는 줄거리는 질병으로부터 그리스도의 사역을 통한 건강으로 이동한다. 구속의 줄거리는 죄라는 영적 질병으로부터 의로움이라는 영적 건강으로, 또한 죽을 운명인 아담과 같은 몸으로부터 죽지 않는 새로운 영적 몸으로 옮겨간다(고전 15:44-49). 의로움 및 죄로부터의 자유는 그리스도의 사역을 통해서 온다.

그리스도가 성취한 구속은 포괄적인 영향을 미친다. 우리가 살펴본 바와 같이, 그리스도는 새 하늘과 새 땅의 특징(계 21:4)인 썩지 않을 생명으로 살아났다. 그의 경험 측면에서, 그리스도는 새로운 인류 전체의 대표자다. 그의 부활은 언젠가 때가 되면 새로운 인류의 부활을 가져올 것이다(고전 15:22-26, 50-57). 그럴 뿐만 아니라, 그리스도의 부활은 또한 하늘과 땅의 완전한 갱신의 근거이기도 하다(롬 8:20-23; 계 21:1). 따라서 그리스도가 개인적으로 죽음에서 부활로 이동한 것은 삶의 모든 영역에서 깨어진

곳으로부터 회복되고 조화로운 종점으로 옮겨가는 것과 유기적으로 관련된다.

리처드 필립스는 예수의 기적들이 어떻게 예수의 십자가형과 부활이라는 예수의 절정의 사역을 가리키는지를 이렇게 표현한다.

예수 그리스도의 기적들을 연구할 때 우리는 우리 앞에 무작위적인 친절한 행동들 이상의 것이 놓여 있다는 전제를 갖고 연구한다. 이런 기적들은 단지 그리스도의 선함과 능력을 보여주기만 하는 것이 아니라 그의 구원 사역의 본질과 목적에 관한 살아 있는 설교들이다.[1]

---

1   Richard D. Phillips, *Mighty to Save: Discovering God's Grace in the Miracles of Jesus* (Phillipsburg, NJ: Presbyterian & Reformed, 2001), 21.

5

구속의 적용의 양상

이제 복음서들에 기록된 기적들이 오늘날의 사람들의 삶에 어떻게 관련되는지 생각해보자. 복음서들과 오늘날의 삶의 관련성을 이해하기 위해서는 먼저 한걸음 물러나 하나님의 계획에 따른 구속의 본질 자체를 고려해보는 것이 최선이다.

구속의 성취와 적용

신학자들은 구속의 **성취**와 구속의 **적용**을 구분한다.[1] 구속의 성취는 그리스도의 성육신, 생애, 죽음 그리고 부활의 모든 사건들을 포함한다. 그리스도는 그의 사역을 통해 구속을 **성취했다**. 구속의 **적용**은 사람들로 하여금 그리스도와 연합하여 생명을 받도록 개인들을 어두움에서 빛으로, 사탄의 권세에서 하나님께로(행 26:18) 돌아서게 하는 데 있어서 성령을 통한 그리스도의 사역을 묘사한다. 그들은 자신을 위해 살기보다 하나님을 위해 살

---

[1]   John Murray, *Redemption Accomplished and Applied*(Grand Rapids, MI: Eerdmans, 1955).

기 시작한다. 또한 구속의 적용은 집합적인 몸(corporate body)으로서의(고전 12장) 교회 안에서의 하나님의 사역을 포함한다. 이 적용은 오늘날에까지 확장된다. 오늘날의 사람들은 그리스도에 대한 믿음을 통해 영생을 얻는다. 그들은 자신들을 그리스도와 연합시키는 성령을 통해 생명을 얻는다.

구속의 적용은 하나님이 이땅의 신자들 각자에게 한 일의 관점에서 본 그 신자의 모든 삶을 포함한다. "우리는 그가 만드신 바라. 그리스도 예수 안에서 선한 일을 위하여 지으심을 받은 자니 이 일은 하나님이 전에 예비하사 우리로 그 가운데서 행하게 하려 하심이니라"(엡 2:10). 구속의 적용은 또한 신자들의 육체의 죽음 이후에 하나님이 그들 안에서 행하는 사역들도 포함한다. 그들은 계속 그리스도와 연합하며 죽은 자들의 부활을 기다리면서 그리스도의 현존 안에서 산다(빌 1:21, 23). 마지막 날에 하나님은 신자들을 죽은 자들 가운데서 일으켜, 그들에게 변화된 불멸의 몸을 줄 것이다(고전 15:50-57). 개인들의 이러한 몸의 부활은 피조물의 갱신 및 교회가 그리스도의 신부로서 영광스러운 형태로 나타나는 것과 병행한다(계 19:7-9, 21:2, 9).

구속의 성취와 적용은 병행한다. 그것들은 동전의 양면과 같다. 그리스도는 사람들이 실제로 구원받게 하려고 구속을 성취했다. 즉 성취는 적용을 함축한다. 결국 구원의 성취는 누군가에게 적용되지 않으면 무익하다. 구원 개념 자체도 누군가 구원받게 될 것을 함축한다. 구원은 잃어버린 사람들에게 와야 하는데, 구원이 그들에게 적용되면 그들은 더 이상 잃어버린 자가 아니다.

역으로 구속의 적용은 구속의 성취를 전제한다. 하나님이 우리의 타락하고 사악한 상태에 속한 적의와 죄를 극복할 토대를 제공했을 때에만 사람들은 구원을 경험할 수 있다. 실제적인 구원의 성취가 우리의 상태를 극복하는 토대다. 앞에서 살펴본 바와 같이 사람들이 구약 시대에 구속의 적용을 받았을 때 이 토대가 이미 전제되고 있었다. 구약 시대에 하나님은 신비로운 방식으로 그리스도의 성취를 성도들에게 미리 적용했다. 그 성취는 역사에서 적절한 때에 성취될 예정이었지만(갈 4:4; 딤전 2:6; 딤후 1:10), 하나님의 계획에 따르면 그것은 구약 시대에도 이미 확실했다.

그리스도와의 연합

구속의 성취와 적용은 그것들이 **그리스도와의 연합**에 관한 성경의 가르침에서 함께 나오는 방식 때문에 훨씬 더 가깝게 병행한다. 성경은 구원에서 우리에게 오는 모든 복은 "그리스도 안"에서 온다고 말한다.

> 찬송하리로다. 하나님 곧 우리 주 예수 그리스도의 아버지께서 그리스도 안에서 하늘에 속한 모든 신령한 복을 우리에게 주시되(엡 1:3)

그리스도는 복들의 **근원**일 뿐 아니라, 그가 대표하는 인간들에게서 그의 사역과 승리가 반영되는 대표적인 인간이다. 그리스도는 죽었다가 살아났다. 그리스도를 신뢰하는 우리는 **그와 함께** 죽었다가 살아났다.

> 너희가 세상의 초등학문에서 **그리스도와 함께 죽었거든**…(골 2:20)

> 그러므로 너희가 그리스도와 함께 다시 살리심을 받았으면 위의 것을 찾으라.

거기는 그리스도께서 하나님 우편에 앉아 계시느니라 (골 3:1).

(하나님이) 또 **함께** 일으키사 그리스도 예수 안에서 **함께** 하늘에 앉히시니…
(엡 2:6)

구속의 적용은 신자들 각자에게 그리스도의 죽음과 부활의 양상을 적용하는 것이다.

그리스도의 사역을 우리에게 적용하는 형태

죽음과 부활의 양상은 우리의 대표인 그리스도 자신으로부터 시작한다. 이 양상은 회심과 세례 시에 우리에게 실제로 적용된다.

무릇 그리스도 예수와 합하여 **세례를 받은** 우리는 그의 죽으심과 합하여 세례를 받은 줄을 알지 못하느냐? 그러므로 우리가 그의 죽으심과 합하여 세례를 받음으로 그와 함께 장사되었나니 이는 아버지의 영광으로 말미암아 그리스도를 죽은 자 가운데서 살리심과 같이 우리로 또한 새 생명 가운데서 행하게 하려 함이라 (롬 6:3-4).

로마서 6장은 계속해서 죽음과 부활의 양상을 우리에게 적용함에 있어서의 추가적인 함의를 설명한다.

만일 우리가 그의 죽으심과 같은 모양으로 연합한 자가 되었으면 또한 그의 부활과 같은 모양으로 연합한 자도 되리라. 우리가 알거니와 우리의 옛 사람이 예수와 함께 십자가에 못 박힌 것은 죄의 몸이 죽어 다시는 우리가 죄에게 종 노릇 하지 아니하려 함이니 이는 죽은 자가 죄에서 벗어나 의롭다 하심을 얻었음이라. 만일 우리가 그리스도와 함께 죽었으면 또한 그와 함께 살 줄을 믿노니 이는 그리스도께서 죽은 자 가운데서 살아나셨으매 다시 죽지 아니하시고 사망이 다시 그를 주장하지 못할 줄을 앎이로라. 그가 죽으심은 죄에 대하여 단번에 죽으심이요, 그가 살아 계심은 하나님께 대하여 살아 계심이니, 이와 같이 너희도 너희 자신을 죄에 대하여는 죽은 자요, 그리스도 예수 안에서 하나님께 대하여는 살아 있는 자로 여길지어다. 그러므로 너희는 죄가 너희 죽을 몸을 지배하지 못하게 하여 몸의 사욕에 순종하지 말고(롬 6:5-12).

그리스도인의 삶이 시작될 때 그리스도의 삶의 양상이 결정적으로 우리에게 적용됨으로써 그 새 삶은 참으로 새로운 삶이 된다. 우리는 이전의 삶의 방식에 대하여 죽었고, 이제 그리스도의 부활의 힘에 의해 산다. 그러나 성경은 또한 삶, 죽음 그리고 부활의 양상은 신앙생활을 시작할 때 한 번만 최종적으로 적용되는 것이 아니라 날마다 적용된다고 말한다.

우리가 사방으로 욱여쌈을 당하여도 싸이지 아니하며 답답한 일을 당하여도 낙심하지 아니하며 박해를 받아도 버린 바 되지 아니하며 거꾸러뜨림을 당하여도 망하지 아니하고 우리가 항상 예수의 죽음을 몸에 짊어짐은 예수의 생명이 또한 우리 몸에 나타나게 하려 함이라. 우리 살아 있는 자가 항상 예수를 위하여 죽음에 넘겨짐은 예수의 생명이 또한 우리 죽을 육체에 나타나게 하려 함이라. 그런즉 사망은 우리 안에서 역사하고 생명은 너희 안에서 역사하느니라(고후 4:8-12).

내가 그리스도와 그 부활의 권능과 그 고난에 참여함을 알고자 하여 그의 죽
으심을 본받아 어떻게 해서든지 죽은 자 가운데서 부활에 이르려 하노니(빌
3:10-11)

죽음과 생명의 이러한 양상의 최종적인 적용은 몸의 부활 때에 온다.

죽은 자의 부활도 그와 같으니 썩을 것으로 심고 썩지 아니할 것으로 다시 살
아나며…우리가 흙에 속한 자[아담]의 형상을 입은 것 같이 또한 하늘에 속한
이의 형상을 입으리라(고전 15:42, 49).

따라서 동일한 양상의 몇 가지 경우들이 있는데, 이 사례들은 모두 그리스
도의 죽음과 부활에서 유래한다.

1. 역사에서 단 한번뿐이고 최종적인 그리스도의 죽음과 부활.
2. 세례에 의해 나타내지는 바와 같이, 그리스도인의 삶이 시작될 때의
   신자들의 영적 죽음과 부활.
3. 그리스도와의 연합에서의 죽음과 부활 경험과 관련되는, 신자들과
   그리스도의 일상적 동행.
4. 최종적인 몸의 부활.

구원의 이 모든 측면들은 하나님의 영광을 드러내는 데 기여하며, 하나님

께 찬양을 드리게 한다(롬 11:33-36; 고전 10:31; 계 4:11; 19:6-7). 구원의 다른 측면들은 구원받은 사람들의 유익을 위하여 일어난다. 그러나 우리에 대한 유익은 그 사건들의 유일한 목적이 아니며 주된 목적도 아니다. 만약 우리에 대한 유익이 그 사건들의 유일한 목적이거나 주된 목적이라면 하나님과 그리스도는 오로지 인간을 섬기기 위하여 존재함을 의미할 것이다. 사실은 이와 정반대다. 우리는 하나님을 섬기고 하나님을 영화롭게 하도록 하나님에 의해 창조되었다. 우리는 하나님을 섬기고 영화롭게 할 때 최고의 기쁨을 누리도록 창조되었다. 우리에게 도움이 된다는 것은 우리에 대한 참으로 놀랍고 멋진 유익이지만, 그것은 특히 하나님의 영광과 찬송에 기여한다.

복음서들에 기록된 기적들과의 관련성

이제 우리는 복음서들에 기록된 기적들이 어떻게 우리와 유기적으로 연결되는지를 고려할 수 있다. 복음서의 기적들은 그리스도의 구속을 묘사한다. 구약의 모형들이 그리스도의 사역을 예시하듯이 복음서의 기적들은 십자가형과 부활에서의 그리스도의 사역을 예시한다. 그 기적들은 단지 구속을 **묘사**하기만 하는 것이 아니라 어떤 면에서는 구속을 **구현**하기도 한다. 그리스도와 교류했던 사람들은 어떤 의미로는—적어도 질병이나 귀신 들림 또는 죽음으로부터—"구속받았다." 그들 중 일부는—선천적 시각 장애인처럼—그리스도에 대한, 구원하는 믿음을 갖게 되었다(요 9:38). 구원하는 믿음이 있었는지 덜 확실한 사람들도 있다. 많은 사람들이 예수에 관해 다양한 종류의 믿음을 갖고 있었는데 그들은 예수가 적어도 예언자

혹은 기적을 행하는 자라고 믿었고, 예수에게 자기를 고칠 능력이 있다고 믿었다. 예수는 그들의 믿음을 저버리지 않았다. 이 믿음은 구원하는 믿음이었는가, 아니었는가?

어떤 경우에는 그들의 믿음은 이미 구원하는 믿음의 형태였다. 그 믿음은 구약의 성도들 가운데 있었던 구원하는 믿음과 비슷했을 것이다. 그것은 더 완전히 정보를 갖춘 믿음, 즉 예수가 메시아이자 이 세상의 구주(요 4:42)라는 사실에 대한 확신을 포함하는 믿음으로 가는 첫 단계였을 것이다. 그러나 야고보는 사람들이 "믿음"이라고 부르는 것이 다 구원하는 믿음은 아니라고 상기시켜준다(약 2:18-20). 오직 하나님만 모든 사람의 마음을 안다. 육체의 치유를 위한 믿음은 우리에게 구원하는 믿음의 일부 차원들을 생생하게 묘사하거나 그려준다. 그러나 그런 믿음이 언제나 구원하는 믿음과 동일한 것은 아니다.

치유 받은 개인들이 어떤 믿음을 갖고 있었든, 기적들은 그리스도의 십자가형과 죽음 그리고 부활에서의 그의 절정의 사역과 관련이 있다. 또한 그 기적들로부터 우리는 오늘날 우리에게 구속을 적용시켜주는 연결 고리를 관찰할 수 있다. 따라서 우리는 어느 복음서에 기록된 특정 기적들로부터 그리스도의 죽음과 부활로 옮겨가고, 그곳으로부터 구속의 적용으로 옮겨간다.

전체적으로 구속의 양상에는 특정 기적, 그리스도의 부활 그리고 현재의 적용이라는 세 가지 경우들이 있다. 이 경우들을 연결시키는 두 단계가 있다. 1단계에서는 특정 기적에서 그리스도의 부활로 옮겨간다. 2단계에서는 그리스도의 부활에서 현재 시점에서의 부활의 적용으로 이동한다(그림 5.1을 보라). 이 모든 단계들은 앞에서 말했던 바와 같이 하나님의 영광에 기여한다.

만일 그러기를 원한다면, 적용의 종류를 나타내도록 적용 분야를 더 확장할 수도 있을 것이다. 구속은 회심 시, 매일 그리고 우리 몸의 부활 때에 우리에게 적용된다(그림 5.2를 보라).

그림 5.1: 2단계 적용

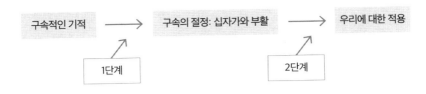

그림 5.2: 적용의 종류

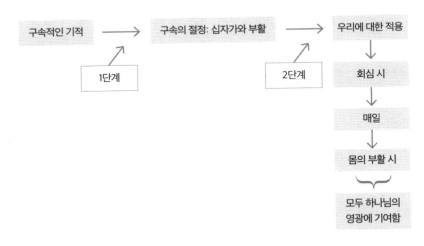

우리는 또한 이 그림에 집합적인 몸으로서의 교회에 대한 구속의 적용을
더할 수 있을 것이다(그림 5.3을 보라).

그림 5.3: 교회에 대한 적용의 종류

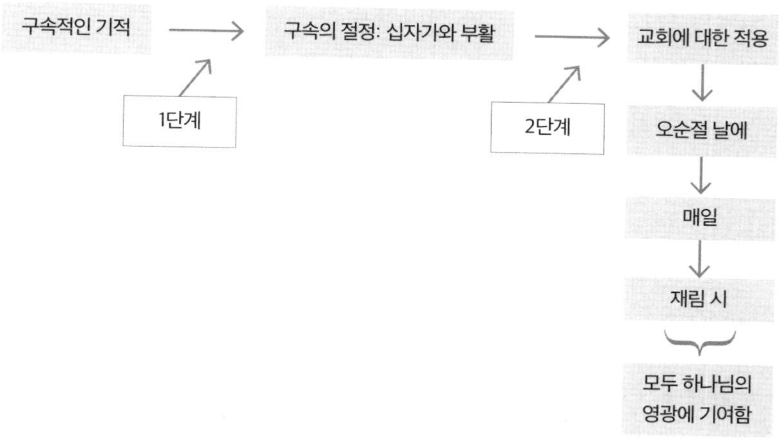

3중 양상의 예시

따라서 기적, 그리스도 안에서 구속의 절정을 이루는 성취, 그리고 신자
들—개인적으로(그림 5.2) 및 집합적으로(그림 5.3)—에 대한 적용으로 이루
어진 3중 양상이 존재한다. 요한복음에 기록된 일부 기적들을 사용해서 이
러한 3중 양상을 보여줄 수 있다. 각각의 경우에 구속의 적용은 사람들의
삶에서 성경 구절을 유의미하게 실제적으로 사용하도록 해준다. 설교자들
은 성경 구절을 설교하고 청중들에게 그 구절을 적용한다. 성경을 읽는 개
인들도 그렇게 할 수 있다.

　나사로를 살린 기적은 쉬운 사례다. 나사로를 살린 것은 기적이다. 죽은

자 가운데서 그리스도가 살아난 것은 성취의 절정이다. 그리고 그리스도와 연합한 사람들에게 새로운 부활 생명을 부여하는 것은 구속의 적용이다.

이 구절에 대해 설교하는 설교자는 그 메시지가 어떻게 앞으로 있을 그리스도의 부활을 가리키는지 설명해야 한다. 그리스도는 죽은 자 가운데서 살아나 죽음의 힘을 영원히 이기시고 지금도 살아 계신다. 그리스도는 나사로를 무덤에서 나오라고 불러서 그에게 새 생명을 주었을 때와 마찬가지로 지금 우리에게 새 생명을 줄 힘을 갖고 있다. 나사로가 죽었을 때 예수는 "나사로야, 나오라!"고 말했다(요 11:43). 이제 그리스도는 복음을 통해서 죄로 죽은 오늘날의 사람들에게(엡 2:1) "나오라!"고 말한다. 그리고 그들은 나온다! 그들이 나오는 것은 그들 안에 자신을 새롭게 할 능력이 있어서가 아니라 그리스도가 자신의 부활의 능력이기도 한 신적 능력으로 그들을 불러내기 때문이다.

나사로를 살린 기적에 관한 구절은 우리로 하여금 하나님을 찬양하고 기적을 행한 그리스도를 찬양하도록 촉구한다. 나사로를 살린 주를 찬양하라! 나사로를 마르다와 마리아에게 돌려준 그의 동정심과 친절을 찬양하라! 그리스도를 죽은 자들 가운데서 살린 하나님을 찬양하라! 우리에게 부활의 생명을 주는 그를 찬양하라!

놀랍게도 요한복음 11장에 기록된 구절은 그리스도가 아버지와 누리는 교제와 이제 그가 곧 하려고 하는 일에 대하여 아버지를 찬양하는 내용을 포함한다.

돌을 옮겨 놓으니 예수께서 눈을 들어 우러러 보시고 이르시되 "아버지여, 내 말을 들으신 것을 감사하나이다…"(요 11:41-42).

다른 기적들처럼 이 기적도 하나님의 영광을 나타낸다.

다음으로 5,000명을 먹인 일과 생명의 떡에 대한 담화를 생각해보자. 5,000명을 먹인 일은 기적이다. 예수의 육체적 죽음을 통한 구속의 양식 공급은 성취의 절정이다. 그리고 신자들이 그리스도를 먹고 사는 것은 적용이다. 하나님을 찬양하고 그에게 영광을 돌리는 것은 적용을 완성한다.

이처럼 설교자는 기적뿐 아니라 기적이 어떻게 그리스도의 구속을 가리키는지 및 우리에게 어떻게 적용되는지에 대해서도 설명할 것이다. 그리스도의 죽음은 우리 죄를 위한 제사다. 그의 부활은 죄 용서를 제공한다. 사람이 이에 참여하려면 그리스도를 먹고 살아야 한다. 그리고 우리는 믿음으로 그렇게 한다. 따라서 설교자는 사람들로 하여금 그리스도를 믿도록 요구해야 한다. 그리고 설교자는 이미 그리스도인인 사람들이 계속해서 그리스도를 먹고 그리스도와의 관계를 심화하도록 촉구해야 한다.

모든 독자와 청자는 또한 그 구절 자체에 의해 권면을 받는다. 우리는 그리스도를 믿도록 도전 받으며 영생의 양식을 오직 그리스도에게만 의존하도록 도전 받는다. 우리는 그리스도를 믿고 그를 먹음으로써 반응할 뿐 아니라, 그를 찬양하고 만족과 영생의 복을 기뻐함으로써 반응한다. 그리스도로부터 온 이러한 선물들은 하나님의 영광을 드러낸다.

요한복음 9장에 기록된, 시각장애인을 고친 사건을 생각해보라. 그 사람을 고친 것은 기적이다. 십자가형과 부활에서 하나님의 영광을 드러낸 것을 통해 구속의 빛을 공급한 것은 성취의 절정이다. 신자들에게 빛을 주는 것은 적용이다(고후 4:6과 비교하라). 이러한 빛을 주는 것은 하나님에 대한 찬양과 영광을 낳는다.

설교자는 이 적용의 몇 가지 측면들을 설명할 수도 있다. (1) 그리스도는 세상의 빛이다. 그리스도를 통해서, 그리고 오직 그분만을 통해서 당신은 마땅히 그래야 하는 대로 하나님을 알게 된다(요 17:3). (2) 그리스도의 빛은 그의 최고의 구속 사역인 십자가형과 부활에서 최고로 드러난다. (3) 그의 빛은 이제 당신으로 하여금 반응하도록, 그리고 그 빛으로 나오도록 요구한다. 그러나 당신은 보기 위해서는 고침 받아야 한다. 이 치유는 그리스도가 제공하며, 오직 그리스도만이 제공한다.

설교자 없이 개별 독자가 그 구절을 읽을 때에도 그 구절에는 동일한 함의가 있다. 우리는 그리스도의 빛을 받는다. 우리는 그리스도의 영광을 볼 때 기뻐한다. 그리고 그렇게 할 때, 우리는 하나님께 영광을 돌린다.

요한복음 5:1-9에 기록된 환자의 기적적인 치유를 생각해보라. 그 기적은 예수의 십자가형과 부활에서의 영적 치유에 대한 최고의 사역을 가리킨다. 설교자는 이 연결 관계를 설명해야 한다. 설교자는 또한 그의 청중들로 하여금 그들 자신이 여전히 살아 계시며 하늘에서 다스리시는 예수에게 영적 치유를 받도록 촉구한다. 성경을 읽는 사람은 모두 이 메시지를 받아 마음에 새겨야 한다. 예수는 우리가 성경을 읽을 때 지금 여기서 우리에게 말씀하고, 믿음으로 자기에게 나오는 모든 사람에게 영적 치유를 약속한다. 이 치유는 시작된 하나님 나라의 일부다. 하나님은 영적 치유를 약속할 뿐만 아니라, 자기에게 속한 사람들의 삶 속에 그 치유를 가져온다. 사람들은 영적 치유를 받을 때 기뻐하며 하나님을 찬양한다. 그들은 구속의 이 측면에 대해 하나님께 영광을 돌린다.

적용의 중요성

기적에서 신자들에 대한 적용으로 넘어가는 고리들은 하나님의 계획의 통일성과 그리스도 안에서의 구원의 방법의 통일성에 의존한다. 자연적·유기적 관계는 기적들을 그리스도의 죽음과 부활에 연결하며 이어서 그리스도의 사역을 그리스도의 초림 이후의 시기에 구원 받은 사람들과 연결한다. 우리 자신이 이 시기에 속해 있다. 이 시기는 사도행전에 소개된 전 세계적인 구원의 시기다.

또한 기적들과 적용 사이의 연결은 구약으로 거슬러 올라간다. 기적들에서 묘사되고 그리스도의 십자가형과 부활에서 성취된 구원은 하나님에 의해 구약의 성도들에게 적용되었다. 그러나 우리는 현재에 살고 있기 때문에, 성경이 어떻게 우리에게 적용되는지에 대해 특별히 관심을 기울일 필요가 있다. 기적을 구속의 표지로 다룸에 있어서 우리는 실제로 존재하지 않는 어떤 기발하거나 영리한 적용을 고안하지 않고 하나님 자신이 마련한 양상을 따른다.

때때로 학자들은 복음서들에 기록된 이야기들을 사용해서 현대의 청자들에게 직접 이야기하는 데 대해 불만을 토로한다. 그들은 현대적 적용이 역사를 간과한다고 우려한다. 학자들은 우리가 기적들은 역사상 그때 그곳에서 일어났음을 확실히 이해하기를 원한다. 기적들은 우리가 그 사건들이 일어났는지 또는 그 기적들이 하나님 말씀의 일부인지 여부에 대해 염려하지 않고 그냥 사용할 수 있는 생생한 교훈이 아니다. 이러한 우려는 정당하다. 그리스도는 지금이 아니라 기원후 1세기에 이 땅에서 살았다. 그는 현대의 뉴욕시나 마닐라 또는 나이로비가 아니라 팔레스타인에서 살았다.

그러나 보완적인 진리가 있다. 즉 그리스도는 지금도 살아 계시며 영원히 살아 계신다(히 13:8). 그리고 복음서들은 **우리의 유익을 위해** 그리고 하나님의 영광을 위해 그 당시의 사건들에 대해서 말한다. 많은 경우에 기적들은 그리스도의 절정의 구속 사역을 묘사할 뿐 아니라, 구속의 인간 **수령자들**이 수행하는 역할을 예표하는 방식으로 그 사역을 묘사한다.

나사로가 죽은 자들 가운데서 살아났을 때, 그에게 일어났던 일은 그리스도가 자신의 부활에서 우리를 위해 하는 일과 참으로 유사했다. 그것은 **또한** 예수가 우리에게 새로운 생명을 줄 때 그리고 나중에 우리가 부활의 몸을 받을 때 그가 **우리에게** 하는 일과 유사하다. 마찬가지로 구속의 적용을 받는 우리의 경험은 양문에 있던 환자(요 5장), 떡 조각을 먹었던 5,000명(요 6장), 그리고 예수의 포도주를 마셨던 사람들(요 2장)의 경험과 유사하다.

우리는 한 사건을 다른 사건과 혼동해서는 안 된다. 5,000명을 먹인 사건은 예수가 십자가에서 죽을 때 자신을 생명의 떡으로 준 사건과 동일하지 않으며, 이 사건들 중 어느 것도 우리가 지금 그로부터 영원한 자양분을 받는 것과 동일한 것도 아니다. 그러나 셋 모두 유기적으로 관련되어 있다. 또한 성령의 인도를 받는 설교자들과 성경 독자들은 수백 년 동안 이 점을 이해해왔다. 우리가 나사로—또는 나사로가 살아날 때 함께 그 혜택을 받는 마르다 및 마리아—와 우리 자신을 동일시해야 한다는 것은 당연하다. 그리고 우리가 이런 식으로 우리 자신을 나사로와 동일시할 때 하나님에 대한 찬양이 나오게 된다.

기적들에 관한 모형론적 추론

우리는 복음서들에 기록된 기적들과 그리스도의 부활이라는 위대한 기적 사이의 유사점들을 어떻게 이해하는가? 나사로를 살린 것과 같은 일부 기적들의 경우에는 그리스도의 부활과 연결하기가 쉽다. 5,000명을 먹인 또 다른 기적의 경우에는 요한복음에서 이 기적과 생명의 떡에 관한 예수의 담화를 명시적으로 연결한 것이 큰 도움이 된다. 그러나 만일 5,000명을 먹인 기적에 관해 공관복음서들의 기사(마 14:13-21; 막 6:30-44; 눅 9:10-17)만 있다면 어떻겠는가? 공관복음서들은 그 기적의 의미에 대하여 명시적인 언급을 제공하지 않는다. 그러면 우리는 어떻게 진행해야 하는가?

클라우니의 삼각형

모형들을 어떻게 해석하는가라는 문제를 고찰해보면 다소 도움이 될 수도 있다. **모형**(신학에서 사용하는 기술적 용어)은 간단히 말해서 하늘의 진리에 대한 이 땅의 상징으로서, 성취를 미리 가리키는 것이다.[1] 에드먼드 P. 클라우니 박사는 구약에 나와 있는 **모형들**을 어떻게 해석하는지 요약하기 위해 삼각형 형태의 그림(diagram)을 개발했다.[2]

복음서들에 기록된 예수의 기적들은 구약에 나와 있는 이러한 모형들과 다소 유사성이 있다. 따라서 우리는 예수의 기적들에 동일한 통찰력을 적용할 수 있다. 그림 6.1은 모형론에 대한 클라우니의 삼각형을 보여준다.

그림 6.1: 클라우니의 삼각형

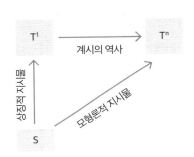

이 삼각형에서, S는 (동물 제사와 같은) 상징이다. T^1은 그 자체의 역사적·문화적 맥락 안에서 그 상징물에 의해 상징된 진리다. 동물 제사는 죄 없는 대속물의 죽음을 통해 얻어진 용서와 화해를 상징한다. T^1에서 다른 항목 T^n을 향하여 화살표가 뻗어 있다. T^n은 "n 제곱의 진리", 즉 그리스도 안

---

1   Vern S. Poythress, *Reading the Word of God in the Presence of God: A Handbook for Biblical Inter-pretation*(Wheaton, IL: Crossway, forthcoming), 23장. 이 정의는 내가 O. Palmer Robertson에게서 배운 정의에서 채택했다.

2   Edmund P. Clowney, *Preaching and Biblical Theology*(Grand Rapids, MI: Eerdmans, 1961), 110.

에서의 절정의 진리 성취를 의미한다. 동물 제사의 경우에, 진리는 죄 용서 및 하나님과의 화해를 가져오기 위해 그리스도가 대속물로 죽었다는 사실과 관련이 있다. 상징 S는 **모형**으로서, T^n에 의해 나타내지는 그리스도 안에서의 성취를 가리킨다. 따라서 S에서 T^n을 향해 뻗은 대각선은 "모형론적 지시물"이라고 이름을 붙였다. 동물 제사 모형에 적용한 클라우니의 삼각형이 그림 6.2에 제시되어 있다.

클라우니의 삼각형을 사용할 때의 주된 요점은 기적들의 의미에 대해 고찰할 때 한 단계로 생각하지 말고 두 단계로 진행해야 한다는 것이다. 1단계에서는 상징 S에서 그 상징이 나타내는 진리 T^1로 이동하는, 삼각형의 수직 방향 이동에 대해 생각한다. 2단계에서는 역사 속에서 그 진리를 절정으로 드러내는 성취인 T^n으로 이동한다. 이는 우리가 상징이 원래의 역사적 맥락에서 기능하는 방식(S와 T^1의 관계)을 공정하게 다루려 함을 의미한다. 이와는 대조로, 상징으로부터 그리스도 안에 있는 성취로 직접 "도약하는" 사람은 상징이 이전 시기에 가졌던 의미에 주의를 기울이지 않기 때문에 결국 인위적이거나 독단적인 결론에 이르게 된다. 그래서 그가 찾았다고 주장하는 "의미"는 그 상징이 처음 주어졌을 때 이해되었던 의미에서 분리된다.

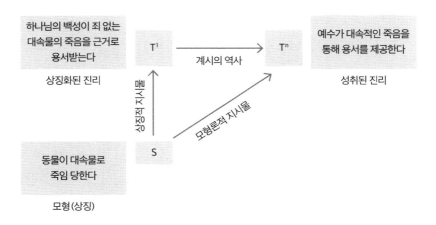

그림 6.2: 동물 제사에 대한 클라우니의 삼각형

하나님의 백성이 죄 없는 대속물의 죽음을 근거로 용서받는다

T^1

계시의 역사

T^n

예수가 대속적인 죽음을 통해 용서를 제공한다

상징화된 진리

성취된 진리

상징적 지시물

모형론적 지시물

S

동물이 대속물로 죽임 당한다

모형(상징)

예컨대 누가 구약성서에서 나무에 관해 읽을 때 곧바로 그리스도의 십자가로 "비약"할지도 모른다. 십자가가 나무로 만들어졌다는 것은 엄연한 사실이다. 그러나 우리는 구약에서 나무에 대해 언급한 것이 하나님이 당시에 말씀하셨던 사람들에게 어떤 의미였는지 물을 필요가 있다. 신명기 29:17은 "**나무**와 돌로 만든 우상"을 언급한다. 이 절에서 나무—그리고 돌—의 요점은 사람이 우상을 만들고 나서 그렇게 만들어진 대상, 창조된 대상을 경배하는 것은 어리석은 짓이라는 것이다. 곧바로 "비약"하면 실제 의미를 놓친다. 그리스도는 나무 십자가에서 죽었지만 이 절에 나오는 나무가 직접 십자가를 언급하는 것으로 보면 적절하지 않다. 단계적 접근은 우리로 하여금 첫 단계에서 옆으로 빗나가지 않고 하나님이 원래의 맥락에서 말씀하셨던 것을 묻게 해준다.

5장에서 살펴본 바와 같이, 그리스도 안에서의 구속의 성취는 신자들에 대한 구속의 **적용**과 유기적 관계가 있다. 원한다면 적용의 중요성을 상기시키기 위해 클라우니의 삼각형에 또 다른 부분을 더할 수 있다.[3] 적용은 그림 6.3에서 볼 수 있듯이 그리스도 안에서의 성취로부터 아래 방향으로 움직이는 선으로 나타내진다.

그림 6.3: 동물 제사에 대한 클라우니의 삼각형 적용

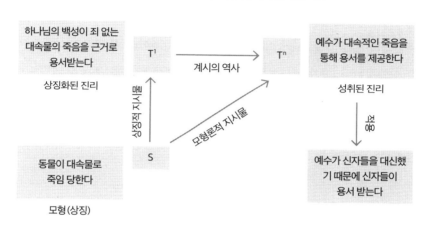

5,000명을 먹인 기적에 대한 클라우니의 삼각형 적용

복음서들에 기록된 예수의 기적들에 동일한 원칙들이 적용된다. 앞에서 살펴본 바와 같이 기적들은 "표적"이다. 기적들은 예수와 그의 구속에 관한 의미들을 나타낸다. 예수의 지상 생애 동안 기적을 목격한 사람들은—최소한 그들에게 영적 안목이 있었다면—그 의미의 일부를 알 수 있었을 것

---

3   나는 Edmund Clowney가 이 방법을 제시한 이후에 어떤 사람이 적용을 가리키는 또 다른 선을 추가하자는 생각을 했다고 믿는다. 누가 가장 먼저 이렇게 했는지는 확실하지 않다.

이다. 이어서 역사가 그리스도의 십자가형과 부활을 향해 나아감에 따라 그 의미는 추가로 드러났다.

이러한 상황에서, 5,000명을 먹인 것과 같은 기적 자체는 상징 S다. 당시에 인식할 수 있는 기적의 의미는 그 기적의 진리 내용 T^1이다. 5,000명을 먹인 기적의 경우에 이 의미는 하나님이 예수를 통해서 단지 배를 위한 양식(상징)만이 아닌 **영적** 자양분을 공급한다는 것이다. 절정을 이루는 진리인 T^n은 예수의 십자가형과 부활에 비추어서 본 의미다. 예수 자신이 양식이며, 그가 제공하는 양식은 그의 희생 죽음과 부활을 바탕으로 온다. 우리는 예수와의 친교에 의해 그가 부활한 상태에서 갖고 있는 영생을 누린다. 그렇다면 5,000명을 먹인 기적에 적용한 이 삼각형 도표를 그림 6.4와 같이 채울 수 있다.

그림 6.4: 5,000명을 먹인 기적에 대한 클라우니의 삼각형

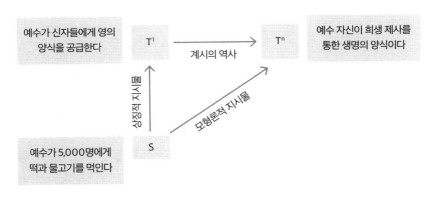

물리적 떡 공급이 영의 양식 공급을 상징한다는 것(삼각형의 수직 방향 구간)을 어떻게 아는가? 이것을 알 수 있는 이유는 요한복음 6장에서 예수가 생

명의 떡에 대한 그의 담화에서 그 의미를 명시적으로 설명해주었기 때문이다. 그러나 공관복음서의 기사들 중 하나에서 주어진 정보만으로도 사람들이 같은 내용을 알 수 있었겠는가?

구약에 기록되어 있는 배경이 도움이 된다. 여러 텍스트들이 5,000명을 먹인 사건에 대한 배경을 형성한다. 하나님은 광야에서 이스라엘 백성에게 만나를 주셨다(출 16:9-36과 비교하라). 하나님은 만나를 하나님의 말씀으로 사는 원리와 명시적으로 연결했다. "사람이 떡으로만 사는 것이 아니요 여호와의 입에서 나오는 모든 말씀으로 사는 것이다"(신 8:3). 하나님은 예언자 엘리사에게 특별히 떡을 늘릴 수 있게 해 주었는데, 이 사건에서 엘리사는 "보리 떡 이십 개와 자루에 담은 채소"로 100명을 먹였다(왕하 4:42). 엘리야를 통해서 하나님은 사르밧 과부에게 기적적으로 양식을 공급했다(왕상 17:8-16). 엘리사를 통해서 하나님은 이스라엘을 기근에서 구해냈다(왕하 7:1-20).

이 모든 기사들은 하나님이 자기를 신뢰하는 사람들에게 모든 필요를 충분히 공급해주겠다고 약속하는 더 큰 그림에 잘 들어맞는다. 하나님의 성품이라는 맥락은 육체의 필요를 공급하는 것이 **모든** 필요들을 공급하겠다는 하나님 편에서의 더 깊은 다짐을 표현한다는 사실을 보여준다. 그런데 가장 깊은 필요는 영적인 필요다. [하나님이] 만나를 공급해 주었음에도 이스라엘 백성 대부분은 그들의 불신 때문에 광야에서 죽었다. 그들은 단지 그들의 배를 위한 양식만이 아니라 마음의 변화가 필요했다.

따라서 구약은 예수의 의미와 그의 사역의 의미를 이해하기 위한 맥락을 제공한다. 그 맥락에 비춰볼 때 예수가 육체의 양식을 공급한 것은 포괄적인 필요 공급에 대한 상징 기능을 수행한다. 육체의 양식 갈망은 자연적으로 영적 자양분에 대한 더 깊은 갈망을 가리킨다. 생명의 떡에 대한 요한복음 6장의 명시적인 담화는 5,000명을 먹인 기적의 의미에서 이미 함축되어 있는 내용을 끄집어낸다.

자의적으로 기적에 의미를 부여하는 대신 기적에 내재한 의미를 분별하도록 우리를 안내하려면 클라우니의 삼각형을 사용할 필요가 있다. 분석과정의 1단계를 나타내는 삼각형의 수직 방향 구간은 기적의 전후 맥락과 구약의 맥락에서 그 기적의 의미를 묻는다. 각 기적은 **특정 맥락에서 일어난** 기적이다. 그것은 단순히 그 이야기의 기원이나 역사성에 관계없이 구속의 원리들을 예시하도록 사용될 수 있는 독립적인 이야기가 아니다.

마지막 단계로, 클라우니의 삼각형에 적용의 역할을 더할 수 있다. 우리가 예수를 믿고 구원을 위하여 그와 연합될 때 우리는 예수를 생명의 떡으로 받아들인다. 우리가 계속 그를 믿듯이, 우리는 계속하여 그를 먹고 산다. 그림 6.5를 보라.

그림 6.5: 5,000명을 먹인 기적에 대한 클라우니의 삼각형 적용

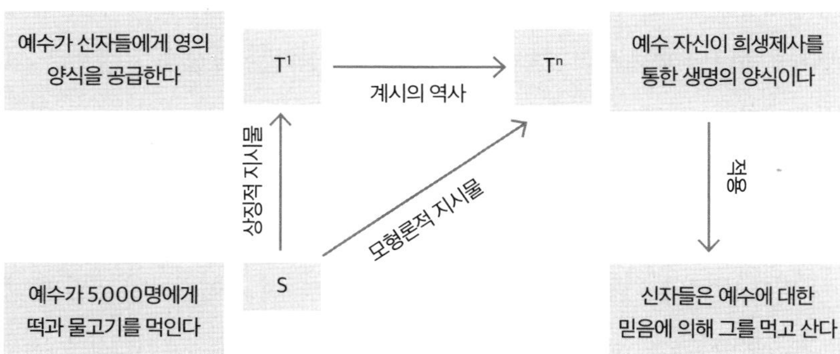

선천적 시각장애인 치유

클라우니의 삼각형을 사용해서 요한복음 9장에 기록된 선천적 시각장애인을 치유한 기적을 살펴볼 수 있다.

　　첫째, 클라우니의 삼각형의 수직 방향 구간으로 표시되는 1단계에서는 그 기적의 전후 맥락에서의 의미에 관해 묻는다. 예수는 "나는 세상의 빛이라"고 말했다(요 9:5; 8:12과 비교하라). 그리고 요한복음 9장 끝에서 그는 유대 지도자들의 영적 시각장애 문제를 직접적으로 다뤘다(9:39-41). 따라서 물리적 시력을 회복하는 육체의 치유는 영적 시력을 회복하는 영적 치유를 상징한다.

　　둘째, 클라우니의 삼각형의 수평 방향 구간으로 표시되는 2단계를 생각해보자. 이 단계에서는 그 의미가 어떻게 그리스도의 죽음과 부활 안에서의 성취의 절정을 가리키는지 고려한다. 이 단계는 그다지 어렵지 않다. 왜냐하면 십자가형과 부활은 그리스도와 그의 삶의 의미 그리고 그의 인격과 사역의 구속적 의의에 대한 계시의 절정의 두 측면을 형성하기 때문이다. 부활은 아버지와 아들의 영광을 보여준다.

　　이 두 단계들을 모으면 그림 6.6에서 보여주는 바와 같이 요약할 수 있다.

　　이 삼각형에 적용을 첨가할 수도 있다(그림 6.7을 보라). 그리스도의 빛이 어떻게 신자들에게 적용되는가? 신자들은 십자가에 달렸고 그 후에 부활로 일어났던 그리스도를 믿음으로 바라볼 때 빛을 받는다(요 3:14-15).

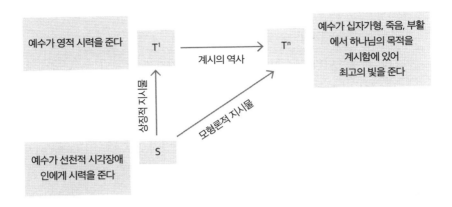

그림 6.6: 선천적 시각장애인 치유에 대한 클라우니의 삼각형

예수가 영적 시력을 준다

T^1

계시의 역사

T^n

예수가 십자가형, 죽음, 부활
에서 하나님의 목적을
계시함에 있어
최고의 빛을 준다

상징적 지시물

모형론적 지시물

S

예수가 선천적 시각장애
인에게 시력을 준다

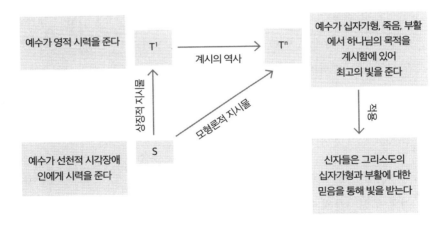

그림 6.7: 선천적 시각장애인 치유에 대한 클라우니의 삼각형 적용

예수가 영적 시력을 준다

T^1

계시의 역사

T^n

예수가 십자가형, 죽음, 부활
에서 하나님의 목적을
계시함에 있어
최고의 빛을 준다

상징적 지시물

모형론적 지시물

S

예수가 선천적 시각장애
인에게 시력을 준다

적용

신자들은 그리스도의
십자가형과 부활에 대한
믿음을 통해 빛을 받는다

예수의 기적들의 보다 넓은 함의

예수의 기적들에서 발견된 의미들에는 보다 넓은 함의가 있다. 기적들은 그것들이 일어났던 좁은 시공간에서 이미 의미가 있었다. 그 기적들은 또한 구속사라는 보다 넓은 배경에서도 의미가 있다.

5,000명을 먹인 기적의 보다 넓은 함의

우리는 5,000명을 먹인 기적을 사용해서 이 점을 보여줄 수 있을 것이다. 이전 장들에서 살펴본 바와 같이 이 기적은 하나님이 영의 양식을 공급하는 원리를 표현한다. 이 원리의 보다 넓은 함의들을 의미의 보다 작은 원들과 보다 큰 원들로 나타낼 수 있다.

가장 작은 원은 5,000명을 먹인 즉각적인 상황들의 원이다.[1] 이 정황들에서 예수는 육의 양식과 영의 양식을 모두 공급했다. 영의 양식은 먹이

---

[1] 그림 7.1과 그 뒤의 "의미의 원들" 그림에서 가장 안쪽의 "원"은 그 안에 쓰인 텍스트를 보다 잘 수용하기 위해 실제로는 "모서리가 둥근 직사각형"으로 묘사된다.

는 물리적 행위에 제공된 상징적 의미의 형태를 취했다. 게다가 요한복음에서 그 상징적 의미는 예수가 그다음날 생명의 떡에 대한 담화를 제공할 때 명시적으로 해석되었다.

그다음으로 넓은 원은 예수의 지상 사역 전체의 원이다. 예수는 그의 가르침을 통해서 영의 양식을 제공했는데, 생명의 떡에 대한 담화는 핵심적인 사례 중 하나였다. 예수는 그의 다른 기적들을 통해서도 영의 양식을 제공했다. 왜냐하면 그런 기적들에도 상징적인 의미가 있기 때문이다. 즉 그 기적들은 구속의 표적들이다. 예수는 자신의 인격 안에서(in his own person) 영의 양식을 제공했는데, 이는 이 땅에서의 그의 존재 자체가 구약에서의 만나 공급과 마찬가지로 하늘에서 땅으로 오는 영적인 떡—예수 자신이 이 떡이다—이 내려온 것이었기 때문이다.

그다음으로 넓은 원은 예수의 초기 지상 사역뿐 아니라 그의 죽음과 부활을 포함한다. 예수의 십자가형, 죽음 그리고 부활은 그가 이 땅에서 했던 사역의 절정이다. 따라서 그 사역들은 예수의 지상 사역 안에 포함될 수 있다. 그러나 그 사역들은 매우 중요하며 역사의 중심점 역할을 수행하기 때문에 이 사역들을 예수의 나머지 지상 사역들로부터 구분해서 그 사역들의 의미가 이전의 기적들과 어떻게 연결되는지 보다 자세히 고찰해볼 가치가 있다. 5,000명을 먹인 사건에서, 영의 양식을 결정적으로 먹이는 것은 예수의 죽음과 부활에서 일어났다. 왜냐하면 그의 죽음은 희생적 죽음이며 그래서 그의 몸이 영적 자양분의 근원이 되었기 때문이다. 우리는 그의 죽음과 부활의 유익을 받는다. 이 과정은 이스라엘 백성들이 화목제물의 고기의 일부를 먹음으로써 그들이 화목제로부터 얻는 유익에 참여하는 것을 나타낸 (레 7:15-16) 구약 의식들의 성취다.

그다음으로 넓은 원은 오순절부터 시작해서 이 시대의 끝인 그리스도의 재림 때까지 이어지는 복음 선포 시대로 이루어진다. 이 세대 동안 복음은 땅끝까지 이르게 될 것이다(행 1:8). 그것은 영적 변화와 그리스도에 대한 믿음이라는 반응을 불러일으킨다. 신자들은 믿음을 통해 그리스도를 먹고 산다. 이런 의미에서 하늘에서 다스리는 그리스도는 계속 영의 양식을 제공하고 있다. 그는 영의 양식을 5,000명에게만 주는 것이 아니라 그를 믿는 모든 사람들—5,000명보다 훨씬 많은 사람들—에게 준다. 그리고 이 먹임은 일종의 "증대"를 통해 일어난다. 그것은 물리적인 떡의 증대가 아니라 복음이 퍼져나감에 따른 복음 자체의 증대다.

하나님의 말씀이 **점점 왕성하여** 예루살렘에 있는 제자의 수가 더 심히 **많아지**고 허다한 제사장의 무리도 이 도에 복종하니라(행 6:7).

하나님의 말씀은 **흥왕하여 더하더라**(행 12:24).

주의 말씀이 그 지방에 두루 **퍼지니라**(행 13:49).

…그리하여 예루살렘으로부터 두루 행하여 일루리곤까지 그리스도의 복음을 **편만하게 전하였노라**(롬 15:19).

제자들의 수가 늘어난다. 그러나 이에 더하여 복음은 제자들 각자의 삶 속에서 열매를 맺는다. 그리스도를 알고 순종하면 성장하게 되어 있다. 제자들은 "사랑·희락·화평·인내·자비·양선·충성·온유·절제"라는 성령의 열매

(갈 5:22-23)를 맺는다.

창조와 재창조에서의 양식

의미들의 가장 넓은 원은 완성에서 드러나는 구속사 전체를 포함한다. 구속사가 완성될 때 모든 민족들이 모임에 따라 복음 증대는 완성에 이른다.

> 만국이 그 빛 가운데로 다니고 땅의 왕들이 자기 영광을 가지고 그리로 들어가리라(계 21:24; 7:9과 비교하라).

생명나무가 나타내는 바와 같이 영원한 자양분이 공급된다.

> …강 좌우에 생명나무가 있어 열두 가지 열매를 맺되 달마다 그 열매를 맺고 그 나무 잎사귀들은 만국을 치료하기 위하여 있더라(계 22:2).

[생명나무를] "하나님과 어린 양의 보좌로부터 나오는"(22:1) 생명의 강과 연결시킨 것은 이 자양분의 근원이 하나님 자신과 어린 양이라는 점을 우리에게 상징적으로 상기시켜준다. 어린 양의 혼인 잔치에 관한 구절도 다른 이미지를 사용해서 동일한 신학적 요점을 지적한다(19:9).

생명나무라는 이미지도 원래의 창조 질서를 연상시킨다. 창세기 2장에 의하면 생명나무는 하나님의 동산인 에덴 "동산 가운데"에 있었다(창 2:9; 겔 28:13과 비교하라). 영적 자양분이라는 주제는 원래의 에덴 동산부터 새 예루살렘이라는 마지막 동산 도시(계 21:9-22:5)까지 역사 전체에 미친다. 에덴 동산에 있는 모든 열매 맺는 나무들에 의하여 주어진 육체의 자양분은 하나님으로부터 온 멋진 유익이었다. 육체의 자양분은 그것을 주는 하나님과 연결되었기 때문에, 그것은 하나님의 은혜의 상징이며 하나님이 자신과의 친교를 통해 공급하는 영적 자양분의 상징이다. 타락 이전에 아담과 하와는 이 둘을 모두 경험했을 것이다. 육체의 양식을 먹는 것 자체가 하나님의 선함을 경험하는 것이고, 영적 친교의 한 형태인 하나님께 대한 감사를 불러일으킨다. 하나는 다른 하나를 나타낼 뿐 아니라 그것을 구현한다. 물론 생명나무는 영적 친교와 영적 생명이라는 개념을 더 강렬하게 표현한 특별한 나무였다.

따라서 5,000명을 먹인 기적은 창조와 구속을 결합한다. 하나님이 나무들을 창조했다. 하나님이 보리를 창조했으며, 보리를 떡으로 만들 수 있는 인간의 능력을 창조했다. 창조주 하나님이 그 기적의 출발점이 된 보리떡 다섯 개의 근원이다. 하나님은 해마다 성장과 수확을 통해서 보리와 밀 그리고 다른 곡물들을 늘리며, 수확 때에 사람들은 하나님의 너그러움을 누린다. 5,000명을 기적적으로 먹인 것은 이 과정들을 짧은 시간 안에 압축한 것이다. 그것은 우리가 말하였던 것처럼 구속자인 그리스도의 능력을 가리킨다. 그러나 그것은 또한 하나님이 창조주로서 행하는 일의 실재에도 입각한다. 그리스도는 구속의 중재자일 뿐만 아니라 창조의 중재자다(골 1:15-20). 따라서 창조와 재창조는 그리스도를 통해서 서로 유기적 관계를 누린다. 그 관계가 5,000명을 먹인 것과 같은 기적들에서 적절하게 나타난다.

5,000명을 먹인 기적에 대한 구약의 배경

이러한 연결들 외에 구약에 나오는 주제들과 추가로 연결되는 점들도 있다. 앞에서 우리는 5,000명을 먹인 것은 이스라엘이 광야에서 생활할 동안 하나님이 하늘에서 만나를 공급한 것과 유사하다고 말했다(요 6:32-33). 그것은 또한 엘리사가 "보리떡 20개와 자루에 담은 채소"로 100명에게 먹이는(왕하 4:42-44) 구약의 기적과도 유사하다. 엘리사의 말을 통해서 사르밧 과부는 "여러 날 동안" 기적적으로 양식을 공급 받았다(왕상 17:8-16). 엘리사의 말을 통해서 이스라엘은 포위로 인한 기근에서 구출되었다(왕하 7:1). 요셉을 통해서 사람들은 이집트의 7년 기근으로부터 구원받았다(창 41:53-57). 일반적으로, 양식의 결핍 또는 풍요는 야웨의 저주 혹은 축복의 결과다(신 28:3-8, 11-12, 16-18, 22-24, 53-57).

이 기적에 대한 모든 의미의 원들의 요약은 그림 7.1을 보라.

사도행전에 기록된 복음 전파를 담고 있는 원을 고려해보라. 이 세대 동안 복음은 계속 확산된다. 이 원은 기적들이 우리에 대한 적용을 함축하고 있다는 것을 나타낸다. 왜냐하면 우리는 이 원이 나타내는 구속의 시기—이 시기는 오순절 날에 시작해서 재림 때까지 이어진다—에 살고 있기 때문이다. 이 시기에는 복음 자체가 기적들의 의미를 선포한다. 넓게 보자면 기적의 의미는 그 함의들을 포함하는데, 함의들은 우리에 대한 적용을 포함한다. 우리 각자는 영의 양식을 위하여 그리스도께 나아오도록 초대 받았다.

이 모든 원들은 하나님의 영광을 드러내며, 하나님을 찬양하도록 이끈다.

예수가 5,000명을 먹인 기적을 통해 신자들에게 **양식**을 공급한다

하나님의 영광에 기여함

T¹

S

예수가 떡과 물고기를 통해 5,000명을 먹인다

예수가 지상 사역에서 영적 양식을 제공한다

복음 전파(사도행전)가 영적 양식을 제공한다

예수가 그의 희생 죽음에 의해 영적 양식을 제공한다

예수가 완성의 양식을 제공한다

창조: 떡과 물고기라는 섭리의 양식

재창조: 구속의 양식

하나님으로부터 오는 복으로서의 구약의 양식 공급

선천적 시각장애인 치유의 의미

우리는 선천적 시각장애인 치유에 대해 유사한 일련의 확장된 원들을 그릴 수 있다. 가장 작은 원은 예수가 실제로 그 시각장애인을 고친 것으로 이루어진다. 이 치유에는 물리적인 측면과 영적인 측면이 있다. 그 시각장애인

은 물리적인 시력을 받았으며, 그가 예수를 믿게 되었을 때 영적인 시력도 받았다(요 9:38). 다음으로, 예수의 지상 사역 전체는 구속의 계시라는 빛을 가져오는 사역이었다. 빛을 가져오려는 그의 목적은 그의 십자가형과 부활에서 절정을 이룬다. 궁극적으로 하나님은 보지 못하는 눈을 뜨게 하는 복음 선포에서 이러한 절정의 사건들을 이용한다.

다음으로, 사도행전은 하나님이 복음 시대에 어떻게 보지 못하는 눈을 뜨게 하는지 보여준다.

> 일어나 너의 발로 서라. 내가 네게 나타난 것은 곧 네가 나를 **본** 일과 장차 내가 네게 나타날 일에 너로 종과 증인을 삼으려 함이니 이스라엘과 이방인들에게서 내가 너를 구원하여 그들에게 보내어 **그 눈을 뜨게 하여 어둠에서 빛으로**, 사탄의 권세에서 하나님께로 돌아오게 하고 죄 사함과 나를 믿어 거룩하게 된 무리 가운데서 기업을 얻게 하리라(행 26:16-18).

> …곧 그리스도가 고난을 받으실 것과 죽은 자 가운데서 먼저 다시 살아나사 이스라엘과 이방인들에게 **빛을 전하시리라**(행 26:23).

마지막으로, 완성은 시각장애를 포함하여 모든 신체 장애를 치유하며 성도들에게 하나님의 얼굴을 보는 최고의 영적 시력을 준다.

> [그의 종들이] 그의 **얼굴을 볼** 터이요, 그의 이름도 그들의 이마에 있으리라 (계 22:4).

구약은 요한복음 9장의 배경을 이루는 몇 가지 사례들을 제공한다. 예컨대 이사야 35:5은 구속의 절정의 때는 시각장애인의 치유를 포함할 것이라고 말한다.

그때에 맹인의 눈이 밝을 것이며 못 듣는 사람의 귀가 열릴 것이며

예수가 치유할 때 진흙을 이용한 것은 "여호와 하나님이 흙으로 사람을 지은" 창세기 2:7과 궤를 같이한다. 예수는 하나님의 창조 행위와 유사한 방식으로 새로운 생명을 주는 행위를 실행했다.[2]

요한복음 9장의 빛이라는 주제는 하나님이 창조 주간의 첫째 날에 빛을 창조한 것(창 1:3; 요 1:4-5과 비교하라), 구름 기둥과 불기둥의 구속의 빛(민 9:15-23), 그리고 하나님이 구속과 인도를 위하여 주는 영적인 빛(시 27:1, 36:9, 43:3, 119:105; 사 9:2)과 연결된다.[3]

요한복음 9장은 또한 시리아 사람 나아만의 치유(왕하 5:9-14)와도 연결된다. 나아만과 시각장애인 모두 고침 받기 위해서는 가서 씻어야 했다. 그리고 두 경우 모두 씻는 행위는 무의미한 것처럼 보였다. 엘리사나 예수가 즉석에서 그 사람을 고칠 수도 있었음에도 그들은 왜 가서 씻으라고 지시했는가? 우리는 왜 씻는 것이 치유 과정의 일부인지 다 알지 못할 수도 있다. 그러나 우리는 적어도 몇 가지 이유들을 알 수 있다. 두 경우 모

---

2   "예수는 이스라엘의 모든 희망을 성취하는 분, 자기 입에서 나오는 숨과 물로 죽은 진흙으로부터 새 생명을 가져오는 분이다"(Peter J. Leithart, *Deep Exegesis: The Mystery of Reading Scripture*[Waco, TX: Baylor University Press, 2009], 73).

3   위의 책, 72.

두에서 가서 씻으라는 지시는 하나님의 방법의 주권을 강조한다. 사람들은 설사 이해하지 못하더라도 하나님의 지시대로 실행해야 한다. 또한 두 경우 모두에서 씻는 행위는 깨끗게 하는 것을 상징한다. 이런 식으로 치유는 하나님의 구원과 하나님 나라라는 보다 큰 목적과 연결되는데 하나님의 구원과 하나님 나라는 치유와 깨끗게 함, 특히 죄로부터 깨끗게 함을 포함한다. 요약하자면 예수가 시각장애인을 고친 것은 구약에서 엘리사를 통해서 나아만이 치유된 것과 연결된다. 이 연결은 예수의 사역이 구약에서의 치유 행위를 성취한다는 것을 확인하며, 또한 예수가 구약의 예언자 직분을 성취한다는 것도 확인한다.

의미들에 대한 일련의 원들이 그림 7.2에 요약되어 있다.

거듭 말하거니와 사도행전에서의 복음 전파를 포함하는 원은 **우리도** 포함한다. 예수가 시각장애인을 고친 기적은 우리 각자가 그리스도로부터 영적 시력을 받아야 하며, "예수 그리스도의 얼굴에 있는 하나님의 영광을 아는 빛"(고후 4:6)을 볼 수 있어야 한다는 것을 의미한다. 이 모든 측면들은 하나님의 영광을 드러낸다. 모든 시대를 통해서 그의 은혜와 지혜의 부요를 인하여 하나님을 찬양하라!

주제들의 다양한 연결

예수의 다른 기적들도 유사하게 다양한 연결을 보여준다. 기적들은 하나님의 창조 사역 및 섭리를 배경으로 일어난다. 기적들은 구약에 기록된 기적들, 약속들 그리고 다른 주제들과 궤를 같이한다. 기적들은 절정을 고대한다. 기적마다 이 모든 종류의 연결들을 조사한다면 훨씬 많은 지면이 소요될 것이다. 이후의 장들에서 우리는 주로 그리스도의 십자가형, 죽음, 부활 그리고 승천에서 발견되는 구속의 핵심과의 연결에 집중할 것이다. 우리는 또한 그리스도의 기적들이 구약의 약속들과 구약의 구속의 양상들을 성취하는 방식에 관해서도 간단하게 언급할 것이다.

그림 7.2: 선천적 시각장애인 치유의 의미의 원들

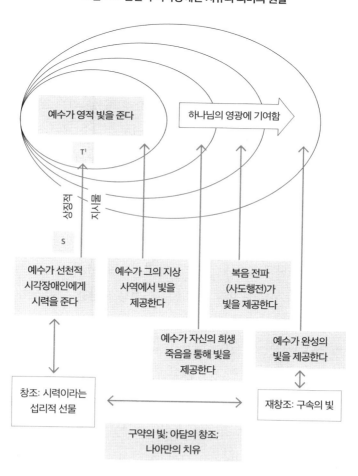

8

구체적인 적용

5장에서 우리는 기적들이 그리스도의 구속 사역을 상징하며 따라서 이러한 기적들이 신자들에게 자연스럽고 유기적으로 적용된다는 것을 알게 되었다. 우리는 주로 각각의 기적의 의미를 한 신자의 삶 전체에 적용하는 것을 생각했다. 그러나 기적들은 또한 한 개인의 삶의 구체적인 상황에 적용될 수 있는 의미도 갖고 있는가? 이 질문을 주의 깊게 살펴보자.

다시 나사로의 부활을 생각해보라. 그 기적은 그리스도가 자기를 믿는 사람들에게 새로운 영적 생명을 준다는 진리를 상징한다. 그리고 재림 시에 신자들은 부활의 몸을 받게 될 것이다. 그러한 유익들은 모든 인간에게 주어지는 것이 아니라 오직 그리스도를 믿는 사람들, 그리스도에게 신뢰를 두는 사람들에게만 주어진다. 그러나 복음을 듣는 모든 사람들에게까지 미치는 적용도 있다. 복음은 불신자들로 하여금 그리스도를 믿고 그로부터 새 생명을 받도록 촉구한다. 예수가 나사로를 살리는 장면은 불신자들이 자신이 예수를 믿게 되는 조건에 대해 고려해보고 이를 자신에게 적용하도록 초대받는 생생한 예시 혹은 유비를 제공한다. 나사로의 이야기는 불신자들에게 불신을 벗어버리고 그리스도에게 와서 영생을 받으라고 요구한다.

또한 앞에서 본 바와 같이 죽음과 새 생명의 양상은 기독교 신자들에게 반복해서 적용된다. 그 양상이 회심에 속할 때에 우리는 세례에서 상징된 것처럼 그리스도와 함께 죽는다(롬 6:3-4). 그 양상은 몸의 마지막 부활에 속한다(고전 15:45-49). 또한 성경은 그 양상이 매일 적용된다고 말한다.

> …우리가 항상 **예수의 죽음**을 몸에 짊어짐은 **예수의 생명**이 또한 우리 몸에 나타나게 하려 함이라. 우리 살아 있는 자가 **항상** 예수를 위하여 **죽음**에 넘겨짐은 **예수의 생명**이 또한 우리 죽을 육체에 나타나게 하려 함이라. 그런즉 **사망**은 우리 안에서 역사하고 **생명**은 너희 안에서 역사하느니라(고후 4:10-12).

> 형제들아, 내가 그리스도 예수 우리 주 안에서 가진 바 너희에 대한 나의 자랑을 두고 단언하노니 나는 날마다 **죽노라**(고전 15:31).

이 구절들은 기본적인 구속의 양상, 구속의 줄거리의 양상이 매일 적용됨을 나타낸다.

설거지

그렇다면 나사로의 부활 이야기가 보다 일상적인 상황들에 어떻게 적용되는지 살펴보기로 하자. 먼저, 조우는 셀 수 없을 정도로 여러 번 설거지를 하고 있는데, 이제 설거지가 지겨워졌다고 가정해보자. 그는 뒤숭숭해지고 불평한다. "왜 나는 TV에서 미식축구를 보거나 목공 일을 하는 것과 같이 흥미로운 무엇인가를 하는 대신 여기 묶여 있어야만 하는가?" 혹은 조우에게는 아마도 "영적"인 대안이 있을 수도 있다. "하나님, 왜 저를 성경 공부나 전도에서 뭔가 위대한 일들을 하게 하지 않고 여기 두셨습니까?" 어느 쪽이든 그는 불만족과 불평에 빠져들고 있다.

그렇다면 나사로의 이야기가 조우 및 그의 상황에 적용될 수 있는가? 조우는 전혀 활동하지 않는 것과 다름없는 무의미한 활동에 사로잡혀 있다고 느낀다. 설거지는 무가치하게 느껴진다. 그것은 대수롭지 않다고 생각될 수도 있지만 말라 죽어가는 삶의 작은 사례이며, 따라서 감정적으로 죽어가는 작은 과정을 나타낸다. "진정한 삶"과 비교하면 조우는 무덤 속에 있는 나사로와 같다. 따라서 그는 자신의 삶에서 작동할 구속의 이야기 또는 구속의 줄거리에 대한 일종의 갈망이 있다.

많은 불만족 사례에서처럼, 조우는 자신의 어려움이 환경에서 오는 것이라고 여긴다. "나는 그릇이 산더미처럼 쌓인 부엌 싱크대에 묶여 있다." 그러나 더 깊은 차원의 어려움은 조우 자신에게 놓여 있다. 그의 감정은 여러모로 이해할 만하다. 그러나 그 감정은 조우가 자아중심성에 따라 "진정한 삶"을 자신이 선택할 수 있는 활동들에서의 자아성취로 정의하고 있기 때문은 아닌가? 비록 조우가 성경 공부나 전도를 선택한다 하더라도, 그것은 자기가 "주의 일"을 하고 있기 때문에 "훌륭한" 그리스도인이라고 만족해서 자만하기 때문은 아닌가? 따라서 그리스도의 죽음과 부활의 사역을 적용함으로써 나사로의 이야기가 조우에게 적용된다. 조우는 이기적 야망에 대해 날마다 죽어야 한다. 또한 그는 그리스도를 통해서 하나님을 위하여 살 새로운 생명을 받아야 한다. 만약 1세기의 노예가 그리스도를 섬길 수 있다면, 조우도 그럴 수 있다.

종들아, 모든 일에 육신의 상전들에게 순종하되 사람을 기쁘게 하는 자와 같이 눈가림만 하지 말고 오직 주를 두려워하여 성실한 마음으로 하라. 무슨 일을 하든지 마음을 다하여 주께 하듯 하고 사람에게 하듯 하지 말라. 이는 기업의 상을 주께 받을 줄 아나니 너희는 주 그리스도를 섬기느니라(골 3:22-24).

따라서 조우는 이렇게 기도한다. "주님, 다른 사람들이 그것을 알든 알지 못하든 제가 **주님**을 위해 살게(사람을 기쁘게 하는 자가 아니게) 하소서." 성령은 조우에게 중요하지 않아 보이는 일에서 신실하게 섬길 수 있는 영적 능력을 제공한다.

그렇다면 조우는 무슨 일을 하고 있는가? 그는 더러운 접시를 씻고 있다. 그것은 지루해 보일 수 있다. 그것은 부분적으로는 식사하고 나서 매번 계속 반복되어야 하기 때문이다. 그러나 하나님의 계획에서는 설거지에 분명한 목적이 있다. 설거지를 하지 않으면 사람들은 오염된 음식을 먹고 병에 걸릴 수 있고 죽을 수도 있다. 하나님의 능력을 통해서 그리고 하나님이 청결에 관하여 부여한 지혜를 통해서 조우는 병과 죽음으로부터 사람들을 구하는 지속적인 양상에서 자신의 역할을 감당하고 있다. 조우는 세상을 "깨끗게 하는" 일을 돕고 있다. 그리고 세상은 그리스도가 가져올 새 하늘과 새 땅에서는 확실히 깨끗해질 것이다. 깨끗게 하는 사역의 중심은 생명이 사망을 이기는 승리의 형태로 온다. 왜냐하면 사망은 최후의 "부정"이기 때문이다. 조우의 일은 그리스도의 부활의 능력을 적용한 작은 사례이지만 그것은 큰 의미가 있다.

이 적용이 비현실적인가? 만약 우리가 추론의 충분한 단계들을 채우지 않았다면 그렇게 보일 수도 있을 것이다. 그러나 우리는 그리스도의 부활이 인간 육체의 부활의 토대일 뿐 아니라, "피조물도 썩어짐의 종 노릇한 데서 해방되어 하나님의 자녀들의 영광의 자유에 이를"(롬 8:21) 때, 우주 자체의 갱신의 토대이기도 함을 기억해야 한다. 부활은 참으로 작은 유익들을 포함하여 하나님으로부터 오는 모든 유익들의 토대다. 그리고 깨끗한 접시들과 깨끗한 음식의 유익은 작은 유익의 하나다. 조우가 이 작은 유익에 참여할 때 그는 설거지하는 특권에 대해 그리스도를 통해서 하나님을 찬양할 수 있다.

자녀 훈계

두 번째 사례로, 수를 생각해 보자. 수는 자신의 네 살짜리 아들 팀이 과자를 훔치려고 과자 상자에 손을 넣고 있는 것을 발견했다. 나사로를 살린 사건이 그녀에게 어떻게 적용되는가? 그 사건이 팀에게는 어떻게 적용되는가?

수는 그리스도인 부모로서 자기에게는 아들을 기독교적 방식으로 가르칠 보다 큰 책임의 일부로서 팀을 훈계할 책임이 있다고 생각한다고 가정하자. 그러나 그녀는 자신의 마음에 이와 상충하는 동기가 있음을 발견한다. 그녀는 죄에 대한 그녀의 의로운 분노와 더불어 불의한 분노도 발견한다. 그녀는 팀이 자기를 곤란하게 만들었기 때문에 화가 난다. 팀이 자기의 계획들을 방해하였고, 그녀는 그것에 분노한다. 수는 팀을 다루기 위해 자기가 계획하였던 일을 중단해야 한다. 그리고 수가 팀을 책임 있게 훈계하려면 시간이 걸릴 것이다. 수는 단지 아들의 손을 찰싹 때려주고 "안돼"라고 말만 하는 것이 아니라, 팀과 이야기하고 함께 기도해야 할 것이다. 수에게는 분노와 함께 나태도 있다. 그녀의 한쪽에서는 "이번엔 그냥 지나가자. 너는 해야 할, 더 중요한 일들이 많아"라고 말한다.

따라서 수는 자신의 태도들 자체에서 나타나는 죄를 다뤄야 한다. 하나님은 수에게 죄에 대하여 죽고 의에 대하여 살라고 요구한다. 나사로를 일으킨 그리스도는 그녀에게도 말한다. 그리스도는 "나사로야, 나오너라!"(요 11:43)고 말했다. 적용에서, 그리스도는 수에게 "나오너라!"—타락한 동기라는 영적 죽음에서 나와서 하나님을 섬기기에 적합한 새로운 동기의 영적 생명으로 나오라!—고 말한다. 하나님은 수에게 어머니의 훈계를 행사함으로써 아버지로서의 하나님의 돌봄을 닮는 영예에 대해 하나님을 찬양하라고 요구한다.

> 또 자녀들에게 권하는 것 같이 너희에게 권면하신 말씀도 잊었도다. 일렀으되
> "내 아들아 주의 징계하심을 경히 여기지 말며
> 그에게 꾸지람을 받을 때에 낙심하지 말라.
> 주께서 그 사랑하시는 자를 징계하시고
> 그가 받아들이시는 아들마다 채찍질하심이라" 하였으니,
> 너희가 참음은 징계를 받기 위함이라. 하나님이 아들과 같이 너희를 대우하시나니 어찌 아버지가 징계하지 않는 아들이 있으리요(히 12:5-7).

만약 수가 하나님의 은혜에 반응한다면, 그녀는 구속의 줄거리를 살아가게 된다. 이 줄거리는 평온한 가정의 일반적인 상황에서 시작한다. 그러다 어려움이 고개를 든다.—팀의 손이 과자 상자 안에 들어가 있다. 그리고 까다로운 사태가 수반된다—수 자신의 동기들이 타락되었다. 수가 자신의 사악

한 동기들을 직면할 때 문제는 절정에 도달한다. 그녀는 하나님께 부르짖고, 하나님은 그녀를 주의 능력 안에서 훈계를 실행할 수 있는 새로운 축복과 새로운 헌신으로 인도한다. 구속의 줄거리는 해결에 도달한다.

또한 수는 자기 아들에게 그리스도 안에서의 새 삶에 대해 이야기해주려는 노력을 기울여야 한다. 이 메시지들이 그 과정의 일부이기는 하지만, 아들에게 단순히 "용서를 구해라" 그리고 "다시는 그러지 말라"는 메시지만 주면 안 된다. 또한 "그리스도가 나사로를 일으킨 것은 그가 너를 위해 하신 일의 그림이란다. 너는 또 다른 과자를 먹으려고 엄마 말을 안 듣고 과자를 붙잡고 있는 네 이기적인 욕망에 대해 죽고, 성령의 능력 안에서 유혹에 저항하는 새 생명으로 살아나 하나님의 뜻을 행하는 데서 성취감을 발견해야 돼"라는 메시지도 전해야 한다. 수는 이 메시지를 네 살짜리가 알아들을 수 있는 말로 설명하도록 노력해야 한다. 그러나 나사로가 살아나는 장면과 같은 그림들은 새 생명의 약속을 생생하고 구체적으로 보여줌으로써 실제로 도움이 된다.

팀이 엄마에게 교훈을 받을 때, 그의 삶 속에서도 구속의 줄거리가 작동한다. 그 줄거리는 정상 상태로부터 사악한 덫으로 옮겨가며, 그 뒤에 구원으로 나아간다. 하나님이 수와 팀 안에서 역사하면서 그들을 변화시키기 위해 그들의 삶에 그리스도의 부활 생명을 가져다 주기 때문에 수와 팀 모두 그들의 어려움과 눈물 가운데서 하나님을 찬양하는 법을 배울 수 있다.

낙제

또 다른 예를 생각해보자. 데이브는 방금 전에 화학 시험에 낙제했다. 데이브는 그리스도인이 아니다. 그는 그리스도인 급우 켄에게 하소연한다. 데이브는 자신의 실망을 드러내면서 거기에는 더 깊은 의미가 있다고 말하기 시작한다. 데이브는 의예과 공부를 마친 후 의사가 되기를 바라고 있다. 데이브가 화학 시험에 낙제한 것은 그가 화학 과목을 통과할 수 없고 의사가 되려는 그의 계획이 무산될 것임을 의미하는가? 데이브의 비통함에 대해 켄은 뭐라고 말해줄 수 있는가? 켄은 나사로의 이야기를 데이브에게 적용되는 방식으로 말할 수 있는가?

켄이 가장 먼저 할 일은 확실히 데이브의 말을 경청하고 그의 낙심과 우울한 감정에 공감하는 것이다. 삶이 쉽기만 한 것은 아니다. 살다 보면 성공할 때도 있고 실패할 때도 있다. 데이브의 낙제는 물론 좋지 않은 일이다. 그러나 모든 사람들에게 궁극적인 실패는 죽음인데, 나사로의 이야기는 죽음을 다룬다. 모든 실패는 죽음이라는 궁극적인 실패에 대한 소규모의 유비이기 때문에 나사로의 이야기가 적용된다. 예수는 나사로를 살렸는데, 그것은 우리들의 삶에서 우리가 직면하는 모든 실패를 극복할 수 있는 예수의 능력에 대한 상징이다.

켄은 데이브에게 그리스도인이 되는 것은 모든 문제들을 달콤하게 해결하고 그가 원하는 것은 무엇이든 주는 일종의 마법의 지팡이라고 약속할 수 없다. 데이브는 아마도 화학 및 의예과의 기타 필수 과목들을 숙달할 지능이 없을지도 모른다. 데이브가 그리스도 안에서 새로운 삶을 살기로 결심한다해도 그것이 그로 하여금 그의 지적 한계들로부터 마술적으로 벗어나게 해주지는 않는다. 다른 한편으로 아마도 데이브는 게으르거나 규율이 잡히지 않아서 낙제했지만 그는 이러한 기저에 깔린 원인들을 정직하게 직시하기를 원하지 않을 수도 있다. 어떤 경우든 그리스도 안에서의 새 삶은 인생의 보다 작은 실패들을 헤쳐 나갈 수 있는 궁극적인 기반을 제공한다. 그리스도 안에서의 새 삶은 궁극적으로 데이브가 또 다른 직업상의 목표를 찾도록 그를 이끌 수도 있다. 아니면 그 새 삶은 데이브로 하여금 그의 규율 부족을 극복하게 해줄 수도 있을 것이다.

그리스도와의 교제는 그에게 도움이 될 것이다. 그러나 데이브는 다른 문제들도 살펴보아야 한다. 데이브가 의사가 되려는 욕구 근저의 동기들은 거의 확실히 섞여 있을 것이다. 데이브는 다른 사람들을 섬기고 그들의 삶에 차이를 만들어내기를 원한다. 그러나 그는 또한 개인적 만족과 자신의 성공에 대한 다른 사람들의 존경을 원한다. 그는 일을 통해 부자가 되기를 원한다. 이런 욕구들에는 이기적인 측면이 있다. 다른 사람들과 마찬가지로 데이브는 하나님 앞에 죄인이며 죄사함 및 하나님과의 화해가 필요하다

데이브는 죄로 죽었기 때문에 나사로를 살린 사건은 데이브에게 적실하다. 영적 죽음이 다른 모든 것의 근원이다. 그러나 데이브는 그에 더하여 낙제한 것에 대해 일종의 은유적인 죽음을 경험하고 있다. 그는 감정의 나락의 밑바닥에 빠져 있다. 그리스도는 그에게 나와서 새 삶을 경험하라고 촉구한다. 새 삶은 근본적으로 그리스도와 사귀는 새로운 영적 삶이다. 그러나 이 새로운 삶은 또한 데이브가 시험 낙제와 화학 과목을 공부하는 규율에 접근하는 방식을 바꾼다. 만약 하나님이 데이브의 마음에 중생을 일으킨다면, 데이브는 무엇보다도 그리스도를 섬기기를 원하게 될 것이다. 그렇게 되면 그러한 욕구는 기꺼이 고난을 받으려는 마음을 낳고, 그리스도가 그와 함께하면 화학과목 낙제가 견딜 만해질 것이다. 그것은 또한 화학과목에 대해 노력하고, 아마도 기꺼이 그 과목을 재수강하고 상황에 따라서는 과외를 받는 것을 의미할 수도 있을 것이다. 그것은 또한 데이

브가 의사가 될지 여부에 대한 궁극적인 문제를 그리스도의 손에 맡기는 것을 의미한다. 데이브는 더 이상 의사가 되겠다는 목표를 그가 포기할 수 없는 우상으로 삼지 않는다.

　　데이브의 삶에는 소규모의 구속의 줄거리가 있다. 그는 정상 상태에서 화학 시험에서 낙제한 상태로 떨어졌다. 무엇이 데이브를 그 나락에서 끌어 올릴 것인가? 근본적으로는 새로운 삶이 그렇게 할 것이다. 그러나 데이브의 규율 부족 또는 그의 이기적인 욕구 또는 의사가 되려는 목표를 우상화하는 것과 관련된 줄거리들도 있다. 나사로를 살린 사건에는 "죽은 행실에서 살아 계신 하나님을 섬기도록"(히 9:14) 살아나는 전체적인 양상에 대한 유비가 있다. 데이브는 단지 새 삶을 위하여 그리스도께 오도록 초대받고 있을 뿐 아니라, 자신의 이기적인 욕구들을 섬기는 삶이 아니라 하나님을 찬양하는 삶을 살기 시작하도록 초대받고 있다.

신나는 데이트

나사로 이야기의 적실성은 위기에뿐만 아니라 행복에도 확장된다. 제인이 꽤 오랜 동안 관심을 두고 있던 칼이라는 남자와 첫 데이트를 기대하고 있다고 가정해보자. 제인은 기분이 좋고 매우 만족스러운 관계의 즐거움을 누리리라고 생각하고 있다. 제인은 그리스도인이 아닌데 그리스도인 친구인 캐럴에게 자기가 곧 데이트할 거라고 말한다. 캐럴은 뭐라고 말하겠는가?

　　캐럴은 공감할 수 있을 것이다. 그러나 캐럴은 또한 나사로를 살린 사건이 이러한 행복한 상황에 대해 어떻게 말하는지를 보려고 할 수도 있을 것이다. 제인은 자신이 칼과 함께하는 신나고 로맨틱한 새로운 삶을 살 거라고 상상하기 때문에 행복하다. 그녀는 자기 마음속에 구속의 줄거리를 만들어 내고 있다. 어떻게 그러한가? 제인은 이전에 남자 친구가 없기 때문에 또는 자기가 칼의 주의를 끌지 못했기 때문에 우울했을 수도 있고 그렇지 않았을 수도 있다. 그녀의 이전 상황이 어떠했든, 그녀는 앞으로 상황이 근사하게 전개될 것으로 생각하고 있다. 제인은 비유적으로 말해서 외로움으로부터 "구속되었거나" "구원되었다." 그녀는 자신이 사랑, 만족, 흥분 그리고 더 없는 행복감으로 충만하기를 바란다. 이 구속의 줄거리는 나사로를 살린 일과 유사하다. 제인은 칼과의 새로운 삶이 자신의 이전 삶을 상대적으로 죽음과 같이 보일 수 있게 해줄 수 있기를 소망한다.

제인의 로맨틱한 기대를 그렇게 신나게 만드는 요소는 무엇인가? 로맨스는 인간의 삶에서 강력한 경험이다. 그것은 구약과 신약 모두에서 결혼으로 묘사된 하나님과 그의 백성들 간의 관계에서 일어나는 매혹, 친밀감 그리고 축복을 유비적으로 반영하기 때문에 매우 강력하다(호 3:1; 사 54:5; 62:4-5 등). 그러나 만약 인간의 로맨스가 하나님과의 관계를 대체하게 되면 그것은 실패할 것이다. 어떤 인간 파트너도 하나님만 채울 수 있는 공허를 대신 채울 수 없다.

그렇다면 캐럴은 제인에게 어떻게 반응하겠는가? 캐럴은 하나님이 이 관계에서 제인에게 주는 축복에 대하여 긍정적으로 즐거워할 수 있다. 동시에, 캐럴은 제인에게 만약 그녀가 이 새로운 진전을 축복의 더 심원한 원천을 가리키는 하나님으로부터 온 축복으로 받아들이지 않는다면 그녀는 궁극적으로 가장 촉망되는 파트너에게도 실망하고 좌절할 것이라고 부드럽게 말할 수 있다.

따라서 제인은 그녀의 로맨틱한 관계 자체가 새로워질 수 있도록 그리스도의 부활을 통해 영적 죽음에서 영적 생명으로 옮길 필요가 있다. 제인은 자신의 파트너를 교묘히 또는 그리 교묘하지 않게 이용하는, "죽어 있고" 이기적인 관계에서 돌이켜서 그녀가 남자들을 바라보고 로맨스를 추구하는 방식을 변화시키는 새로운 삶으로 살아나야 한다. "그것은 다 나에 관한 것이다"라는 전제로 시작하는 접근법은 영적 죽음의 영역에 놓여 있다.

다른 기적들의 적용

나사로를 살린 기적은 많은 기적들 중 하나일 뿐이다. 다른 모든 기적들은 그리스도의 부활이라는 위대한 기적을 가리킨다. 동시에, 각각의 기적은 독특하다. 그리고 어떤 기적들은 그 독특성으로 인해 특정 삶의 정황에 보다 잘 적용될 수 있다. 예컨대 예수는 혼인 잔치에서 물을 포도주로 변화시켰다. 따라서 결혼식과 결혼이라는 주제는 그 기적을 제인이 바라는 로맨틱한 관계에 보다 밀접하게 연결한다. 5,000명을 먹인 기적은 어떻게 삶을 가장 풍성하게 살 것인가라는 문제를 제기한다. 예수는 "생명의 떡"이다. 따라서 그 이야기는 의사가 됨으로써 만족스런 삶을 살기를 바라는 데이브에 대하여 말하기 위한 출발점 역할을 할 수도 있을 것이다. 예수가 마태복음 8:1-4에서 나병 환자를 고친 기적은 정결한 것과 부정한 것이라는 주제를 제기한다. 따라서 그 기적은 설거지에 대한 조우의 생각의 출발점이 될 수도 있다. 마태복음 8:1-4에서 예수는 나병 환자를 부정으로부터 깨끗하게 해주었다. 유비를 사용하자면, 조우는 더러운 접시들을 깨끗하게 하는 특권을 받았다. 그리고 이러한 세척은 그의 가족의 건강에 기여한다. 만약 조우가 이처럼 작은 일에서 주를 섬기고 주를 닮아간다면 그의 일에는 의미가 있다.

어떤 기적이라도 구속의 일반적인 원리들을 구현하기 때문에 적용할 수 있는 방법을 더 많이 찾아낼 수 있다. 기적은 예수가 성취한 중심적인 진리들을 가리킨다. 그리고 우리는 모두 구속을 필요로 한다. 우리는 전인으로서의 큰 의미에서만 구속이 필요한 것이 아니라, 설거지나 자녀 훈계와 같은 특정 상황들의 작은 틈들 가운데서도 구속이 필요하다.

III

마태복음에 기록된 기적들

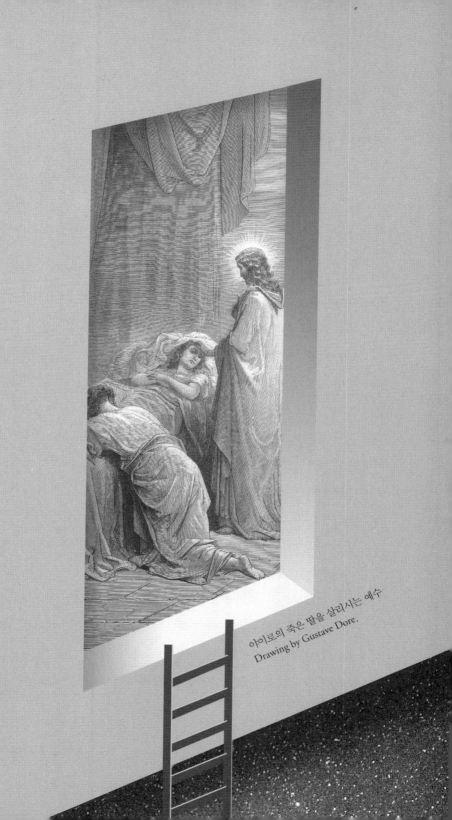

아이로의 죽은 딸을 살리시는 예수
Drawing by Gustave Dore.

9

동정녀 탄생 마 1:18-25

이제 마태복음을 살펴보고 그곳에 기록된 기적들의 의미를 이해해보자. 우리는 주로 요한복음과 관련되어 이미 발전시켰던 원리들을 사용할 것이다.

요한복음은 5,000명을 먹인 것과 같은 몇 가지 주요 기적들의 의미에 관해 보다 명시적으로 설명한다. 그러나 다른 복음서들에 실린 기적들에도 유사한 방식으로 의미가 있다. 그 의미를 알기 위해서는 그 기적들을 보다 주의 깊게 살펴보기만 하면 된다. 마태복음에 실린 기적들은—요한복음에 기록된 기적들처럼—하나님 나라의 표적들이다. 예수의 삶에서 우리는 구약에서 예언되고 예표되었던 바대로 하나님의 구원하는 통치가 시작된 것을 보게 된다. 하나님 나라의 통치에 있어서 하나님의 구원의 목적에 통일성이 있기 때문에 마태복음에 실린 기적들은 예수의 죽음과 부활에서의 하나님 나라의 절정과 유기적으로 연결되어 있다.

또한 마태복음은 요한복음과 마찬가지로 내러티브인데, 그 구조 자체가 십자가형과 부활로 이끈다. 이러한 내러티브 구조는 하나님 나라의 사역에서의 신학적 통일성을 강조하는 데 도움이 된다.

우리는 지금까지의 논의에서는 예수가 행한 기적들에 초점을 맞추었다. 그러나 확장된 관점은 기적 수령인으로서 예수에게 일어난 기적들을 포함할 수도 있다. 마태복음 1:18-25에 기록된 동정녀 수태와 탄생 그리고 마태복음 3:13-17에 기록된 예수의 세례 때 일어난 기적은 이러한 기적들에 속한다. 이 장에서는 동정녀 탄생을 검토할 것이다.

> 예수 그리스도의 나심은 이러하니라. 그의 어머니 마리아가 요셉과 약혼하고 동거하기 전에 성령으로 잉태된 것이 나타났더니 그의 남편 요셉은 의로운 사람이라. 그를 드러내지 아니하고 가만히 끊고자 하여 이 일을 생각할 때에 주의 사자가 현몽하여 이르되 "다윗의 자손 요셉아, 네 아내 마리아 데려오기를 무서워하지 말라. 그에게 잉태된 자는 성령으로 된 것이라. 아들을 낳으리니 이름을 예수라 하라. 이는 그가 자기 백성을 그들의 죄에서 구원할 자이심이라" 하니라. 이 모든 일이 된 것은 주께서 선지자로 하신 말씀을 이루려 하심이니 이르시되 "보라! 처녀가 잉태하여 아들을 낳을 것이요 그의 이름은 임마누엘이라 하리라" 하셨으니 이를 번역한즉 하나님이 우리와 함께 계시다 함이라. 요셉이 잠에서 깨어 일어나 주의 사자의 분부대로 행하여 그의 아내를 데려왔으나 아들을 낳기까지 동침하지 아니하더니 낳으매 이름을 예수라 하니라.

동정녀 탄생의 의미

예수의 동정녀 수태와 탄생은 역사에서 절정의 시기—하나님이 예수의 사역을 통해 구원을 성취한 시기—를 열었다. 마태는 특별히 동정녀 수태가 이사야 7:14에 기록된 예언을 성취한다고 말한다(마 1:22-23과 비교하라).

예수에게 주어진 이름은 구원을 선포한다.

> 아들을 낳으리니 이름을 예수라 하라. **이는 그가 자기 백성을 그들의 죄에서 구원할 자이심이라**(마 1:21).

그러므로 동정녀 수태는 전체 구속 시대(epoch)를 여는 기적을 나타낸다. 동정녀 수태의 기적적인 성격은 하나님이 역사하고 있다는 사실을 강조했고, 또한 죄의 가장 깊은 뿌리들과 파괴적인 측면들에 대한 결정적인 해결책을 가져오려면 장엄하고도 놀라운 하나님의 역사가 필요하다는 것을 강조했다. [마태복음에서] 동정녀 수태라는 최초의 기적은 독자들로 하여금 일련의 기적 전체를 포함하게 될 계속되는 내러티브에 대해 준비하게 한다.

왜 동정녀 수태 기적이 일어났는가? 기적은 하나님 나라가 성취되는 시대에 적합한 시작이다. 그러나 왜 **이** 기적으로 시작하는가? 일반적인 수태 수단이 개입하지 않았다는 것은 철저하게 주도권을 쥐어야 하는 하나님의 현존을 강조했다. 또한 동정녀 탄생은 인간이 아담으로부터 죄책과 사악함을 물려받는 양상을 깨뜨렸다.[1] 그리스도의 성육신은 하나님 자신이 이 땅에 왔다는 것을 의미한다. 예수는 육신을 입은 하나님이다(마 1:23; 요 1:14). 그는 죄가 전혀 없다(히 4:15). 예수 안에서, 하나님이 우리를 구속하

---

[1] 죄는 잉태와 출생 과정에서 생물학적으로 전해지는 바이러스 같은 물리적인 것이 아니다. 오히려 죄는 하나님에 대한 도덕적·영적 반역이다. 우리가 죄를 물려받는 것은 아담이 인류의 머리였고 그가 죄를 지었을 때 우리를 대표했기 때문이다(롬 5:12-21). 예수는 마지막 아담, 새로운 인류의 새로운 머리다. 예수의 동정녀 수태라는 독특한 성격은 그의 독특한 역할을 강조한다.

러 왔다.

물론 예수에게 일어난 기적은 그에게 독특한 사건이다. 그러나 그것은 유비적으로 이스라엘 백성 전체에게 그리고 참으로 죄의 사슬에 매인 모든 개인들에게 와야 하는 새로운 영적 생명과 관련된다.

흑암에 행하던 백성이
큰 빛을 보고
사망의 그늘진 땅에 거주하던 자에게
빛이 비치도다(사 9:2).

예수는 완전히 인간이지만 또한 그는 완전히 하나님이다. 예수는 그의 인성에서조차 다른 인간들과 달리 하나님으로부터 온 생명을 갖고 있다. 또한 이러한 독특성은 그가 영적으로 죽어 있는 사람들에게 새로운 영적 생명의 기원 역할을 한다는 사실과 어울린다(엡 2:1). 동정녀 탄생은 물리적 사건이었지만, 그 사건에는 상징적 의미가 있다. 그 사건은 철저하게 하나님에 의해 시작된 새로운 생명의 필요성을 나타낸다. 동정녀의 자궁 안에 새로운 인간의 생명이 있는 것은 아니다. 이 점에서 그것은 상징적으로 "죽은" 것이다. 그런데 하나님이 와서 새로운 생명, 예수의 생명을 만들었다. 죽음에서 생명으로의 이 이동은 유비에 의하여 우리 각자에게 일어나야 할 일을 나타낸다. 우리는 다시 태어나야 하며(요 3:3, 5), 그럼으로써 영적 죽음에서 영적 생명으로 옮겨져야 한다.

이 의미에 비추어, 동정녀 탄생이 어떻게 모형론적으로 부활의 새로운 생명을 가리키는지를 나타내는 삼각형을 구성할 수 있다(그림 9.1을 보라).

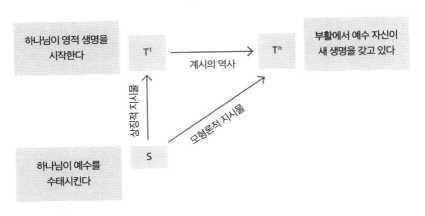

그림 9.1: 동정녀 탄생에 대한 클라우니의 삼각형

하나님이 영적 생명을 시작한다

T^1

계시의 역사

T^n

부활에서 예수 자신이 새 생명을 갖고 있다

상징적 지시물

모형론적 지시물

하나님이 예수를 수태시킨다

S

예수의 동정녀 수태는 또한 누가복음이 말하듯이 예수가 독특하고 심오한 의미에서 하나님의 아들이라는 사실을 암시한다.

> 천사가 대답하여 이르되 "성령이 네게 임하시고 지극히 높으신 이의 능력이 너를 덮으시리니 이러므로 나실 바 거룩한 이는 **하나님의 아들**이라 일컬어지리라"(눅 1:35).

마태는 예수가 하나님의 아들이라는 사실을 이후에 그의 세례 때에야 명시적으로 말한다. 그러므로 우리는 아들 됨에 대한 논의를 그때까지 미룰 것이다.

보다 광범위한 시기들에 대한 함의

마태는 동정녀 탄생에 대한 논의를 통해 하나님이 새로운 생명을 시작한다는 주제를 소개한다. 이 새 생명은 하나님 나라의 특징 중 하나이기 때문에, 우리는 이 생명이 하나님 나라가 나타나는 보다 넓은 원들 안에서 되풀이될 것으로 기대한다. 예수의 지상 사역의 원들을 생각해보라. 예수는 그의 전체 지상 사역 동안 사람들에게 새로운 영적 생명을 주었다. 이처럼 생명을 준 것은 예수가 이미 죽었거나 죽어가는 사람들을 일으킨 사례들에 의해 한층 더 강조된다.

다음으로, 예수의 죽음과 부활을 생각해보라. 부활은 더 이상 죽지 않는 불멸의 삶의 시작이다(롬 6:9-10).

사도행전과 그 이후의 복음 전파는 어떠한가? 복음은 그것이 새로운 탄생을 주는 사람들에게 새로운 생명을 준다.

> …너희가 거듭난 것은 썩어질 씨로 된 것이 아니요 썩지 아니할 씨로 된 것이니 살아 있고 항상 있는 **하나님의 말씀**으로 되었느니라. 오직 주의 말씀은 세세토록 있도다 하였으니 너희에게 전한 **복음**이 곧 이 말씀이니라(벧전 1:23, 25).

새 생명을 주는 것은 그리스도를 통해 그들에게 주어진 새로운 생명을 통해서 하나님의 모든 백성들이 하나님 앞에서 영생을 지니는 완성에서 절정을 이룬다(계 21:4, 22:2).

새로운 영생에 대한 그림은 또한 우리를 창세기 1장에 기록된 생명의 창조로 되돌려 보낸다. 하나님은 인간을 만들고, 새로운 인간의 탄생으로 이끄는 과정을 마련했다(시 139:13-16; 창 4:1과 비교하라).

우리는 또한 동정녀 수태 기적이 어떻게 구약에 기록된 약속들 및 양상들을 성취하는지 물어야 한다. 가장 명백한 연결은 마태복음 1:23이 이사야 7:14을 인용하는 구절에 놓여 있다. 이사야 7:14의 정확한 의미에 대해서는 많은 논란이 있다. 이사야 7:14은 메시아의 탄생을 묘사하는 직접적인 예언인가? 아니면 그 구절은 아하스 재위 시에 태어난 아들과 어떤 연결 관계가 있는가?(예컨대 사 8:3) 설사 후자라 하더라도 앞서 태어난 아들은 여전히 장차 메시아가 탄생할 것을 모형론적으로 가리킬 것이다. 직접적이든 간접적이든, 동정녀 탄생은 이사야 7:14을 성취할 뿐 아니라 약속된 여자의 후손(창 3:15), 아브라함의 후손(창 12:7, 13:15, 17:7), 그리고 다윗의 후손(예컨대 미 5:2)에 대한 구절들의 성취이기도 하다.

탄생 및 새로운 생명과의 이 모든 주제상의 연결 관계를 그림으로 요약할 수 있다(그림 9.2).

동정녀 탄생의 의미에 대한 광범위한 그림은 자연적으로 우리로 하여금 보다 구체적인 적용들에 대해 성찰하도록 고무한다. 확실히 명백한 한 가지 적용은 독자인 우리가 예수가 메시아, 곧 구약 약속의 성취라는 점과 그의 기원에 있어서 인간들 가운데 독특하다는 점을 알아보는 것이다. 이 독특한 기원은 예수가 하나님의 독생자라는 사실을 증언한다. 그러나 우리는 또한 하나님이 그리스도를 통해서 우리에게 철저하게 새로운 생명을 가져오기를 기뻐한다는 점을 이해하도록 고무된다. 다른 기적의 경우들에서와 마찬가지로 여기서도 클라우니의 삼각형에 적용을 나타내는 한 부분을 추가할 수 있다(그림 9.3).

그림 9.2: 동정녀 탄생의 의미의 원들

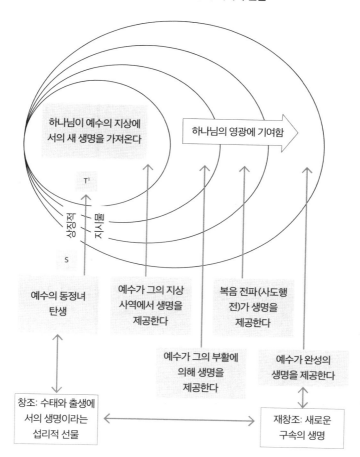

하나님이 예수의 지상에서의 새 생명을 가져온다

하나님의 영광에 기여함

T¹

상징적

지시물

S

예수의 동정녀 탄생

예수가 그의 지상 사역에서 생명을 제공한다

복음 전파(사도행전)가 생명을 제공한다

예수가 그의 부활에 의해 생명을 제공한다

예수가 완성의 생명을 제공한다

창조: 수태와 출생에서의 생명이라는 섭리적 선물

재창조: 새로운 구속의 생명

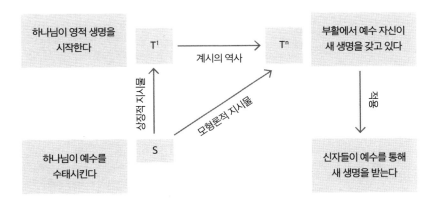

그림 9.3: 동정녀 탄생에 대한 클라우니의 삼각형 적용.

하나님이 영적 생명을 시작한다

T^1 → 계시의 역사 → T^n

부활에서 예수 자신이 새 생명을 갖고 있다

상징적 지시물

모형론적 지시물

적용

하나님이 예수를 수태시킨다

S

신자들이 예수를 통해 새 생명을 받는다

이러한 모든 측면들은 우리로 하여금 하나님의 은혜, 그의 아들이라는 선물 그리고 역사에서 실현된 그의 계획의 지혜로 인하여 하나님을 찬양하게 한다.

동정녀 탄생에 대한 기적적인 수반 현상들

마태복음에서는 동정녀 탄생과 연결되어 보다 작은 몇 가지 기적들이 일어난다. (1) 요셉에게 "주의 사자가 현몽하여" 마리아를 그의 아내로 삼으라고 격려함(마 1:20), (2) 특별한 별 하나가 동방의 박사들에게 나타남(마 2:2), (3) 그 별이 "문득 앞서 인도하여 가다가 아기 있는 곳 위에 머물러 섬"(마 2:9), (4) 그 박사들은 "꿈에 헤롯에게로 돌아가지 말라 지시하심을 받아 다른 길로 고국에 돌아감"(마 2:12), (5) "주의 사자가 요셉에게 현몽하여" 그에게 이집트로 피하라고 말함(마 2:13), (6) "헤롯이 죽은 후에 주의 사자가

애굽에서 요셉에게 현몽하여" 요셉에게 이스라엘로 돌아가라고 말함(마 2:19-20), (7) 요셉은 "꿈에서" 또 다른 경고를 받고 "갈릴리 지방으로 떠나 감"(마 2:22).

이러한 각각의 기적들은 보다 넓은 내러티브에 속한다. 더 넓은 내러 티브는 그 각각의 기적들이 요점인 것처럼 그것들 자체에 초점을 맞추지는 않는다. 그보다는 그 기적들 각각은 펼쳐진 사건들 가운데서 하나님의 섭 리의 손길이 작용하고 있었다는 느낌을 강화하는 데 기여한다. 그 기적들 은 강화 역할을 수행하기 때문에, 우리는 마태복음에 기록된 작은 기적들 각각에 대한 논의에 별도의 장을 할애하지 않고, 여기서 이 기적들에 대해 간략하게 언급할 것이다.

마태복음 1:20에서 요셉에게 주어진 꿈은 확실히 동정녀 탄생의 특별 한 성격을 강화했다. 그 꿈은 또한 마리아와 예수를 부양하는 데 기여했다. 요셉은 인간 보호자와 가정의 부양자 역할을 했다. 마태복음 2장에 이어진 사건들에서 요셉은 자기 가족을 이집트로 데려가고 다시 갈릴리로 데려오 는 주도권을 행사했다.

또한 마태복음 1:20에 기록된 꿈은 요셉으로 하여금 예수에 대한 법 적 아버지가 되는 책임을 맡도록 격려한다. 이 조치가 중요한 이유는 이것 이 바로 예수가 마태복음 1:6-11에 열거된 왕들의 계보의 상속자가 되었 음을 의미하기 때문이다. 예수는 왕이 될 다윗의 위대한 후손에 관한 구약 의 약속들을 성취하는 메시아다. 예수가 이 약속들을 성취할 수 있는 이유 는 요셉이 예수를 입양함으로써 예수가 다윗의 계보에 속하기 때문이다.[2]

2   R. T. France, *The Gospel of Matthew*(Grand Rapids, MI: Eerdmans, 2007), 47-48.

동방 박사들을 둘러싼 기적들은 하나님이 어떻게 헤롯의 살해 계획에 맞서서 예수를 보호했는지 보여준다. "하나님은 자신의 목적이 방해 받도록 허용하지 않을 것이다."[3] 더욱이 동방 박사들은 유대인들이 아니라 이방인들이다. 이처럼 마태는 이 복음서의 초반에 예수가 유대인들뿐만 아니라 이방인들의 구주라는 사실을 강조한다(마 8:5-13에 기록된 백부장의 하인에 대한 논의도 보라. 13장도 보라). 동방 박사들은 이방인들이 선물을 가져올 것이라는 이사야의 예언을 성취하기 시작했다.

> 그때에 네가 보고 기쁜 빛을 내며
> 네 마음이 놀라고 또 화창하리니
> 이는 바다의 부가 네게로 돌아오며
> 이방 나라들의 재물이 네게로 옴이라.
> 허다한 낙타, 미디안과 에바의 어린 낙타가 네 가운데에 가득할 것이며
> 스바 사람들은 다 금과 **유향**을 가지고 와서
> 여호와의 찬송을 전파할 것이다(사 60:5-6).

동방 박사들이 온 것은 또한 스바의 여왕이 솔로몬을 찾아온 것을 생각나게 한다. 스바의 여왕은 유대 혈통 밖에 있는 사람이다. 그러므로 그녀는 이방인들이 올 것에 대한 전조다. 그녀는 금과 향품들을 가져왔다(왕상 10:10). 시 72:8-11도 메시아적 왕이 민족들로부터 선물들을 받는 것으로 묘사한다.

---

3   Grant R. Osborne, *Matthew*(Grand Rapids, MI: Zondervan, 2010), 92.

이방인들이 오는 것은 그리스도가 부활한 뒤 "그러므로 너희는 가서 모든 족속으로 제자를 삼으라"(마 28:19)는 대위임령을 내렸을 때 보다 완전하게 일어난다. 이 명령은 그리스도의 완성된 사역을 근거로 작동한다. "하늘과 땅의 모든 권세를 내게 주셨다"(18절). 따라서 동방 박사들이 온 것은 그리스도의 십자가형과 부활에서 하나님의 계획 성취가 절정을 이룬 것과 명확하게 연결된다.

적용들

이 작은 기적들은 모두 우리가 하나님의 구속 계획 전체를 이해하는 데 기여한다. 하나님은 역사의 큰 조각들뿐만 아니라 작은 조각들도 통제하고 계획한다. 또한 그것은 그리스도를 통해 하나님께 속한 사람들이 용기를 낸다는 것을 의미한다. 그들의 삶은 하나님의 손안에 있다.

> 그러므로 내가 너희에게 이르노니 목숨을 위하여 무엇을 먹을까 무엇을 마실까 몸을 위하여 무엇을 입을까 염려하지 말라. 목숨이 음식보다 중하지 아니하며 몸이 의복보다 중하지 아니하냐? 공중의 새를 보라. 심지도 않고 거두지도 않고 창고에 모아들이지도 아니하되 너희 하늘 아버지께서 기르시나니 너희는 이것들보다 귀하지 아니하냐? 너희 중에 누가 염려함으로 그 키를 한 자라도 더할 수 있겠느냐? 또 너희가 어찌 의복을 위하여 염려하느냐? 들의 백합화가 어떻게 자라는가 생각하여 보라. 수고도 아니하고 길쌈도 아니하느니라. 그러나 내가 너희에게 말하노니 솔로몬의 모든 영광으로도 입은 것이 이 꽃 하나만 같지 못하였느니라. 오늘 있다가 내일 아궁이에 던져지는 들풀

도 하나님이 이렇게 입히시거든 하물며 너희일까보냐? 믿음이 작은 자들아. 그러므로 염려하여 이르기를 "무엇을 먹을까?", "무엇을 마실까?", "무엇을 입을까?" 하지 말라. 이는 다 이방인들이 구하는 것이라. 너희 하늘 아버지께서 이 모든 것이 너희에게 있어야 할 줄을 아시느니라. 그런즉 너희는 먼저 그의 나라와 그의 의를 구하라. 그리하면 이 모든 것을 너희에게 더하시리라(마 6:25-33).

우리가 하나님의 섭리적 돌보심에 의지하기를 배울 때, 우리는 또한 염려하기보다 그를 찬양하기를 배운다. "염려하지 말라"(마 6:31).

예수의 세례 마 3:13-17

다음으로 예수의 세례에 대한 마태의 기사를 살펴보자. 하늘에서 들려온 음성과 비둘기 모양의 표지 때문에 예수의 세례는 기적으로 여겨진다.

> 이 때에 예수께서 갈릴리로부터 요단강에 이르러 요한에게 세례를 받으려 하시니 요한이 말려 이르되 "내가 당신에게서 세례를 받아야 할 터인데 당신이 내게로 오시나이까?" 예수께서 대답하여 이르시되 "이제 허락하라. 우리가 이와 같이 하여 모든 의를 이루는 것이 합당하니라" 하시니 이에 요한이 허락하는지라. 예수께서 세례를 받으시고 곧 물에서 올라오실새 하늘이 열리고 하나님의 성령이 비둘기 같이 내려 자기 위에 임하심을 보시더니 하늘로부터 소리가 있어 말씀하시되 "이는 내 사랑하는 아들이요 내 기뻐하는 자라" 하시니라(마 3:13-17).

이 기적에서 하나님은 예수가 사랑 받는 특별한 아들이라고 선포했다. 비둘기의 표지는 예수가 성령으로 충만했다는 것을 나타냈다. 구약에서 특별한 지도자들 위에 성령의 역사가 있었던 것과 유사하게, 성령은 예수와 함께 하면서 그의 공적 사역에 능력을 부여했다.

우리는 이 능력 부여를 어떻게 이해하는가? 예수는 완전히 하나님
이다. 하나님으로서 그는 모든 신적 지혜와 능력으로 충만하며 따라서 그
의 모든 지상 사역을 완전히 수행할 수 있다. 하지만 우리는 또한 하나님의
사역은 동시에 아버지, 아들 그리고 성령의 사역이라는 것을 안다. 따라서
우리는 하나님으로서의 예수의 사역에 아버지와 성령 모두 함께 했다고 추
론한다. 또한 예수는 완전히 인간이다. 이 점에서 예수는 구약에서 하나님
이 일으켜서 자신의 영으로 구비시켰던 사사들과 예언자들 및 왕들과 비슷
하다. 모세와 엘리야 그리고 엘리사 같은 예언자들은 어떤 보통 사람도 할
수 없었던 기적적인 일들을 수행했다. 이와 유사하게, 예수가 기적을 일으
키는 것을 포함해서 자신의 일을 수행할 수 있도록 예수의 인성에 따라 성
령이 예수 위에 임했다.

하나님의 아들

이 기적의 요점은 그리스도와 아버지의 특별한 관계 및 그리스도에 대한
아버지의 특별한 호의를 선포한 것이다. 이 특별한 관계는 성령의 선물에
의해 표현된다. 하늘에서 들려온 음성은 시편 2:7과 이사야 42:1에 대한
언급을 포함한다.[1] 이 언급들을 살펴볼 가치가 있다.

---

1   D. A. Carson, "Matthew," *The Expositor's Bible Commentary* 개정판, Tremper Longman III
     and David E. Garland 편, 9권(Grand Rapids, MI: Zondervan, 2010), 137-138에 실린 글.
     R. T. France도 창22:2에 대해 언급했을 가능성을 탐구한다(R. T. France, *The Gospel of Mat-
     thew* [Grand Rapids, MI: Eerdmans, 2007], 123). 신학적으로 볼 때 아브라함이 이삭을 희생제
     물로 바치려 한 것은 앞으로 있을 그리스도의 희생을 가리킨다. 따라서 마4:17과 창22:2이 연

먼저 시편 2:7을 생각해보자. 시편 2:7은 "너는 내 아들이라. 오늘 내가 너를 낳았도다"고 말한다. 시편 2:7은 다윗의 왕권과 최후의 메시아적 왕은 다윗의 후손일 것이라는 하나님의 약속을 배경으로 이야기하고 있다. 구약의 다윗의 왕권은 최후의 메시아적 왕을 가리킨다. 시편 2:7의 "오늘"이라는 말은 예수의 탄생 때를 지적하는 것이 아니라, 앞 절이 나타내는 것처럼 예수가 왕으로 즉위하는 때다. "내가 나의 왕을 내 거룩한 산 시온에 세웠다"(시 2:6). 즉위에 대한 이러한 초점은 시편 2:7을 인용해서 그 구절을 그리스도의 부활과 연결시키는 사도행전 13:33에 의해 확인된다.

> …하나님이 **예수를 일으키사** 그들의 자녀인 우리에게 이 약속을 이루셨다. 이는 또한 시편 둘째 편에 "너는 내 아들이라, 오늘 내가 너를 낳았다"라고 기록한 바와 같다(저자 번역).

그리스도의 즉위는 그가 하나님의 아들이라는 사실을 공개적으로 나타냈다. 그는 "성결의 영으로는 죽은 자들 가운데서 부활하사 능력으로 하나님의 아들로 선포되셨으니 곧 우리 주 예수 그리스도시다"(롬 1:4). 그러나 마태복음 3:17에 의하면 그는 이미 세례 시에 하나님의 아들이었다. 또한 예수가 세례 시에 아들이었다는 사실은 예수의 동정녀 탄생을 전제한다. 그리고 동정녀 탄생은 하나님 아버지와 예수 사이의 영원한 관계를 전제한다. 그는 언제나 아들이고, 언제나 아버지가 낳은 아들이다. 이러한 영원

결될 수 있다는 주장은 일리가 있다.

한 낳음(begetting)은 이후에 시공간 안에서 그의 아들 됨에 대한 모든 표명들의 배경을 형성한다. 시간 안에서의 그러한 표명들은 항상 그리스도가 언제나 지니고 있는 속성과 조화를 이룬다.[2]

마태복음 3:17은 이사야 42:1에 대한 언급도 담고 있다: "내가 붙드는 나의 종을 보라." 이스라엘은 어떤 의미에서는 야웨의 종이었으나 계속 그에게 순종하지 못했다. 그와 대조적으로 예수는 이사야 52:13-53:12에 기록된 종에 대한 구절에서 예언된 것처럼, 그의 죽음과 부활을 통해 구원을 가져오는 참된 이스라엘이며 참된 종이다.

아버지와 성육신한 그리스도 사이의 특별한 관계의 궁극적인 신적 토대는 성령을 통한 아버지와 아들 사이의 영원한 교제에 있다. 그러나 이제 이러한 관계는 시공간 안에서 표현되게 되었다. 아들은 구속을 성취하기 위해 성육신했다.

아버지와 아들 사이의 교제는 예수의 지상 사역 전체의 특징이었다. 이 교제는 예수가 십자가에 달렸을 때 백부장의 고백에서 표현되었다. "진실로 하나님의 아들이었도다!"(마 27:54) 아들 됨은 그리스도의 부활과 승천에서 절정을 이루었다. 그리스도가 "하늘과 땅의 모든 권세를 내게 주셨다"(마 28:18)라고 주장했을 때 승천이 묵시적으로 그 배경을 이루고 있었다. "모든 권세"는 하나님 아버지로부터 오는 권세이며 따라서 그것은 아버지와 아들 사이의 친밀한 교제를 전제한다. "너희와 함께" 있으리라는 그리스도의 약속(마 28:20)은—아버지, 아들 그리고 성령의 통일성을 전

---

2   이 조화는 근본적으로 삼위일체 안에 아들에 대한 아버지의 영원한 관계와 영원한 낳음이 있음을 나타낸다.

제하는—하나님의 우주적 현존의 약속이다. 세 위격 안에서의 한 하나님의 통일성은 "아버지와 아들과 성령의 이름"으로 세례를 주는 공식에서(마 28:19) 추가로 표현된다. 전체적으로 볼 때 마태복음에 나오는 이러한 표현들은 그리스도의 아들 됨을 로마서 1:3-4의 묘사와 유사한 방식으로 알려 준다.

> 그의 아들에 관하여 말하면 육신으로는 다윗의 혈통에서 나셨고 **성결의 영으로는** 죽은 자들 가운데서 부활하사 능력으로 **하나님의 아들**로 선포되셨으니 곧 우리 주 예수 그리스도시니라.

성경은 우리에게 예수를 하나님의 아들로 인정하고 자녀로 입양됨을 받아들임으로써 예수가 하나님의 아들이라는 계시에 응답하도록 촉구한다. 우리가 입양을 받아들이면, 우리는 그를 찬양하고 그리스도의 이름을 영화롭게 함으로써 응답한다.

클라우니의 삼각형을 사용해서 그리스도의 아들 됨의 의미를 요약할 수 있다. 삼각형의 수직 방향 구간은 하늘에서 음성이 들렸을 당시의 그 기적의 의미를 나타낸다. 그 음성(물리적 표명)은 예수가 하나님의 아들이라고 선포하는 의미가 있다. 우리는 거기서부터 그리스도의 부활과 승천으로 우리의 생각을 진행시킬 수 있다(그림 10.1을 보라).

그림 10.1: 하늘에서 들린 음성에 대한 클라우니의 삼각형

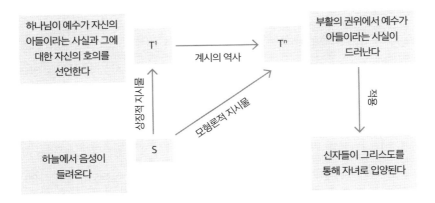

세례에 의한 동일시

하늘에서 들려온 음성은 예수의 세례와 밀접한 관련이 있다. 마태는 세례 요한이 처음에는 예수에게 세례를 베풀기를 거부했다고 기록한다. "요한이 그를 말리려 했다"(마 3:14). 요한의 세례는 명시적으로 "회개를 위한" 세례로 정의되며(11절), 이는 사람들이 "그들의 죄를 고백하는" 것과 관련이 있었다(6절). 요한은 어쨌든 이런 세례가 예수에게 적합하지 않다는 것을 알았다. 예수는 죄가 없었다. 그러나 그럼에도 예수는 자신의 세례가 적절할 뿐 아니라 "모든 의"를 이루는 목적이 있다고 말했다(15절).

　이런 아이디어들을 어떻게 이해할 수 있는가? 예수는 이미 마태복음 2:15에서 불순종을 반복하는 역사적 이스라엘과 대조되는 참된 이스라엘, 참된 아들, 순종하는 아들로 소개되었다. 그는 세례를 받음으로써 세례 받으러 오는 이스라엘의 죄인들과 동일시되었다. 사실상 그는 자신의 죄를 고백했던 것이 아니라(그는 죄가 없었다), 이스라엘—예수는 이스라엘 민족을 대표하도록 부름 받았다—의 죄를 고백했다. 그는 자신을 죄인들과 동일시하였다.

이런 동일시는 세리 및 죄인들과 더불어 먹고 마시는 그의 관행에 의해 확인된다. 나아가 그 관행은 그가 자기 백성들을 위해 죄를 짊어지는 곳인 십자가를 가리킨다. "인자가 온 것은 섬김을 받으려 함이 아니라 도리어 섬기려 하고 자기 목숨을 많은 사람의 **대속물로** 주려 함이니라"(마 20:28; 사 53:11-12을 보라).

이 진리는 우리에게 적용된다. 우리는 구원을 위해 회개하고 그리스도에게로 향할 때 용서받는다.

요약하자면 예수가 자신을 죄인들과 동일시한다는 주제를 나타내는 삼각형을 그릴 수 있다(그림 10.2를 보라).

그림 10.2: 예수의 세례에 대한 클라우니의 삼각형

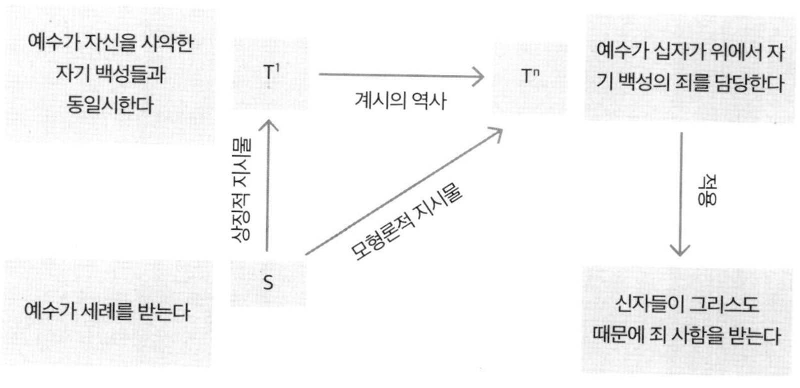

예수의 아들 됨과 세례의 의미에 있어서 보다 넓은 함의들

이 기적에 들어 있는 의미들에는 보다 넓은 함의들이 있다. 우리는 이미 예수의 모든 지상 사역들이 아버지 및 성령과의 친교 가운데 일어났다는 점을 지적했다. 모든 기적들과 모든 죄 사함의 행동들 그리고 모든 가르침의 말들의 근저에 예수의 아들 됨이 놓여 있다. 예수의 십자가형과 부활은 예수가 자신을 죄인들과 동일시한 사실 및 예수가 하나님의 아들이라는 사실 모두를 나타낸다.

이어서 사도행전에서 예수는 성령의 능력을 통해 인간들에게 아들 됨의 특권을 준다. 그는 자신의 대속적 죽음을 근거로 죄를 용서해준다. 세례는 그리스도와 연합됨의 표시이며 따라서 함축적으로 아들 됨과 죄 사함의 약속을 포함한다(마 28:19). 오순절 이후 그리스도의 복음은 모든 민족에게 전파된다. 모든 민족 출신의 사람들이 예수의 아들 됨과 죄를 담당함에 대해 알게 되고 그 효과를 받게 된다. 마지막으로 이 시대의 끝에 하나님의 백성은 완벽한 아들 됨과 완전한 죄의 종결을 경험할 것이다.

이기는 자는 이것들을 상속으로 받으리라. 나는 그의 하나님이 되고 그는 내 **아들**이 되리라(계 21:7).

무엇이든지 속된 것이나 가증한 일 또는 거짓말하는 자는 결코 그리로 들어가지 못하되 오직 어린 양의 생명책에 기록된 자들만 들어가리라(계 21:27).

그의 얼굴을 볼 터이요 그의 이름도 그들의 이마에 있으리라(계 22:4).

여느 때와 마찬가지로 일련의 넓어지는 원들에 보다 넓은 함의들을 요약할
수 있다(그림 10.3.).

그림 10.3: 예수의 세례의 의미의 원들

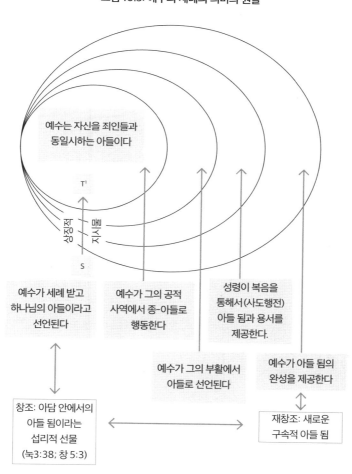

적용들

보다 넓은 그림에 대한 이해는 다시금 적용들을 시사한다. 이 말을 듣는 우리는 예수가 하나님의 독생자로서 구원을 가져오는 하나님의 계획을 성취한다는 것을 명심해야 한다. 구원은 가짜 대안들에서 발견되는 것이 아니라 예수 안에서만 찾을 수 있다. 우리는 또한 예수의 아들 됨과 우리 자신의 아들 됨 사이의 관계를 알 수 있다. 당신은 죄 때문에 하나님으로부터 멀어져 있는가? 당신은 성자 예수를 통해서 하나님의 아들이 될 수 있다.

> 때가 차매 하나님이 그 아들을 보내사 여자에게서 나게 하시고 율법 아래에 나게 하신 것은 율법 아래에 있는 자들을 속량하시고 우리로 아들의 명분을 얻게 하려 하심이라. 너희가 아들이므로 하나님이 그 아들의 영을 우리 마음 가운데 보내사 아빠 아버지라 부르게 하셨느니라. 그러므로 네가 이 후로는 종이 아니요 아들이니 아들이면 하나님으로 말미암아 유업을 받을 자니라(갈 4:4-7).

우리에게 자기 아들을 선물로 주시고, 또 우리를 자녀로 입양하는 선물을 주신 하나님을 기뻐하고 찬양하자.

많은 사람 치유 마 4:23-25

마태복음 4:23-25은 예수의 공적 사역 초기에 대한 요약을 제공한다.

> 예수께서 온 갈릴리에 두루 다니사 그들의 회당에서 가르치시며 천국 복음을
> 전파하시며 백성 중의 **모든 병**과 모든 **약한 것**을 고치시니 그의 소문이 온 수
> 리아에 퍼진지라. 사람들이 **모든 앓는 자** 곧 각종 병에 걸려서 **고통 당하는 자,
> 귀신 들린 자, 간질하는 자, 중풍병자들**을 데려오니 그들을 고치시더라. 갈릴리
> 와 데가볼리와 예루살렘과 유대와 요단 강 건너편에서 수많은 무리가 따르
> 니라.

치유의 의미

예수의 사역은 많은 치유 기적들을 포함했다. 마태는 공적 사역 초기에
는 일반적인 개요만 제공한다. 그의 요약은 예수의 기적들의 범위를 강조
한다. 예수는 "모든 앓는 자"를 치유했는데, 우리는 이 말을 그에게 나아오
는 모든 환자들로 이해해야 한다. 이 구절에서 다음에 나오는 말들은 다양

한 종류의 고통들을 언급함으로써 기적들의 범위를 강조한다. 그 목록은 육체의 질병뿐 아니라 귀신들에 의한 억압도 포함한다.

이러한 기적들의 신학적 의의는 무엇인가? 이 시점에서는 그 텍스트가 예수의 기적들의 의미나 신학적 의의에 관해 보다 직접적인 설명을 별로 제공하지 않는다. 나중에 마태는 기적들을 이사야 53장의 고난 받는 종과 연결한다.

> 저물매 사람들이 귀신 들린 자를 많이 데리고 예수께 오거늘 예수께서 **말씀으로 귀신들을 쫓아내시고 병든 자들을 다 고치시니** 이는 선지자 이사야를 통해서 하신 말씀에 "우리의 연약한 것을 친히 담당하시고 병을 짊어지셨도다" 함을 이루려 하심이더라(마 8:16-17; 사 53:4과 비교하라).

이 구절에 의하면 예수는 귀신들과 질병들로부터 사람들을 구해냈다. 이 구원은 예수가 우리의 질병들을 짊어진 것과 연결된다. 이사야 53장에 기록된 구절은 비유적으로 질병이라는 단어를 사용해서 도래할 종이 어떻게 죄에 대한 대속물로 고난 받을지를 나타낸다. 따라서 죄라는 근본적인 장애는 상징적으로 귀신 들림과 질병이라는 종속적인 장애들로 나타내진다. 물리적 차원에서의 구원은 영적 차원에 대한 구원을 상징한다. 베드로전서 2:24은 이와 비슷하게 말한다.

> 친히 나무에 달려 그 몸으로 우리 죄를 담당하셨으니 이는 우리로 죄에 대하여 죽고 의에 대하여 살게 하심이라. 그가 **채찍에 맞음으로** 너희는 **나음**을 얻었나니(사 53:5과 비교하라).

D. A. 카슨은 다음과 같이 요약한다. "이것은 마태에게는 예수의 치유 기적이 그 자체를 넘어 십자가를 가리킴을 의미한다. 요한의 '표적들'도 이와 유사하게 그 자체를 넘어 [십자가를] 가리키는데, 이 점에서 마태는 요한 복음서 저자와 비슷하다."[1]

우리는 또한 새 하늘과 새 땅이 물리적 측면(부활)과 영적 측면(죄가 없고 하나님의 면전에서 자유롭게 사는 것) 모두를 포함하는 포괄적인 구원을 가져오리라는 것을 안다.[2]

마태는 이 모든 신학적 의미를 4:23-25에 기록된 예수의 사역의 시작에 대한 기사 안에서 직접적으로 소개하지는 않는다. 그 내러티브는 여기서는 기본적인 개요를 제공하는 데 만족하며 나중에 그 의미가 드러나게 한다. 그러나 마태는 [치유를] 하나님 나라의 도래와 연결시키는데 하나님 나라는 구약 예언에서 포괄적인 구원을 포함한다. 예수는 **"천국 복음을 전파하셨다"**(23절). 즉 예수는 하나님이 왕으로서 통치하는 구원의 절정이 도래하고 있다는 좋은 소식을 선포했다. 예수는 이 선포와 더불어 치유로써 이를 입증했다. 치유는 구원을 가져오는 하나님의 능력이 역사하고 있음을

---

1   D. A. Carson, "Matthew," *Expositor's Bible Commentary*, Tremper Longman III and David E. Garland 편, 9권 개정판(Grand Rapids, MI: Zondervan, 2010), 244에 실린 글; R. T. France는 이 주장에 동의하지 않는다(R. T. France, *The Gospel of Matthew* [Grand Rapids, MI: Eerdmans, 2007], 322 각주 56). 그는 마 8:17이 육체적인 치료만을 염두에 두었다고 생각한다. 그러나 나는 이런 의견 차이는 마 8:17이 어떻게 직접적으로 질병 치료와 예수의 십자가상의 고난을 연결하도록 초대하는지를 둘러싼 문제에 지나지 않는 것으로 보인다. France는 다른 곳에서 마태가 사 53장과 십자가를 연결한다는 데 동의한다(마 20:28; 26:28; France, *Gospel of Matthew*, 322에서 인용된 구절). 마태복음에 나오는 전체 그림을 하나님 나라의 통일성 및 예수의 모든 기적들이 앞으로 일어날 사건을 가리킨다는 특성과 결합하면, 마8:17이 사 53:4을 인용할 때 그러한 구속적 의미를 직접 염두에 두었는지 여부를 불문하고 우리는 모든 치유 기적들에서 표적의 기능을 볼 수 있다.

2   Carson, "Matthew," 245.

드러냈다. 따라서 치유는 하나님 나라의 현시였다. 기적적인 치유들은 말로써 하나님 나라를 선포한 것을 보완했다.

구속의 줄거리들

우리는 치유의 줄거리 구조 때문에 구속과 치유 사이에 보다 넓은 연결 관계가 있음을 알 수 있다. 치유에 관한 이야기는 정상 상태가 상실되었음을 전제한다. 귀신 들린 사람들과 병에 걸린 사람들은 정상 상태가 아니다. 정상 상태의 결여는 우리가 타락한 세상에서 하나님에게서 소외되고 저주에 사로잡힌 채 살고 있다는 사실을 나타낸다. 그래서 치유 이야기는 곤경에서 해결로 옮겨간다. 그 당사자는 자신의 고통으로부터 구원을 받는다. 이러한 작은 형태의 구원이 "구속의 줄거리"를 이룬다.[3]

　작은 구원들은 모두 그리스도의 십자가와 부활을 통한 구속이라는 **더 큰** 구원을 예표한다. 십자가에서 그리스도는 불행—질병이라는 불행과 죄라는 더 깊은 불행 모두—가운데 있는 우리와 동일시되었다. 부활에서 그는 불행을 이겼다. 그는 질병을 이겼을 뿐 아니라 슬픔, 눈물, 애통함 그리고 죽음 자체도 이겼다. 부활은 또한 그의 법률적 신원(伸冤)이었다. 부활은 그리스도가 의롭다는 것과 하나님 아버지가 그의 순종을 승인했음을 보여준다. 그의 부활은 우리의 것으로 여겨져서 우리가 의롭다고 인정된다. "예수는 우리가 범죄한 것 때문에 내줌이 되고 또한 우리를 의롭다

3　Vern S. Poythress, *In the Beginning Was the Word: Language—A God-Centered Approach*(Wheaton, IL: Crossway, 2009), 26장.

하시기 위하여 살아나셨느니라"(롬 4:25). 우리가 그리스도에게 연합될 때 그리스도의 부활이 우리에게 적용되며 우리는 죄와 죄책으로부터 확실한 치유를 받는다. 우리는 또한 몸의 부활이 모든 죄와 사탄 및 그의 부하들에 의한 모든 공격으로부터의 최종적인 구원을 가져오게 되는 때인 완성을 고대한다.

따라서 우리는 많은 사람의 치유의 의미를 나타내는 삼각형을 그릴 수 있다(그림 11.1).

그림 11.1: 많은 사람의 치유에 대한 클라우니의 삼각형

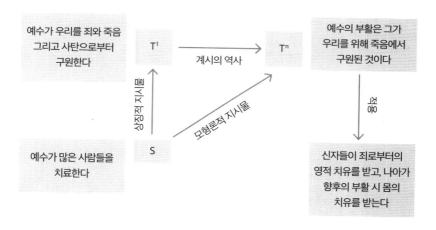

치유 사례들은 그리스도의 부활에서의 더 큰 치유를 가리킨다.

구속의 적용

치유 기적들은 또한 구속이 이 시대에 우리에게 적용될 수 있음을 내포

한다. 그리스도는 구주로 영원히 살아 계신다. 그를 부르는 모든 사람은 그의 능력을 활용할 수 있다. 따라서 마태복음에 기록된 치유 사례들이 설교에 사용될 수 있다. 현대의 복음 선포자들은 하나님의 구원하는 통치가 예수의 사역을 통해서 시작되었다고 선언한다. 그는 모든 환자들 또는 사탄에게 억압받는 자들을 오라고 초대한다. "와서 치유함을 받으라." 치유는 무엇보다 죄와 영적 죽음으로부터의 치유다. 설교자는 "예수의 부활은 육체적 필요를 다뤘던 치유 기적들보다 더 깊게 그리고 더 결정적으로 인간의 필요에 도달한다"고 말한다. 예수는 완성의 때에 모든 육체적 필요에 대한 대답을 가져올 것이다. 그때까지는, 우리는 하나님의 뜻에 따라 육체의 치유를 경험할 때도 있고 그렇지 않을 때도 있을 것이다.[4]

---

4 오늘날 일부 설교자들 사이에 너무도 흔한 "번영 신학"은 하나님은 언제나 그리스도인들이 이 생에서 건강하고 부유하기를 원한다고 말함으로써 진정한 복음을 위조한다. 번영 신학은 신약이 명확히 얘기하는 그리스도인의 고난(요 16:33; 행 14:22; 빌 3:10; 살전 3:3-4; 벧전 1:6-7; 4:12-13)을 제거한다. 번영 신학의 가르침은 순진한 사람들에게 성경이 가르치는 것이 아니라 그들이 듣고 싶어 하는 것을 말한다. 그것은 또한 다음 세상에 속한 것을 너무 성급하게 이 생에서 약속한다. 그리스도를 따르는 사람들은 참으로 세상 자체와 완벽한 몸을 상속받겠지만, 완성의 때에야 상속받을 것이다.

나병 환자 치유 마 8:1-4

마태복음 8-9장은 하나님 나라의 복음과 하나님 나라의 능력이 어떻게 확장되어 나가는지를 기록한다. 그 단락(section)은 예수가 나병 환자를 치유하는 기적으로 시작한다.

> 예수께서 산에서 내려 오시니 수많은 무리가 따르니라. 한 나병환자가 나아와 절하며 이르되 "주여, 원하시면 저를 깨끗하게 하실 수 있나이다" 하거늘 예수께서 손을 내밀어 그에게 대시며 이르시되 "내가 원하노니 깨끗함을 받으라" 하시니 즉시 그의 나병이 **깨끗하여진지라.** 예수께서 이르시되 "삼가 아무에게도 이르지 말고 다만 가서 제사장에게 네 몸을 보이고 모세가 명한 예물을 드려 그들에게 입증하라" 하시니라(마 8:1-4).

이 기적에서 예수는 하나님 나라의 능력으로 사회에서 소외된 사람에게 다가가 그를 어루만진다.

나병 치유의 의미

이 치유의 의미는 무엇인가? 우리는 성경의 문맥에서 **나병**이라는 용어가 널리 피부병을 지칭한다는 점을 명확히 해야 한다. 그 용어는 오직 한센병이라고 불리는 병을 가리키는 현대의 용례와 동일시되어서는 안 된다. 구약의 정결법(ceremonial law)에서 나병에는 특별한 역할이 있었다. 나병에 걸린 사람은 "부정"하였고, 장막이나 성전에서 하나님 앞에 나아갈 자격이 없었다. 그는 다른 사람들에게서 떨어져 살아야 했다(레 13:45-46). 부정함은 그 자체로는 죄가 아니었다. 그러나 그것이 성전에서 하나님 앞에 나아가는 데 대한 상징적인 장벽 역할을 했던 사실에서 볼 수 있듯이, 부정함은 죄에 대한 **상징**이었다. 따라서 예수가 나병 환자를 고쳤을 때 그 치유는 죄로부터의 치유에 대한 상징이었다.

더욱이 유대인들은 나병 환자를 만지면 부정이 한 사람에게서 다른 사람에게 옮겨진다고 이해했다(레 5:3). 예수는 나병 환자를 만졌는데(마 8:3), 이것은 그 문화에서는 놀라운 행동이었다. 사람들은 부정이 나병 환자로부터 예수에게 옮겨갈 것으로 예상했을 것이다. 그런데 예수의 능력으로 **정결**이 예수에게서 나병 환자에게 옮겨갔다. 그럴지라도 나병 환자를 만진 것은 동일시의 표지였다. 예수의 세례가 그가 사람들의 죄와 동일시된 것을 나타내었던 것처럼, 여기서도 그의 만짐은 예수가 죄를 상징하는 나병과 기꺼이 동일시되려는 것을 나타냈다. 그가 이 시점에서 죄와 동일시된 것은 그가 십자가에서 우리의 죄를 짊어지고 하나님에게 버림받았을 때(마 27:45-46) 죄와 동일시된 것을 예기(豫期)하고 예표했다. 예수는 나병 환자의 부정을 문자적으로 자신이 짊어지지는 않았다. 그러나 그는 우리의 죄에 대한 형벌을 짊어짐으로써 친히 우리 죄를 담당했다. "친히 나무에 달려 그 몸으로 우리 죄를 담당하셨으니 이는 우리로 죄에 대하여 죽고 의에 대하여 살게 하려 하심이라. 그가 채찍에 맞음으로 너희는 나음을 얻었다"(벧전 2:24. 사 53:4-5과 비교하라).

　　나병 환자는 유대 사회에서 멸시 받고 소외된 사람이었다. 예수는 나병 환자와 교류함으로써 멸시 받고 고통 받는 사람들에 대한 동정심을 보여주었다. 예수는 물리적으로 나병 환자에게 다가가 그를 만졌다. 그는 또한 그 환자를 치유하기 위하여 비유적으로 그에게 다가갔다. 두 측면 모두 예수가 복을 받을 자격이 없는 사람들에게 복을 준다는 것을 나타낸다. 그것이 하나님의 은혜의 의미다. 즉 우리는 우리가 받아 마땅한 것의 반대를 받는다. 가장 깊은 차원에서는 우리 모두는 무가치하고 죄 많은 자들이다. 구원은 예수를 통해 하나님으로부터 온 선물이지 우리의 선행에 대한 보상이 아니다.

믿음의 역할

우리는 또한 나병 환자의 믿음의 표현도 주목해야 한다. "주여, 원하시면 저를 깨끗하게 하실 수 있나이다"(마 8:2). 그 나병 환자는 예수의 치유 능력에 대한 확신을 표현했다. 그 나병 환자의 마음속에서 유일한 문제는 예수가 자기의 병을 고쳐줄 마음이 있는지 여부였다. 그 나병 환자가 치유를 받으려면 예수가 자비를 베풀어야 했다. 그는 어떤 권리나 가치도 주장할 수 없었다. 그 나병 환자의 이러한 반응은 구원에서 믿음의 역할에 대한 그림을 제공한다. 우리는 구원할 능력이 있는 존재인 예수에게 우리의 신뢰를 두어야 한다. 그렇게 함으로써 우리는 우리 자신에게 있는 어떤 것을 근거로 구원을 주장할 권리가 없다는 것을 인정한다.

증거

예수는 왜 깨끗해진 나병 환자에게 제사장에게 가서 보이라고 말했는가?
마태는 더 이상의 설명을 제공하지 않지만, 두 가지 이유들을 쉽게 생각할
수 있다.

첫째, 제사장에게 가는 절차는 모세의 율법에서 규정된(레 14:1-32) 적
절한 절차였다. 하나님 나라가 이제 막 동트기 시작하고 있었지만 예수의
부활 전에는 이 정결법이 여전히 효력이 있었다. 이 절차를 통해서 그 사람
은 공식적으로 깨끗하다고 선언되었을 것이고 그는 다시 사회에 통합되고
성전에 나아갈 수 있게 되었을 것이다. 이 재통합은 죄가 용서되었고 동료
인간들(사회) 및 하나님(성전에 의해 상징됨) 모두와 화해되었다는 보다 깊은
영적 실재를 상징한다.

둘째, 깨끗해진 나병 환자에 대한 예수의 지시는 모세 율법에 들어 있
는 나병에 관한 구절들을 가리킨다(레 13-14장). 이 구절들을 지적함으로써
예수는 나병과 관련된 모든 상징들에 주의를 환기시킨다. 상징을 환기시킴
으로써 그는 또한 그 나병 환자와 그 기적을 목격한 모든 사람들에게 질병
치유라는 외면적인 사실에 그들의 주의를 국한시키지 말고, 모세 율법의
상징이라는 배경에 비추어 해석될 때 그 치유가 상징하는 의미도 보라고
말했던 것이다. 이런 방식으로 예수는 사람들로 하여금 **죄**로부터 구속하는
표지로서의 기적의 의미를 알게 했다.

우리는 클라우니의 삼각형을 사용해서 이 치유의 의미를 요약할 수

있다(그림 12.1).

그림 12.1: 나병 환자 치유에 대한 클라우니의 삼각형

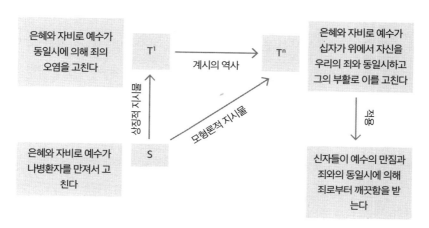

은혜와 자비로 예수가 동일시에 의해 죄의 오염을 고친다 — T^1 — 계시의 역사 → T^n — 은혜와 자비로 예수가 십자가 위에서 자신을 우리의 죄와 동일시하고 그의 부활로 이를 고친다

상징적 지시물

은혜와 자비로 예수가 나병환자를 만져서 고친다 — S — 모형론적 지시물

적용

신자들이 예수의 만짐과 죄와의 동일시에 의해 죄로부터 깨끗함을 받는다

구속의 적용

나병 환자 치유는 구속의 중심적인 행동들과 연결된다. 또한 이러한 중심적인 행동들은 이어서 우리와 관련된다. 왜냐하면 그 행동들은 그리스도와 연합한 사람들에게 적용되기 때문이다. 따라서 우리는 이 치유 기사를 설교시에 적용하는 것이 적절함을 이해할 수 있다. 우리 각자는 본질상 일종의 영적 나병 환자다. 죄는 우리로 하여금 하나님과 사람 모두와 친교하지 못하게 했다. 마태복음의 메시지를 통해서 하나님은 우리 각자가 살아 계신 그리스도에게 도움을 호소해야 한다는 것을 보여준다. "주여, 원하시면 저를 깨끗하게 하실 수 있나이다"(마 8:2). 우리는 그리스도를 믿어야 한다. 그러면 그리스도는 어떻게 반응하는가? 그는 영적으로 우리를 만져서 그

의 대속 사역을 통해 우리의 죄를 없앨 것이다. 그는 우리를 깨끗하게 해줄 것이다. 그는 이렇게 말한다. "내가 원하노니 깨끗함을 받으라"(3절). 이것은 개인에게 적용되는 구속의 영광스러운 그림이다. 이 그림은 몇 가지 실재들—나병, 마태복음 8장의 나병 환자 치유 기적, 십자가 위에서의 예수의 사역, 성령을 통해서 믿는 사람들에게 자신의 사역을 적용하려는 하나님의 목적—사이의 본질적이고 유기적인 관계들로 인해 하나님의 계획을 효과적으로 전달하는 도구가 된다.

백부장의 하인 마 8:5-13

백부장의 하인을 치료한 기적에서 예수는 하나님 나라의 능력이 어떻게 이방 세계에 이르는지를 보여준다. 마태복음 8:5-13에 이 이야기가 기록되어 있다.

> 예수께서 가버나움에 들어가시니 한 백부장이 나아와 간구하여 이르되 "주여, 내 하인이 중풍병으로 집에 누워 몹시 괴로워하나이다." 이르시되 "내가 가서 고쳐 주리라." 백부장이 대답하여 이르되 "주여, 내 집에 들어오심을 나는 감당하지 못하겠사오니 다만 말씀으로만 하옵소서. 그러면 내 하인이 낫겠사옵나이다. 나도 남의 수하에 있는 사람이요 내 아래에도 군사가 있으니 이더러 '가라' 하면 가고 저더러 '오라' 하면 오고 내 종더러 '이것을 하라' 하면 하나이다." 예수께서 들으시고 놀랍게 여겨 따르는 자들에게 이르시되 "내가 진실로 너희에게 이르노니 이스라엘 중 아무에게서도 이만한 믿음을 보지 못하였노라. 또 너희에게 이르노니 동서(東西)로부터 많은 사람이 이르러 아브라함과 이삭과 야곱과 함께 천국에 앉으려니와 그 나라의 본 자손들은 바깥 어두운 데 쫓겨나 거기서 울며 이를 갈게 되리라." 예수께서 백부장에게

이르시되 "가라, 네 믿은 대로 될지어다" 하시니 그 즉시 하인이 나으니라.

이방인들에 대한 복음

이 기적은 하나님 나라의 뚜렷한 특징 몇 가지를 보여준다. 이 기적에 관한 가장 명백한 특징은 그 백부장이 유대인이 아니라 이방인이라는 것이다. 예수는 그 백부장의 믿음과 이스라엘의 실태 사이의 대조를 지적했다.

> 내가 진실로 너희에게 이르노니 **이스라엘 중** 아무에게서도 이만한 믿음을 보지 못하였노라. 또 너희에게 이르노니 **동서로부터** 많은 사람이 이르러 아브라함과 이삭과 야곱과 함께 천국에 앉으려니와 **그 나라의 본 자손들**은 바깥 어두운 데 쫓겨나 거기서 울며 이를 갈게 되리라(마 8:10-12).

예수는 누가 하나님 나라에 참여하고 "천국에서" 족장들과 더불어 "식탁에 앉을" 것인가라는 문제를 제기했다. 그의 믿음은 그 백부장 및 그와 같은 사람들은 비록 이방인이라 하더라도 천국에 참여하리라는 것을 나타냈다. 그 백부장과 그의 하인은 예수가 그 하인을 고쳐주었을 때 **실제로** 하나님의 능력의 영향에 참여했다. 그러나 이에 더하여 이 기적도 다른 기적들과 마찬가지로 하나님 나라가 확장되고 더 깊어질 때의 단계를 가리킨다.

    그리스도의 십자가형과 부활은 그 절정이다. 하나님 나라에 참여하는 사람들은 그리스도와 연합하고 그의 십자가상의 사역의 유익들에 참여하는 사람들과 동일하다. 이방인들과 유대인들은 사도행전이 확증하고 마태복음이 대위임령을 통해 명시하는 것처럼 믿음으로 이에 참여할 수 있다.

> 예수께서 나아와 말씀하여 이르시되 "하늘과 **땅의** 모든 권세를 내게 주셨으니 그러므로 너희는 가서 **모든 민족**을 **제자**로 삼아 아버지와 아들과 성령의 이름으로 세례를 베풀고…"(마 28:18-19)

마태복음 8:1-4에 기록된 나병 환자와 마찬가지로 그 백부장은 유대 사회의 주변인이었다. 그는 이방인이었다. 즉 그는 사회적으로 완전히 유대사회 밖에 있었다. 그에게 다가감으로써 예수는 자신의 구원하는 동정심이 유대 사회 너머로 확장된다는 것을 보여주었다.

원격 치유

예수가 멀리서 치유했을 때, 그것은 하나님 나라가 공간의 장벽을 극복한다는 것을 보여주었다. 그 백부장이 알았던 것처럼(마 8:8-9), 예수에게는 초자연적인 권위가 있었다. 그 권위에 의해서 예수는 멀리 가버나움에 있으면서도 백부장의 하인에 대해 하나님 나라의 능력을 행사했다. 이 권위는 하나님 나라 전반의 특징이다. 따라서 예수의 죽음과 부활을 통해 하나님 나라의 성장이 더 진전되었다는 사실은 동일한 원리를 표현한다. 예수의 죽음과 부활은 공간적으로 예루살렘에서 떨어져 있는 사람들을 변화시키는 능력이 있으며, 또한 시간적으로 떨어져 있는 모든 세대의 사람들을 변화시키는 능력이 있다.

예수가 부활한 뒤에 사도행전에서 복음과 하나님 나라의 능력은 공간의 장벽을 극복하고 전 세계로 전파되기 시작한다. 복음 전파는 예수의 우주적인 권위 아래 일어난다. "하늘과 땅의 모든 권세를 내게 주셨다"(마 28:18). 이 권위는 그 백부장의 하인에게 행한 기적에서 가시화된 원리가 보다 완전하게 표현된 것이다. 예수의 승천은 그가 육체적으로는 이 땅에 있지 않지만, 영적으로는 성령을 통해서 그의 현존이 땅 끝까지 확장될 수 있음을 암시한다(행 1:8).

회복의 표지로서의 치유

늘 그랬듯이, 물리적인 측면에서의 치유는 하나님이 구약에서 앞으로 다가올 그의 구원 사역의 열매로서 약속했던 포괄적인 치유를 상징한다. 백부장의 하인은 "중풍병으로 집에 누워 몹시 괴로워했다"고 묘사된다(마 8:6). 예수는 마비를 움직일 수 있는 자유로 대체했고, 끔찍한 고통을 고통에서 벗어남으로 대체했다. 마태는 나중에 신체의 마비와 죄 용서가 연결되어 있음을 보여준다(9:2, 5). 인간의 고통이 언제나 개인의 죄에 직접적으로 기인하는 것은 아니지만, 그럼에도 그것은 여전히 죄에서 유래하는 결과들의 상징이거나 표지다. 그리스도는 우리를 죄에 의해 만들어진 고통으로부터 구원하기 위해 고난 받았다. 그의 부활은 죄와 고통으로부터 자유로워지는 출발점이다.

백부장의 하인 치유에 클라우니의 삼각형 적용하기

우리는 클라우니의 삼각형을 사용해서 이 치유 기적의 의미를 요약할 수

있다(그림 13.1).

그림 13.1: 백부장의 하인 치유에 대한 클라우니의 삼각형

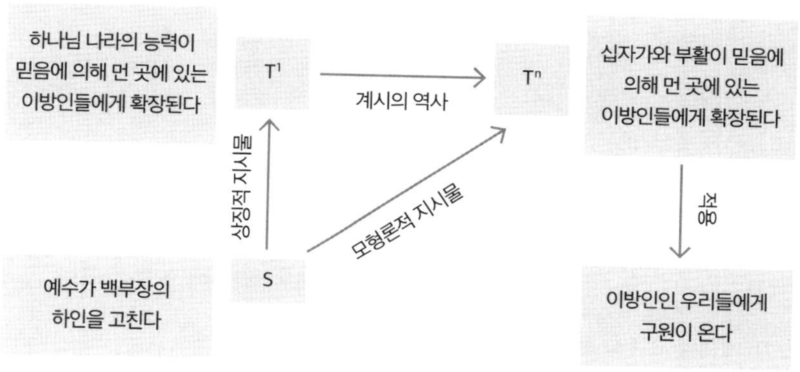

적용

우리는 이 기적에 적용을 위한 유기적 함의가 있음을 알 수 있다. 당신은 자신이 비참하게도 전혀 하나님의 호의를 받지 못한다고 보는 "멀리 떨어진" 이방인인가? 아니면 당신은 "가까이 있는" 유대인인가? 이방인들과 유대인들 모두 예수를 믿음으로써 하나님 나라에 받아들여질 수 있다. 당신은 죄에 의해 마비되었고, 영적으로 끔찍하게 고통 받고 있는가? 살아 계셔서 오늘도 하늘에서 다스리는 예수께 구하라. 예수가 멀리 떨어진 하늘에서 치유할 권위를 갖고 있는가? 그가 그렇게 하고자 할 것인가? 그를 믿으라. 응답 받을 가치가 없는 백부장에게 응답했던 바로 그 예수를 말이다.

14

베드로의 장모 마 8:14-17

하나님 나라는 권능 가운데 사람들의 친척들과 이웃들에게 확장된다. 우리
는 마태복음 8:14-17에서 이런 일이 일어나는 것을 본다.

> 예수께서 베드로의 집에 들어가사 그의 장모가 열병으로 앓아 누운 것을 보
> 시고 그의 손을 만지시니 열병이 떠나가고 여인이 일어나서 예수께 수종들
> 더라. 저물매 사람들이 귀신 들린 자를 많이 데리고 예수께 오거늘 예수께서
> 말씀으로 귀신들을 쫓아내시고 병든 자들을 다 고치시니 이는 선지자 이사야
> 를 통해서 하신 말씀에 "우리의 연약한 것을 친히 담당하시고 병을 짊어지셨
> 도다" 함을 이루려 하심이더라.

치유의 의미

우리는 앞에서(11장) 마태가 이사야를 인용한 것에 대해 언급했다. "우리
의 연약한 것을 친히 담당하시고 병을 짊어지셨도다"(마 8:17; 사 53:4과 비교
하라). 이 인용을 이사야 53장 전체의 맥락에서 취한다면, 이 구절은 예수가

질병을 치유한 것과 그가 십자가상의 고통을 통해 보다 철저하게 "치유"한 것 사이의 연결을 강조한다.

베드로의 장모 치유에 관한 이 기적은 하나님 나라가 어떻게 사회적 관계들을 통해서 역사할 수 있는지를 보여준다. 예수가 베드로의 장모를 고쳐준 것은 부분적으로는 상황 때문이었다. 그는 베드로의 집에 있었다. 그리고 그는 베드로의 장모를 보았다. 이는 모두 부분적으로는 베드로와 그의 장모 사이의 관계 때문이었다. 그 뒤에 사람들이 사회관계망을 통해 [베드로의 장모가 치유되었다는 소식을] 퍼뜨림에 따라 치유는 더 넓은 이웃으로 확장되었다.

가장 근본적인 "사회적" 관계는 제자들과 주님 자신 사이의 관계였다. 이 관계는 그리스도와의 영적 연합을 통해서 무슨 일이 일어나는지를 희미한 씨앗 형태로 보여준다. 그리스도와 생생하게 연합하는 사람들에게 그를 통해서 하나님의 구원하는 다스림의 축복이 온다. 이 연합은 특히 그리스도의 죽음 및 부활과의 연합에 초점을 맞춘다(롬 6장). 그리스도 안에서 우리는 구원의 모든 유익들을 받는다(엡 1:3). 또한 하나님은 그리스도와 연합된 사람들을 사용해서 좋은 소식을 다른 사람들에게 전파하고, 그러면 그 소식을 들은 사람들 중 일부가 그리스도와 연합하게 된다.

또한 여성인 베드로 장모의 사회적 지위는 유대인 남성들의 지위보다 열등했다는 것을 주목할 가치가 있다. 예수의 동정과 그의 구원은 남성들에게만 아니라 여성들 및 아이들에게까지 확장된다. 그의 구원과 동정은 유력한 자들뿐만 아니라 비천한 자들에게도 확장된다.

베드로의 장모가 치유되자 그녀는 "일어나서 예수께 수종 들었다"(마 8:15). 그녀 편에서 이처럼 기력이 즉각적으로 회복된 것은 기적의 한 측면이었다. 일반적인 상황에서는 열은 몸을 탈진시키기 때문에 사람은 열이 내린 직후에는 힘이 없기 마련이다. 이와 대조적으로 베드로의 장모는 열이 내린 후에 즉시 육체적인 기력이 충만했다. 이러한 기력 회복은 예수라는 인물을 통해서 하나님으로부터 왔다. 그러므로 그것은 하나님 나라의 도래를 통해서 영적 에너지를 주는 것을 상징한다. 그러한 영적 에너지의 발현은 예수가 죽은 자들 가운데서 살아난 데서 절정을 이루었다. 그의 부활은 거의 죽어가는 질병으로부터 서서히 그리고 단속적(斷續的)으로 회복된 것이 아니었다. 그는 즉시 부활 생명의 완전한 힘을 지닌다. 우리는 그를 믿음으로써 하나님 나라에 포함된 사람들에게는 동일한 원리가 적용된다고 추론할 수 있다. 그들은 성령의 능력을 통해 일어나 그를 섬기기 시작한다. 그들의 섬김은 하나님께 영광을 드리는 일종의 찬양이다.

베드로의 장모 치유에 대한 클라우니의 삼각형

여기도 우리는 모형론에 대한 클라우니의 삼각형을 사용해서 우리의 관찰 내용을 요약할 수 있다(그림 14.1).

그림 14.1: 베드로의 장모 치유에 대한 클라우니의 삼각형

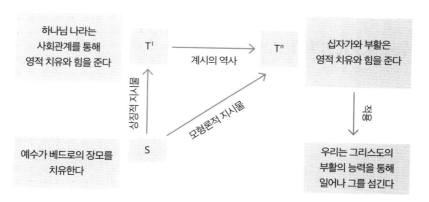

15

폭풍을 가라앉힘 마 8:23-27

하나님 나라의 능력은 자연 세계로 확장된다. 마태의 내러티브가 전하는 바와 같이 예수는 폭풍과 파도들에 대해 권위를 행사한다.

> 배에 오르시매 제자들이 따랐더니 바다에 큰 놀이 일어나 배가 물결에 덮이게 되었으되 예수는 주무시는지라. 그 제자들이 나아와 깨우며 이르되 "주여, 구원하소서. 우리가 죽겠나이다." 예수께서 이르시되 "어찌하여 무서워하느냐, 믿음이 작은 자들아?" 하시고 곧 일어나사 **바람과 바다**를 꾸짖으시니 아주 잔잔하게 되거늘 그 사람들이 놀랍게 여겨 이르되 "이이가 어떠한 사람이기에 바람과 바다도 순종하는가?" 하더라 (마 8:23-27).

이 내러티브의 결말에서 제자들은 "이이가 어떠한 사람이기에…?"라고 묻는다. 마태복음의 다른 부분에 비추어볼 때 이 질문에 대한 답은, 예수는 진정한 인간이지만 또한 그는 아버지와 성령과 더불어 하나님의 특성을 공유하는 하나님의 아들이라는 것이다 (마 28:19). 오직 하나님만이 바람과 바다를 다스릴 수 있다(시 107:23-32).[1] 이 기적은 예수의 신성을 증언한다.

능력의 의미

따라서 모든 기적들과 마찬가지로 이 기적은 **능력**을 보여준다. 그러나 우리는 기적들이 어떻게 구속의 표지 역할을 하는지 보았기 때문에, 우리는 이 기적도 그러한지 물을 수 있다. 바다를 잠잠하게 한 것은 그저 능력을 보여 준 것 외에는 아무 의미도 없는가?

상황이 중요하다. 제자들은 예수와 함께 배를 타고 있었다. 그 배는 "물결에 덮이게 되었다." 제자들은 그 배와 그 안에 있는 모든 사람들이 가라앉을까 봐 두려워했다. 그들은 "주여, **구원하소서. 우리가 죽겠나이다**"라고 말했다. 그들은 바다에 빠져 죽는 육체적 "죽음"에서 구원해 달라고 요청했다. 그 내러티브는 삶과 죽음이라는 근본적인 문제를 제기한다.

구속사의 보다 넓은 맥락에서는 삶과 죽음의 문제가 중요하다. 죄에 빠진 이후로 모든 인간은 죽음의 형벌을 피할 수 없었다. 우리는 모두 죽게 된다. 폭풍은 강렬하고 극적인 형태의 죽음의 위협을 나타낸다. 그러나 죽음의 위협은 보다 광범위한 방식으로 상존한다. 그 위협은 우리 모두와 마주하는 실존적 상황에 속한다. 우리는 또한 타락에 관한 창세기 3장의 논의로부터 육체적 죽음은 하나님으로부터의 분리라는 영적 죽음을 상징한다는 것을 안다.

---

1   바람이 욥의 자녀들과 딸들이 있던 집을 강타했을 때 사탄이 관여했다. 그러나 이 일은 하나님의 허용 아래 일어났다(욥 1:12, 21).

따라서 예수의 이 기적은 **단순히** 그의 능력을 보여주기만 하는 것이 아니라 사람들을 **구원하는** 그의 능력을 드러내준다. 그는 죽음에 빠져들어가고 있는 사람들을 위하여 기적을 행한다.

물의 상징

물과 관련된 상황은 죽음의 위협에 대한 효과적인 그림이다. 인간은 물속에서 살 수 없다. 아무리 수영을 잘하는 사람이라도 땅에 닿지 못하면 결국 익사할 것이다. 그리고 풍랑이 이는 물은 수영을 할 줄 아는 사람이나 수영을 할 줄 모르는 사람 모두에게 한층 더 위협적이다. 물밑으로 가라앉는 것은 무덤 속 지하 세계로 가라앉는 것과 비슷하다. 따라서 물고기 뱃속에 갇혀 바다 속에서 지낸 요나의 경험은 그에게 있어서 비유적인 죽음과 부활의 경험 역할을 한다. 따라서 예수는 자신의 문자적 죽음과 부활을 예언하면서 요나를 언급했다.

> 요나가 밤낮 사흘 동안 큰 물고기 뱃속에 있었던 것 같이 인자도 밤낮 사흘 동안 땅 속에 있으리라(마 12:40).

보다 광범위하게는, 성경은 종종 물이라는 상징을 사용해서 죽음의 위협을 묘사한다.

> 하나님이여, 나를 구원하소서.
> **물들**이 내 영혼에까지 흘러 들어왔나이다.

나는 설 곳이 없는

깊은 수렁에 빠지며

깊은 물에 들어가니

큰물이 내게 넘치나이다(시 69:1-2).

따라서 예수가 제자들을 폭풍에서 구출했을 때, 이 구출은 물을 넘어 죽음
이라는 보다 큰 문제를 가리켰다. 이 기적은 예수가 제자들을 죽음에서 영
원히 구한 것을 상징한다. 또한 예수가 제자들을 구해낸 것은 육체적 죽음
에서의 구원뿐만 아니라 영적 죽음에서의 구원도 포함한다. 그를 통해서
우리는 참 생명, 영생의 근원인 하나님과 교제 가운데 연합하게 된다.

　　죽음으로부터의 구출이라는 주제는 예수가 자신의 죽음과 부활에서
죽음과 삶을 직면한 것과 연결된다. 예수는 우리를 위하여 죽임 당했다. 그
리고 그가 살아난 지금 예수의 새로운 생명은 개인적으로 예수 자신에게
속할 뿐 아니라 그를 믿는 우리에게도 속한다. 그는 "우리가 범죄한 것 때
문에 내줌이 되고 또한 우리를 의롭다 하시기 위하여 살아나셨다"(롬 4:25).
그는 죽어 마땅한 우리의 범죄 때문에 고난과 죽음에 내주어졌다. 그는 우
리에게 새 생명을 가져다주기 위해 살아났다(롬 6:3-4). 그 새 생명 가운데
우리는 그를 찬양으로 섬기며 하나님께 영광을 돌린다.

폭풍을 가라앉힌 기적에 대한 클라우니의 삼각형

우리는 클라우니의 삼각형을 사용해서 이 기적의 의미를 요약할 수 있다
(그림 15.1).

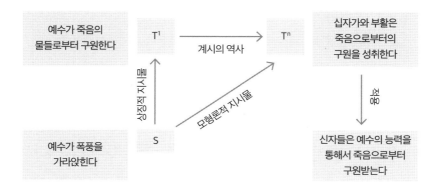

그림 15.1: 폭풍을 가라앉힌 기적에 대한 클라우니의 삼각형

적용

죄로부터의 구원에 대한 적용은 자연스럽고 이 이야기와 유기적으로 관련된다. 왜냐하면 마태복음의 맥락에서 이 이야기는 그리스도의 죽음과 부활에서 구원이 성취된 것과 관련되기 때문이다. 또한 하나님의 계획에 의해서 그리스도의 죽음과 부활은 그리스도 자신을 위해서뿐만 아니라 그를 믿고 그와 연합한 사람들의 유익을 위해서도 일어났다.

　나는 어떤 사람들이 이 이야기를 사용해서 "삶의 폭풍"에 관하여 말하는 설교자들을 비웃는 것을 들었다. 비평가들은 그 이야기가 현대인들을 힘들게 하는 문제와 고난을 의미하는 비유적인 "폭풍들"에 관한 것이 아니라 예수의 지상 생애 중 갈릴리 바다에서 불었던 폭풍이었다는 것을 올바로 지적한다. 확실히 그 이야기는 그때 그곳에서 일어났던 실제 사건에 관한 것이다. 엄격히 말하자면 그 사건은 결코 반복되지 않았다.

　그러나 이런 이야기에는 더 큰 의미가 있다는 것 또한 사실이다. 왜냐하면 하나님 나라와 그리스도를 통한 하나님의 구원 사역에는 유기적 통일성이 있기 때문이다. 죄와 죽음으로부터의 구원 원리는 전체로서의 하나님 나라에 속한다. 보통 사람들의 삶에서 일어나는 소규모의 문제들과 고난들은 육체적 죽음의 즉각적이고 절박한 위협과 동일한 수준은 아니다. 그러나 그런 고난들도 엄연한 위협이다. 위협에 대한 반응으로 우리는 우리를 구원해 달라고 그리스도를 통해서 하나님에게 요청한다.

우리가 받은 소규모의 주제(deliverance)는 포괄적인 주제에 속한 하나의 작은 단계이며, 이 포괄적인 주제를 가리켜 구원(salvation)이라 한다. 구원은 총체적이다. 그리스도의 핵심적인 사역, 곧 죄와 죽음으로부터의 구원에 우리의 초점을 맞출 필요가 있다. 또한 그리스도의 핵심적인 사역은 우리의 일상의 삶에 함의가 있다는 점도 이해할 필요가 있다.

> 우리가 항상 예수의 **죽음**을 몸에 짊어짐은 예수의 **생명**이 또한 우리 몸에 나타나게 하려 함이라. 우리 살아 있는 자가 항상 예수를 위하여 **죽음**에 넘겨짐은 예수의 **생명**이 또한 우리 죽을 육체에 나타나게 하려 함이라. 그런즉 **사망**은 우리 안에서 역사하고 **생명**은 너희 안에서 역사하느니라(고후 4:10-12).

우리가 이러한 함의들을 더 잘 이해하는 측면에서 자라가면, 우리는 또한 하나님을 높이고 그의 이름을 찬양하는 측면에서도 자라갈 것이다.

16

가다라의 귀신 들린 사람들 마 8:28-34

가다라의 귀신 들린 사람들 이야기에서[1] 우리는 귀신의 현존에 의해 인간성이 파괴된 사람들이 하나님 나라의 능력 안에 포함되도록 하나님 나라가 확장되는 것을 본다.

또 예수께서 건너편 가다라(Gadarenes)[2] 지방에 가시매 귀신 들린 자 둘이 무덤 사이에서 나와 예수를 만나니 그들은 몹시 사나워 아무도 그 길로 지나갈

---

1   마가복음(5:1-20)과 누가복음(8:26-39)에도 유사한 이야기가 있지만, 이 복음서들은 귀신 들린 사람 한 명만 언급한다. 내 의견으로는, 가장 쉽고 그럴 법한 설명은 귀신 들린 사람 둘이 있었지만 마가와 누가는 보다 두드러진 한 사람만 언급한다는 것이다(Vern S. Poythress, *Inerrancy and the Gospels: A God-Centered Approach to the Challenges of Harmonization*[Wheaton, IL: Crossway, 2012], 56-57).

2   이 구절의 고대 사본은 가다라(Gadarenes), 거라사(Gerasenes), 게르게사(Gergesenes), 또는 가자라(Gazarenes) 등 철자가 다르다. 가자라는 아마도 가다라의 대안적인 철자일 것이다. 거라사와 게르게사는 같은 장소에 대해 철자를 달리 하는 이름일 수도 있다. 가다라와 거라사는 모두 갈릴리 바다 동쪽 마을들이다. 마태복음에서는 원래 가다라로 적혔을 가능성이 가장 높다. 다음 문헌들을 보라. Bruce M. Metzger, *A Textual Commentary on the Greek New Testament*, 2판(London/New York: United Bible Societies, 1994), 18-19; Craig Blomberg, *The Historical Reliability of the Gospels*, 2판(Downers Grove, IL: InterVarsity Press; Nottingham, England: Apollos, 2007), 192.

수 없을 지경이더라. 이에 그들이 소리 질러 이르되 "하나님의 아들이여, 우리가 당신과 무슨 상관이 있나이까? 때가 이르기 전에 우리를 괴롭게 하려고 여기 오셨나이까?" 하더니 마침 멀리서 많은 돼지 떼가 먹고 있는지라. 귀신들이 예수께 간구하여 이르되 "만일 우리를 쫓아 내시려면 돼지 떼에 들여보내 주소서" 하니 "그들에게 가라" 하시니 귀신들이 나와서 돼지에게로 들어가는지라. 온 떼가 비탈로 내리달아 바다에 들어가서 물에서 몰사하거늘 치던 자들이 달아나 시내에 들어가 이 모든 일과 귀신 들린 자의 일을 고하니 온 시내가 예수를 만나려고 나가서 보고 그 지방에서 떠나시기를 간구하더라(마 8:28-34).

이 이야기는 귀신 들린 사람들의 절망적인 상태를 보여준다. 그들은 짐승들처럼 "사나왔다." "무덤 사이에서" 나온 그들은 우리에게 죽음 및 그 두 사람의 인간성이 거의 파괴된 것을 상기시킨다. 예수는 그들을 고통에서 구해주었고, 이에 더하여 귀신들에 대한 심판을 성취했다. 돼지들은 바다에 빠져 죽었는데, 이는 하나님의 심판을 받아 지옥에 떨어지게 될 귀신들의 운명이 어떠한지를 상징적으로 나타낸다.

구원과 관련된 의미

우리는 이 이야기에 어떻게 반응하는가? 어떤 사람들은 현대의 세속주의 혹은 유물론에 영향을 받아 귀신을 믿지 않는다. 그들은 귀신은 "원시 미신" 시대에 속하는데 자기들은 그 단계를 지났다고 생각한다. 그런데 그들은 왜 귀신이 없다고 믿는가? 일반적으로 그 이유는 그들이 귀신이 없다는,

자기 주위의 다른 사람들의 믿음을 받아들였기 때문이다. 그러나 만일 그렇다면 이러한 믿음은 더 이상 그들이 원시 시대의 특징이라고 여기는 "미신들"보다 더 탄탄한 근거를 갖고 있는 것이 아니다. 왜냐하면 그 당시에도 많은 사람들은 단순히 자기 주위의 다른 사람들이 믿는 것을 믿었기 때문이다.

대부분의 현대 과학은 실재의 물질적 측면에 초점을 맞춘다. 그러나 물질에 초점을 맞춘다 해도 물질적인 것만 존재한다고 입증할 수는 없다. 우리가 영적 세계에 대한 인간의 모든 지식에 한계가 있다는 점을 인식하면 훨씬 더 좋을 것이다. 그렇다면 귀신에 관한 질문들은 성경이 지식의 원천으로 믿을 만한지 여부 그리고 예수가 귀신의 영역을 다루었을 때 그는 자신이 무슨 일을 하고 있는지 알고 있었는지 여부에 대한 질문에 의존한다. 우리는 이미 우리가 왜 예수를 믿어야 하는지 그리고 왜 하나님의 말씀인 성경을 믿어야 하는지 살펴보았다. 따라서 귀신의 세계는 실제적이다. 귀신들은 강력한 영적 존재들이며, 그들은 인간의 잠재력을 왜곡하거나 떨어뜨리는 방식으로 사람들을 억압한다.[3]

가다라의 귀신 들린 사람들 이야기에서 귀신의 핵심적인 역할은 하나님 나라의 도래가 사람들을 어떻게 죄로부터뿐만 아니라 귀신의 억압과 고소로부터도 구원하는지에 대해 생각하도록 이끄는 것이다. 하나님 나라는 사탄이 우두머리인 악의 나라와 반대된다. 우리가 가다라의 귀신 들린 사람들에게서 보는 것과 같은 귀신의 억압은 하나의 형태일 뿐이다. 사탄은

---

3 사실 서구 세계의 특징인 귀신을 믿지 않는 것은 문화적 우월주의와 편협성의 한 예다. 예컨대 John L. Nevius, Demon Possession and Allied Themes: Being an Inductive Study of Phenomena of Our Own Times(Chicago: F. H. Revell, 1896)를 보라.

사람들로 하여금 악을 행하도록 유혹한다. 그리고 성경은 하나님께 반역한 사람은 모두 넓은 의미에서 사탄의 왕국에 속한다고 말한다.

> 하나님께로부터 난 자는 다 범죄하지 아니하는 줄을 우리가 아노라. 하나님께로부터 나신 자가 그를 지키시매 악한 자가 그를 만지지도 못하느니라. 또 아는 것은 우리는 하나님께 속하고 온 세상은 악한 자 안에 처한 것이며(요일 5:18-19).

사탄과 그의 무리들의 결정적인 패배로 단지 귀신 들리는 강력한 억압으로 고생하는 사람들만 구원되는 것이 아니라 귀신들에게 공격받는 모든 사람들도 구원받는다. 예수가 광야에서 사탄의 유혹에 저항한 것은 그의 십자가형과 부활에서 예수가 사탄과 악에 대해 절정의 승리를 거둘 것을 예표한다. 하나님 나라의 도래는 사탄의 나라의 패배와 파멸이다.

> 만일 사탄이 사탄을 쫓아내면 스스로 분쟁하는 것이니 그리하고야 어떻게 그의 나라가 서겠느냐? 또 내가 바알세불을 힘입어 귀신을 쫓아내면 너희의 자녀들은 누구를 힘입어 쫓아내느냐? 그러므로 그들이 너희의 재판관이 되리라. 그러나 내가 하나님의 성령을 힘입어 귀신을 쫓아내는 것이면 하나님의 나라가 이미 너희에게 임하였느니라. 사람이 먼저 강한 자를 결박하지 않고서야 어떻게 그 강한 자의 집에 들어가 그 세간을 강탈하겠느냐? 결박한 후에야 그 집을 강탈하리라(마 12:26-29).

예수가 사용한 비교에서 사탄은 "강한 자"다. 그를 결박한 이는 예수 자신임이 확실하다. 예수가 귀신들을 쫓아낸다는 사실은 예수와 사탄이 서로 적대적이라는 사실뿐 아니라 예수가 근본적인 의미에서 **이미** 강한 자를 결박했다는 것을 보여준다. 그러나 사탄에 대한 보다 완전한 승리는 아직 오지 않았다. 사탄은 예수가 "모든 권위"를 받았을 때(마 28:18) 패배를 맛보았다. 골로새서 2:15에서도 비슷하게 말한다.

> 통치자들과 권세들을 무력화하여 드러내어 구경거리로 삼으시고 십자가로 그들을 이기셨느니라.

통치자들과 권세들이 "무력화"된 지점은 십자가다. "[예수가] 우리를 거스르고 불리하게 하는 법조문으로 쓴 증서를 지우시고 제하여 버리사 십자가에 못 박으셨다"(골 2:14). 예수가 귀신을 쫓아내면서 사탄에게 거둔 승리는 그가 십자가에서 사탄을 물리친 때를 예표했다.

예수가 그의 십자가형과 부활로 사탄을 이겼기 때문에 그는 죄와 악에 사로잡힌 자들을 구원할 수 있다.

> 그가 우리를 흑암의 권세에서 건져내사 그의 사랑의 아들의 나라로 옮기셨으니 그 아들 안에서 우리가 속량 곧 죄 사함을 얻었도다(골 1:13-14).

> 자녀들은 혈과 육에 속하였으매 그도 또한 같은 모양으로 혈과 육을 함께 지니심은 죽음을 통해서 죽음의 세력을 잡은 자 곧 마귀를 멸하시며 또 죽기를 무서워하므로 한평생 매여 종노릇하는 모든 자들을 놓아 주려 하심이니(히 2:14-15).

귀신 들린 가다라 사람들 이야기에서 사람들은 때때로 불쌍한 돼지들에 관하여 염려한다. 귀신들이 돼지들에게 들어갔고, 돼지들은 비탈로 내리달아 바다에 빠져 죽었다(마 8:32). 그러나 인간의 가치는 돼지의 가치보다 훨씬 크다(게다가 돼지들이 이 사건에서 살아났다 하더라도 그 돼지들은 결국 잡아 먹힐 것이다). 귀신 들린 사람들은 구원받았고, 그것이 이 이야기의 핵심이다.

우리는 또한 구약의 상징 체계에서 돼지는 부정한 동물이었다는 점과 부정함은 죄와 죽음을 상징한다는 점을 고려해야 한다. 바다 또한 귀신들이 궁극적으로 가게 될 지옥의 심연에 대한 적합한 상징이다. 귀신들은 이 기적이 발생한 시점에는 지옥에 가지 않았다. 그러나 그들이 바다로 내려가 심연으로 떨어졌다는 사실은 그들이 예수에게 패배했음을 놀라운 방식으로 상징했다. 이 최초의 패배는 그들이 심판 날에 경험하게 될 최종적인 패배를 예기한다(계 20:10).

클라우니의 삼각형으로 요약하기

하나님 나라와 사탄의 나라는 상극이기 때문에 클라우니의 삼각형을 사용해서 이 기적의 의미를 요약하기는 비교적 쉽다(그림 16.1).

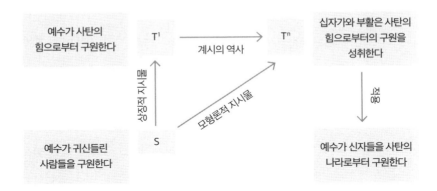

그림 16.1: 가다라의 귀신 들린 사람들의 구원에 대한 클라우니의 삼각형

적용

귀신 들린 사람들은 사탄의 힘에 지배된 인간들의 극단적인 경우다. 그러나 우리가 요한1서 5:19에서 보았던 것처럼 사악한 인간 세상은 온통 마귀의 힘 아래 놓여 있다. 죄와 사탄에 의해 모든 사람의 인간성이 타락하고 훼손되었다. 우리는 구원받을 필요가 있다. 예수는 그의 십자가형과 부활을 통해서 그런 구원을 가져다 줄 수 있는 유일한 분이다. 그래서 그 구절은 우리로 하여금 예수에게 나아와 구원을 받으라고 촉구한다. 그렇게 구원을 받고 나면 우리는 또한 우리의 구원을 인하여 그를 찬양해야 하며, 다른 사람들에게 구원의 소식을 전파해야 한다.

"집으로 돌아가 주께서 네게 어떻게 큰 일을 행하사 너를 불쌍히 여기신 것을 네 가족에게 알리라" 하시니 그가 가서 예수께서 자기에게 어떻게 큰일 행하셨는지를 데가볼리에 전파하니 모든 사람이 놀랍게 여기더라(막 5:19-20).

위 구절은 "모든 사람이 놀랍게 여겼다"고 말한다. 이러한 놀라움은 하나님께 영광을 돌린다는 목표를 지향한다. 우리는 예수가 가다라의 귀신 들린 사람들에게 행한 일에 대해서 그리고 계속해서 사탄의 힘으로부터 사람들을 구원하는 데 대해서 놀랄 때 하나님을 찬양해야 한다. 예수는 그때부터 지금까지 그리고 앞으로 그가 다시 오실 때까지 계속 사람들을 구원한다.

17

중풍병자 치유 ^{마 9:1-8}

다음으로 우리는 마태복음 9:1-8에 기록된 중풍병자 치유를 살펴볼 것이다.

> 예수께서 배에 오르사 건너가 본 동네에 이르시니 침상에 누운 중풍병자를 사람들이 데리고 오거늘 예수께서 그들의 믿음을 보시고 중풍병자에게 이르시되 "작은 자야, 안심하라. 네 죄 사함을 받았느니라." 어떤 서기관들이 속으로 이르되 "이 사람이 신성을 모독하도다." 예수께서 그 생각을 아시고 이르시되 "너희가 어찌하여 마음에 악한 생각을 하느냐? '네 죄 사함을 받았느니라' 하는 말과 '일어나 걸어가라' 하는 말 중에 어느 것이 쉽겠느냐? 그러나 인자가 세상에서 죄를 사하는 권능이 있는 줄을 너희로 알게 하려 하노라" 하시고 중풍병자에게 말씀하시되 "일어나 네 침상을 가지고 집으로 가라" 하시니 그가 일어나 집으로 돌아가거늘 무리가 보고 두려워하며 이런 권능을 사람에게 주신 하나님께 영광을 돌리니라.

하나님 나라는 육체적 고통으로부터의 구원뿐 아니라 죄 사함도 포함한다.

중풍병자 치유의 의미

이 경우에 예수는 그 중풍병자를 곧바로 치료하지 않았다. 대신에 그는 먼저 그 사람의 죄가 용서되었다고 선언했다(2절). 그 중풍병자를 데려온 사람들이 분명히 육체적 치유를 바랐기 때문에 이 반응은 놀랄만했다. 왜 예수는 곧바로 반응하지 않았는가? 예수의 반응은 또한 서기관의 반대를 야기했기 때문에 놀라운 것이었다. 그들은 "이 사람이 신성을 모독한다"고 말했다(3절). 그저 치료만 해주고 죄 사함에 관해 아무런 선포도 하지 않았더라면 이런 반대를 피할 수 있었을 것으로 보이는데 예수는 왜 이런 반대를 야기하기로 했는가?

그러나 우리가 이 질문을 제기할 때, 그 질문에 대한 답은 부분적으로는 자명하다. 예수는 몸의 치유에만 관심이 있었던 것이 아니었다. 예수는 그 사람이 자신의 죄를 용서받았다는 것을 이해하는 데 진정으로 관심이 있었다. 그 내러티브는 우리에게 그 사람에 관하여 더 말해주지 않는다. 우리는 그의 중풍병이 특별한 죄의 직·간접적인 결과였는지, 또는 그 병이 단지 이 타락한 세상의 특징인 인간의 고통의 또 다른 예였는지에 대하여 알지 못한다. 그 내러티브가 어떤 세부 사항도 제공하지 않기 때문에, 그것은 우리로 하여금 그 내러티브가 말해주는 바—"인자가 세상에서 죄를 사하는 권능이 있다"(6절)—에 더욱더 초점을 맞추도록 초대한다. 그렇다면 그의 권위는 하나님 나라가 동터오고 있으며, 그 나라의 한 가지 특성이 죄 사함의 성취임을 보여주는 하나의 표지였다.

따라서 신체장애, 특히 중풍병은 영혼의 장애 즉 죄를 상징할 수 있다. 만약 우리가 비교를 좀 더 밀고 나간다면, 죄는 일종의 영혼의 중풍이라고 말할 수 있을 것이다. 죄는 우리가 원래 창조된 바대로 하나님을 사랑하고 섬기는 행동을 해야 함에도 우리로 하여금 그렇게 하지 못하도록 방해한다. 육체의 치유는 영혼의 치유와 대응하며, 이 기적은 상징적 대응을 명시적으로 보여준다.

기적에 대한 반응들

그 군중의 반응도 중요하다. "무리가 보고 두려워하며 이런 권능을 사람에게 주신 하나님께 영광을 돌리니라"(8절). 그들의 두려움의 원인이나 동기는 뒤섞였을 것이다. 그들은 하나님을 경외했을 수도 있다. 그들은 자신의 열망을 위협하는 방식으로 행사될 수도 있는 능력으로부터 자신을 보호하기를 바라는 자기중심적 두려움을 보였을 수도 있다. 또는 그들의 두려움에는 여러 이유들이 섞였을 수도 있었다. 그들의 반응은 독자들도 하나님을 경외하고 하나님께 영광을 돌리는 방식으로 반응하도록 초대한다.

그 군중은 예수에게 권위가 있었음을 알았다. "이런 권능을 사람에게 주신…." 그러나 이 시점에서 그들의 인식은 부분적이었다. 그들은 하나님의 선하심을 보았다. 또한 그들은 하나님이 죄 사함에 의해서만이 아니라 "그러한 권능을 사람에게" 주심으로써 인간에게 다가온 것을 보았다. 마지막 표현은 하나님이 "사람에게" 권능을 주심으로써 인간에게 다가온 것을 강조한다. 그러나 놀랍게도 사람들은 "…예수에게" 혹은 "…인자에게"라고 말하지 않았다. "사람에게"라는 그들의 반응은 확실히 그 반응이 마땅히 보여주었어야 할 수준보다 모호했다. 이 반응에서 그들은 그들이 아직 자기들 가운데서 전개되고 있는 하나님의 역사에서 예수가 어떤 역할을 하고 있는지 확고하게 깨닫지 못했음을 보여주었다.

더욱이 그 군중은 명백히 아직까지는 그들 중의 서기관들이 하였던 추론—이 추론은 마가복음과 누가복음에 기록된 병행 구절들에 드러나 있다—을 하지 못했다. "오직 하나님 외에 누가 능히 죄를 사하겠느냐"(막 2:7; 눅 5:21)? 예수는 죄를 용서함으로써 그의 신성을 드러냈다. 그 군중은 예수를 **사람**이라고 생각했다. 물론 그들은 옳았다. 예수는 완전한 인간이다. 그들은 아직 그가 아버지 및 성령과 하나님의 이름을 공유하는(마 28:19) 신이며, 하나님의 아들이라는 것을 깨닫지 못했다. 군중의 반응은 또한 모든 독자에게 예리한 질문을 제기한다. "**당신은** 어떻게 생각하는가? 예수는 누구인가? 그리고 그에게 당신의 죄를 용서할 능력이 있는가?"

우리는 또한 서기관들의 부정적인 반응도 살펴봐야 한다. 그들의 반대는 궁극적으로 예수를 십자가형으로 이끌었던, 예수에 대한 보다 넓은 반대 양상의 일부다. 반대라는 주제를 통한 십자가에 대한 부정적인 연결은 죄 사함이라는 주제를 통한 긍정적인 연결을 보완한다. 죄 사함은 분명히 예수가 십자가상에서 죄와 동일시된 것을 통해서 그리고 "자기 목숨을 많은 사람들의 대속물"로 준 것(마 20:28)을 통해서 확립되었다.

중풍병자 치유에 클라우니의 삼각형 적용하기

우리는 클라우니의 삼각형을 사용해서 중풍병자 치유의 의미를 요약할 수 있다(그림 17.1).

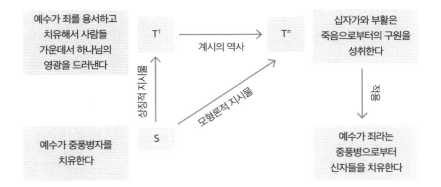

그림 17.1: 중풍병자 치유에 대한 클라우니의 삼각형

예수가 죄를 용서하고 치유해서 사람들 가운데서 하나님의 영광을 드러낸다 T^1

계시의 역사 $\longrightarrow$ T^n

십자가와 부활은 죽음으로부터의 구원을 성취한다

상징적 지시물

모형론적 지시물

적용

예수가 중풍병자를 치유한다 S

예수가 죄라는 중풍병으로부터 신자들을 치유한다

적용

이 세대에서 예수의 구속 사역을 실제로 적용해보면 자연적으로 이 이야기와 현대의 적용 사이에 유기적 관계가 있음을 인식하게 된다. 예수는 하나님 우편에 영원히 살아 있다. 당신은—아마도 어떤 육체적 질병이나 어떤 영적·정신적·심리적 중풍이나 장애로부터—치유 받기를 간절히 원하기 때문에 그에게 나아올 수도 있다 그러나 아마도 당신은 그 근저에 자신의 죄를 용서 받고, 하나님과 화해하고, 하나님과 당신 사이에 하나님이 당신을 축복하는 관계를 맺어야 할 보다 심오하고 절실한 필요가 있을 수 있다는 것을 인식하지 못할 수도 있다. 예수는 그의 선택에 따라 당신의 육체적 곤경을 치유하기로 결정할 수도 있다. 그러나 당신이 그를 만날 때 당신은 무엇보다 죄 문제를 고려해야 한다. 예수는 십자가상에서의 자신의 대속 사역을 근거로 당신에게 용서를 제공한다.

우리는 또한 하나님 나라의 통일적인 특징을 통해서 그 중풍병자를 예수에게 데려온 사람들이 중요하다는 점을 깨달아야 한다. 그 텍스트는 예수가 그 중풍병자의 믿음이 아니라 "그들의 믿음을 보았다"(마 9:2)고 말한다. 이 그림은 우리 시대에 다른 사람들을 예수께로 데려오기 위해 애쓰는 사람들을 격려한다.

우리는 사람들을 영적인 의미에서 예수께로 데려오려고 노력한다. 예수는 오래 전에 용서를 선언했던 것처럼 우리 친구들의 죄를 용서할 수 있다. 그러나 우리는 누가 구원 받게 될지 미리 알 수 없다.

신약의 다른 부분에서 현재와 과거 사이의 유비가 더 설명된다. 우리는 사람들이 예수를 믿음으로 의롭게 된다는 것을 안다(롬 5:1). 그들의 죄가 용서되고, "그러므로 그리스도 예수 안에 있는 자에게는 결코 정죄함이 없다"(롬 8:1). 그러나 용서받으려는 사람은 반드시 "그리스도 예수 안에" 있어야 한다. 이 단계에서는 각 사람이 믿음을 행사해야 한다.

사람이 의롭게 되는 것은 율법의 행위로 말미암음이 아니요 오직 예수 그리스도를 믿음으로 말미암는 줄 알므로 우리도 그리스도 예수를 믿나니 이는 우리가 율법의 행위로써가 아니고 그리스도를 믿음으로써 의롭다 함을 얻으려 함이라. 율법의 행위로써는 의롭다 함을 얻을 육체가 없느니라(갈 2:16).

우리의 믿음이 다른 사람의 믿음을 대체할 수 없다.

18

야이로의 딸을 살림 마 9:18-26

하나님 나라는 죽음의 영역 및 소망이 없어 보이는 사람들에게까지 이른다. 우리는 야이로의 딸을 살린 이야기에서 하나님 나라가 이런 자들에게 도달하는 것을 본다.

> 예수께서 이 말씀을 하실 때에 한 관리가 와서 절하며 이르되 "내 딸이 방금 죽었사오나 오셔서 그 몸에 손을 얹어 주소서. 그러면 살아나겠나이다" 하니 예수께서 일어나 따라가시매 제자들도 가더니 열두 해 동안이나 혈루증으로 앓는 여자가 예수의 뒤로 와서 그 겉옷 가를 만지니 이는 제 마음에 "[내가] 그 겉옷만 만져도 구원을 받겠다" 함이라. 예수께서 돌이켜 그를 보시며 이르시되 "딸아, 안심하라. 네 믿음이 너를 구원하였다" 하시니 여자가 그 즉시 구원을 받으니라. 예수께서 그 관리의 집에 가사 피리 부는 자들과 떠드는 무리를 보시고 이르시되 "물러가라! 이 소녀가 죽은 것이 아니라 잔다" 하시니 그들이 비웃더라. 무리를 내보낸 후에 예수께서 들어가사 소녀의 손을 잡으시매 일어나는지라. 그 소문이 그 온 땅에 퍼지더라(마 9:18-26).

이 하나의 내러티브는 두 개의 기적들을 포함하고 있다. 주된 이야기는 예수가 야이로의 딸을 죽은 자 가운데서 살린 것에 대하여 말한다(마태복음은 야이로를 "한 관리"로만 밝힌다. 막 5:22과 눅 8:41은 그의 이름을 제공한다). 그 중간에 혈루증으로 앓는 여인에 대한 이야기가 삽입되어 있다.

이 두 기적들에는 명백히 소망이 없는 상황에서 **믿음**이 표현되었다는 공통점이 있다. 그 여인은 "열 두 해" 동안 혈루증을 앓고 있어서 회복할 소망이 없어 보였다. 그럼에도 그녀는 예수의 겉옷을 만지면 치유될 것이라고 확신했다. 그에 대한 반응으로 예수는 그녀의 믿음에 주의를 기울였다. "네 믿음이 너를 구원하였다"(22절).

야이로를 묘사할 때 **믿음**이라는 단어가 사용되지는 않았지만 그의 믿음은 분명했다. 그는 자기 딸이 죽어서 소망이 없어 보이는 상황이 되었을 때에도 확신을 표현했다(18절).[1]

두 기적들 모두 만짐과 관련이 있다. 그 여인은 예수의 겉옷을 만졌다(20절). 예수는 죽은 소녀의 손을 잡음으로써 그 소녀를 만졌다(25절). 두 경우 모두에서 모세의 율법은 만지는 것이 부정을 옮긴다고 말한다. 혈루증을 앓는 여인은 부정했고(레 15:25-27), 시체도 부정했다(레 22:4-6). 그러나 [그런 만짐으로 인해] 예수가 부정해진 대신에, 그에게서 나온 신적 능력에 의해 "정결"이 부정한 사람에게 전해졌다.

---

1 마가복음과 누가복음의 보다 긴 묘사에 비해 마태복음은 간략하게 요약한다. Vern S. Poythress, *Inerrancy and the Gospels: A God-Centered Approach to the Challenges of Harmonization*(Wheaton, IL: Crossway, 2012), 28장을 보라.

이 치유의 의미

만짐의 의미는 우리가 12장에서 살폈던 치유의 경우에서 본 것과 유사하다. 제의상의 부정은 보다 심오하고 영적인 "부정"인 죄를 상징한다. 예수는 만짐을 통해서 자신이 죄인들 및 그들의 죄와 동일시된 것을 상징한다. 이 동일시는 십자가에서 죄를 담당한 그의 대속 사역을 예표한다.

십자가상에서의 예수의 영적 치유는 인간의 필요의 깊은 곳까지 미친다. 그는 죽음 자체를 이겼는데, 이 승리는 야이로의 딸을 죽은 자 가운데서 살린 그의 능력에 의해 예표되었다. 예수는 "이 소녀가 죽은 것이 아니라 잔다"(마 9:24)고 말했다. 구경꾼들은 그 소녀가 죽었다고 잘못 생각했던 것인가? 누가는 "그 영이 돌아왔다"(눅 8:55)는 세부 설명을 더하는데, 이 말은 그 아이가 실제로 죽었었음을 나타내는 것으로 보인다. 그러나 예수의 능력과 그가 가져온 하나님 나라의 빛에 비추어보면 죽음 자체는 "잠"으로 재정의 되고, 예수는 우리를 그 잠에서 깨운다.[2] 야이로의 딸을 살린 기적은 확실히 예수가 죽은 자들 가운데서 부활할 것을 예표한다. 예수의 부활 자체가 모든 것이 소망이 없어 보였을 때(그리고 제자들도 소망이 없다고 생각했다. 눅 24:17, 21) 승리한 절정의 사례다.

그 여인과 야이로가 예수를 믿는 믿음을 행사했던 것처럼 우리도 믿음을 행사해야 한다. 우리 시대에 인간의 믿음은 특히 예수가 죽은 자 가운데서 부활한 데 초점을 맞춰야 한다. 예수가 만짐을 통해서 그 여인과 야이로의 딸에게 속했던 부정과 동일시되었듯이, 그는 우리 죄의 영적 부정과 동일시되기 위하여 다가온다.

---

2   R. T. France, *The Gospel of Matthew* (Grand Rapids, MI: Eerdmans, 2007), 364.

친히 나무에 달려 그 몸으로 우리 죄를 담당하셨으니 이는 우리로 죄에 대하여 죽고 의에 대하여 살게 하려 하심이라. 그가 채찍에 맞음으로 너희는 나음을 얻었나니(벧전 2:24).

예수가 그 여인과 야이로의 딸에게서 부정을 제거했듯이, 그는 우리에게서 죄책을 제거한다. 예수가 그 여인과 야이로의 딸에게 새 생명을 주었듯이, 그는 우리에게 새로운 영적 생명을 준다. 우리가 죽음 자체의 최후의 "부정"을 직면해야 할 때 그는 자신의 부활의 능력에 의하여 우리로 하여금 그것을 통과하게 한다.

나는 부활이요 생명이니 나를 믿는 자는 죽어도 살겠고 무릇 살아서 나를 믿는 자는 영원히 죽지 아니하리니 이것을 네가 믿느냐?(요 11:25-26)

야이로의 딸에 클라우니의 삼각형 적용하기

우리는 클라우니의 삼각형을 사용해서 이 기적의 의미를 요약할 수 있다(그림 18.1).

야이로의 딸 이야기 적용

이 이야기는 우리에게 어떻게 적용되는가? 야이로의 딸 이야기는 죽은 자를 살릴 수 있고, 특히 영적 죽음에 놓여 있는 죄인들을 살릴 수 있는 예수에 대한 믿음을 요구한다.

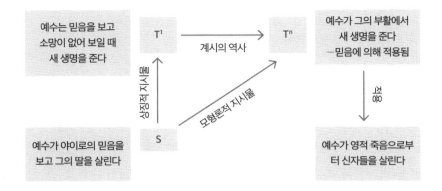

혈루증을 앓는 여인 치유

야이로의 딸을 살린 이야기 중간에 삽입되어 있는 혈루증을 앓는 여인에 관한 이야기에도 비슷한 의미가 있다. 그 여인은 피를 흘리는 질병으로 인해 육체적으로 무력해졌고, 이에 더하여 제의적으로 부정해졌으며, 따라서 사회적으로 배제되었을 것이다. 제의적 부정은 죄라는 영적 부정을 나타낸다. 예수는 "네 믿음이 너를 구원했다"(마 9:22)고 말했다. "구원했다"는 동사의 그리스어 단어는 소조(sōzō)인데, 이 단어는 다른 곳에서 "구원"을 묘사하는 데 사용된 단어다. 이 단어를 사용했다는 사실은 육체적 치유와 영적 구원 사이의 관계를 강화한다. 우리는 이 치유의 의미를 야이로의 딸을 살린 것에 대한 그림과 비슷한 그림으로 요약할 수 있다(그림 18.2).

혈루증을 앓는 여인 이야기 적용

이 이야기는 우리에게 적용된다. 자기를 부정하게 만들었던 것으로부터 치유 받았던 여인과 유사하게 우리는 믿음을 통해서 죄로부터 치유 받는다.

그림 18.2: 혈루증을 앓는 여인 치유에 대한 클라우니의 삼각형

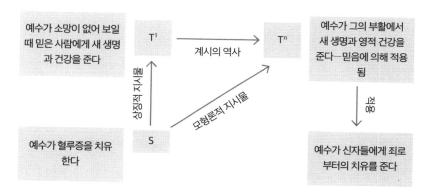

19

두 시각장애인 치유 마 9:27-31

하나님 나라는 가장 무기력하게 하는 질병들 중 하나인 시각장애에까지 미친다.

> 예수께서 거기에서 떠나가실새 두 맹인이 따라오며 소리 질러 이르되 "다윗의 자손이여, 우리를 불쌍히 여기소서" 하더니 예수께서 집에 들어가시매 맹인들이 그에게 나아오거늘 예수께서 이르시되 "내가 능히 이 일 할 줄을 믿느냐?" 대답하되 "주여, 그러하오이다" 하니 이에 예수께서 그들의 눈을 만지시며 이르시되 "너희 믿음대로 되라" 하시니 그 눈들이 밝아진지라. 예수께서 엄히 경고하시되 "삼가 아무에게도 알리지 말라" 하셨으나 그들이 나가서 예수의 소문을 그 온 땅에 퍼뜨리니라(마 9:27-31).

믿음의 의미

야이로의 딸 및 혈루증을 앓는 여인과 관련된 앞의 기적들 모두 믿음을 강조했다(마 9:18, 21-22). 두 시각장애인과 관련된 이 기적에서는 믿음이 더

욱 두드러진다. 예수는 구체적으로 "내가 능히 이 일 할 줄을 **믿느냐?**"고
물었다. 그리고 그들은 "주여, 그러하오이다"고 긍정적으로 대답했다. 예수
는 치유의 순간에 믿음을 다시 한번 언급한다. "**너희 믿음**대로 되라."

구약의 배경에서, 시각장애와 보는 것은 상징적으로 불신과 신앙을 나
타낸다.

> 여호와께서 이르시되 "가서 이 백성에게 이르기를
> '너희가 듣기는 들어도 깨닫지 못할 것이요,
> 보기는 **보아도 알지 못하리라**' 하여
> 이 백성의 마음을 둔하게 하며
> 그들의 귀가 막히고
> **그들의 눈이 감기게 하라.**
> 염려하건대 그들이 눈으로 **보고**
> 귀로 듣고
> 마음으로 깨닫고
> 다시 돌아와 고침을 받을까 하노라."
> (사 6:9-10; 마 13:14-15과 비교하라)

마태는 이 주제를 끄집어내서 빛이 예수라는 인간에게 왔다고 선언한다.

> 흑암에 행하던 백성이
> 큰 **빛**을 보고
> 사망의 그늘진 땅에 거주하던 자에게

빛이 비치도다(마 4:16. 사 9:2에서 인용하였음).

그러나 사람들은 그들에게 밝아온 빛을 보았는가?

　그 두 시각장애인은—영적으로 말해서—빛을 보기 시작했다. 그들은 예수가 자기들을 치유할 수 있다고 믿었다. 또한 그들은 예수를 "다윗의 자손"(마 9:27)이라고 불렀는데, 이는 그들이 예수가 약속된 메시아라고 기대했다는 것을 암시한다. 예수는 그들의 요청을 수용해서 그들의 육체적 시각장애를 고쳐주었다. 그러나 믿음에 대한 언급을 통해서 이 육체적 치유는 영적 시각장애로부터의 영적 치유라는 문제와 결합되는데, 이 치유는 사람들을 불신에서 예수에 대한 신앙으로 옮기는 것이다. 육체적 시력과 믿음이라는 영적 시력 사이의 관계는 요한복음 9장에서 보다 명시적으로 설명된다(우리는 이에 대해 3장에서 논의했다). 그러나 우리는 이 구절에서도 그 관계를 볼 수 있다.

　그 두 시각장애인들 및 예수가 이 땅에서 행한 기적들과 그의 가르침에 반응한 다른 몇 사람들에게서 믿음이 싹트기 시작했다. 그런데 이 믿음은 어디로 향했는가? 그것은 사람들이 그리스도의 부활과 구원에서 부활이 의미하는 바를 믿었을 때 그들이 가졌던 완전한 믿음을 예표한다. "주 예수를 믿으라! 그리하면 너와 네 집이 구원을 얻으리라"(행 16:31). 이 완전한 믿음은 찬양을 낳는다. "그와 온 집안이 하나님을 믿으므로 크게 기뻐하니라"(34절).

시각장애와 믿음에 대한 클라우니의 삼각형

우리는 클라우니의 삼각형을 사용해서 이 기적의 의미를 요약할 수 있다. 두 맹인들의 믿음은 그리스도의 부활을 이해하는 보다 성숙한 믿음을 가리킨다(그림 19.1을 보라).

그림 19.1: 믿는 두 시각장애인들에 대한 클라우니의 삼각형

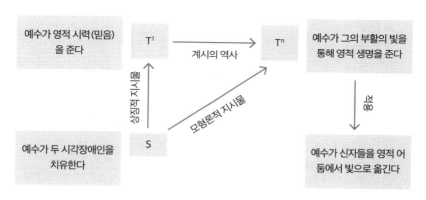

적용

이 구절은 우리에게 어떻게 적용되는가? 주된 적용은 그리스도의 부활을 믿는 믿음의 의미를 자연스럽게 확장하는 것이다. 복음 시대 동안 하나님은 사람들로 하여금 그리스도를 믿음으로써 어둠에서 빛으로 나오도록 부르는데, 이 복음은 이방인들에게도 전파된다.

> 내가 너를 구원하여 그들에게 보내어 **그 눈을 뜨게 하여** 어둠에서 **빛**으로, 사탄의 권세에서 하나님께로 돌아오게 하고 죄 사함과 나를 믿어 거룩하게 된 무리 가운데서 기업을 얻게 하리라(행 26:17-18).

20

귀신 들려 말 못하는 사람 치유 마 9:32-34

마태는 귀신 들린 사람들을 치유하는 예수의 능력에 대한 또 다른 사례를 제공해서 가다라의 귀신들린 사람들의 이야기(마 8:28-34)에서 제시한 요점을 이어간다.

> 그들이 나갈 때에 귀신 들려 말 못하는 사람을 예수께 데려오니 귀신이 쫓겨나고 말 못하는 사람이 말하거늘 무리가 놀랍게 여겨 이르되 "이스라엘 가운데서 이런 일을 본 적이 없다" 하되 바리새인들은 이르되 "그가 귀신들의 왕을 의지하여 귀신들을 쫓아낸다" 하더라(마 9:32-34).

말 못하는 사람 치유의 의미

본질적으로 이 이야기는 가다라의 귀신 들린 사람들에 관한 이야기와 비슷하다. 그러나 이 이야기는 바리새인들의 반대에 관한 기록을 덧붙이고 있다. 그들은 예수가 "귀신의 왕을 의지하여 귀신을 쫓아낸다"고 비난했다(34절). 바리새인들은 이 구원 행위에 대해서만 아니라 예수가 귀신들을 쫓아낸 모든 경우들에 반대를 표명했다. 그들은 "그가 **귀신들을** 쫓아낸다"고 말했는데, 여기서 **귀신들**은 복수다. 물론 바리새인들은 잘못 평가했다. 그러나 그들의 평가가 일반적인 것이었던 사실은 예수가 왜 그렇게 여러 번 귀신들을 쫓아냈는가라는 질문을 제기한다. 이에 대한 답변은 자명하다. 즉 사탄의 힘이 정복되었다. 그렇다면 귀신들로부터 구원받은 모든 사례들은 십자가형과 부활에서 사탄의 힘과 죽음으로부터의 구원이 결정적으로 그리고 절정으로 성취되었다는 것을 가리킨다.

귀신을 쫓아내는 것에 대한 보다 자세한 논의는 16장을 참고하기 바란다. 하나님 나라와 사탄의 나라 사이의 대립에 대해서는 24장에서 다시 논의할 것이다.

많은 사람 치유 마 9:35-38

예수의 치유 사역의 범위는 풍성한 추수라는 이미지에 의하여 한층 강화된다.

> 예수께서 모든 도시와 마을에 두루 다니사 그들의 회당에서 가르치시며 천국 복음을 전파하시며 모든 병과 모든 약한 것을 고치시니라. 무리를 보시고 불쌍히 여기시니 이는 그들이 목자 없는 양과 같이 고생하며 기진함이라. 이에 제자들에게 이르시되 "추수할 것은 많되 일꾼이 적으니 그러므로 추수하는 주인에게 청하여 추수할 일꾼들을 보내 주소서 하라" 하시니라(마 9:35-38).

많은 사람 치유에 대한 앞에서의 요약과 마찬가지로(11장, 마 4:23-25), 이 요약은 마태가 예수의 공적 사역과 하나님 나라의 복음을 특징짓는 많은 기적들 중 소수의 기적들만 기록했다는 것을 상기시키는 역할을 한다. 사실 마태복음 9:35은 마태복음 4:23과 거의 동일하다(아래의 병행 구절 요약 표를 보라).

두 절들 모두 그리스도의 가르침과 "천국 복음 전파"를 언급한다. 그의 가르침은 하나님 나라의 좋은 소식에 관한 가르침이다. 치유들은 사람들을 구하러 오는 하나님 나라의 능력을 나타낸다. "모든 병과 모든 약한 것"으로부터의 구원이라는 현실이 좋은 소식이다. 우리가 11장에서 4:23-25을 살펴볼 때 보았듯이 이 묘사는 또한 육체적 치유는 하나님이 오셔서 능력 있게 행동하고 있는 더 큰 복합적인 사건들—그 안에서 구약의 구원 예언들이 성취되고 있다—의 일부임을 암시한다. 종합적으로 볼 때 구원은 질병의 치유보다 많은 것을 포함한다. 그 중심에 죄로부터의 치유가 있다. 따라서 그 기적들은 하나님 나라의 표지들이다.

마 4:23과 마 9:35 비교

마 4:23	마 9:35
예수께서 온 갈릴리에 두루 다니사 그들의 회당에서 가르치시며 천국 복음을 전파하시며 백성 중의 모든 병과 모든 약한 것을 고치시니	예수께서 모든 도시와 마을에 두루 다니사 그들의 회당에서 가르치시며 천국 복음을 전파하시며 모든 병과 모든 약한 것을 고치시니라.

두 요약 구절들—마 4:23-25과 9:35-38—각각은 마태복음 내에서 더 큰 내러티브 단락(section) 끝에 위치하며 한 덩어리의 가르침으로 옮겨가는 역할을 한다. 마태복음 4:23-25은 마태복음 5-7장에 기록된 하나님 나라에 대한 가르침을 도입한다. 반면에 마태복음 9:35-38은 마태복음 10장에서 예수가 그의 제자들에게 지시하고 가르치는 것을 도입한다.

치유들의 의미

마태복음 9:36-38은 4:23-25의 요약에서 명시하지 않았던 요소 둘을 추가로 포함한다. 36절은 목자와 양의 이미지를 갖고 있다. 사람들은 "목자 없는 양과 같으며", 예수는 그들을 "불쌍히 여겼다." 예수 자신이 그들에게 목자와 같은 역할을 하고 있었다. 이 이미지는 에스겔 34장을 반영한다. 에스겔 34장에서 이스라엘의 목자들은 전혀 참된 목자가 아니고 거짓 목자들이라고 묘사되며, 하나님은 자신이 참된 목자가 되겠다고 약속한다. 그는 "한 목자, 내 종 다윗"(겔 34:23), 즉 다윗의 자손인 메시아를 통해서 그렇게 할 것이다. 마태복음이 에스겔 34장의 의미에 대하여 명시적으로 언급하지는 않지만 목자라는 이미지를 사용한 것은 그 배경으로서의 에스겔 34장을 환기시킨다.

에스겔 34장에 기록된 예언은 포괄적인 구원을 묘사하며 따라서 그 범위는 육체적 치유보다 더 많은 것을 포함한다. 에스겔 시대의 냉담하고 반항적인 이스라엘 백성들은 단지 육체의 회복만이 아니라 마음의 갱신이 필요했다(겔 36:25-28). 이 갱신은 하나님 자신과 그의 메시아를 통해서 온다. 마태는 예수의 치유 사역을 "하나님 나라의 복음"과 연결시킴으로써 예수가 포괄적인 구원과 갱신을 가져오는 메시아라는 것을 나타낸다. 따라서 마태복음 9:35-38에 기록된 요약은 십자가형과 부활에서의 예수의 절정의 사역을 가리킨다. 예수의 죽음과 부활은 그의 백성을 위하여 일어났으며, 이로써 그들도 예수를 통해서 새로운 삶을 경험할 것이다(겔 37; 마 28:19-20).

마태복음 9:37-38은 추수라는 두 번째 이미지를 소개한다. 이스라엘에서 봄과 가을의 추수 축제인 칠칠절과 장막절은 모두 결정적인 구원을 구성하는 최후의 추수를 가리키는 모형 혹은 그림자 역할을 한다. 이 추수는 하나님에게서 오는 더할 나위 없이 풍성한 복뿐만 아니라 사람들을 모으는 것을 통해서도 일어난다.

> 만군의 여호와께서 이 산에서 **만민**을 위하여
>
> 기름진 것과 오래 저장하였던 포도주로 **연회**를 베푸시리니
>
> 곧 골수가 가득한 기름진 것과 오래 저장하였던 맑은 포도주로 하실 것이며
>
> 또 이 산에서
>
> 모든 민족의 얼굴을 가린 가리개와
>
> 열방 위에 덮인 덮개를 제하시며
>
> 사망을 영원히 멸하실 것이라.
>
> 주 여호와께서 모든 얼굴에서 눈물을 씻기시며
>
> 자기 백성의 수치를 온 천하에서 제하시리라.
>
> 여호와께서 이같이 말씀하셨느니라.
>
> 그날에 말하기를
>
> "이는 우리의 하나님이시라. 우리가 그를 기다렸으니 그가 우리를 구원하시리로다.
>
> 이는 여호와시라 우리가 그를 기다렸으니
>
> 우리는 그의 구원을 기뻐하며 즐거워하리라" 할 것이며 (사 25:6-9).

사람들을 마지막으로 모으는 것은 재림 때에 일어난다(마 24:31). 그 잔치는 예수가 혼인 잔치의 비유(22:1-14)와 열 처녀의 비유(25:10)에서 선포한 하나님 나라의 잔치다. 예수가 "천국에서 아브라함과 이삭과 야곱과 함께

식탁에" 앉는 것을 언급했을 때(8:11), 그는 이를 추가로 암시했다. 이 식탁에는 이방인들이 포함된다. 예수는 세리들 및 죄인들과의 교제(9:10-13)에서 이 잔치의 예표를 실행했다.

최후의 추수는 재림 때에 오지만, 예수의 지상 사역에서 하나님 나라가 시작되자마자 최초의 추수가 이미 일어났다. 그 추수는 오순절 날에 확장된다. 하나님이 사람들을 하나님 나라 및 그리스도와의 교제 안으로 들여올 때 그들이 "수확된다." 마태복음 9:37-38에서 추수는 일꾼들을 필요로 한다. 일꾼들에 대한 이 필요는 우리로 하여금 마태복음 10:1-11:1에 기록된 예수의 가르침을 준비하게 한다. 그때 예수는 자신의 제자들을 일꾼으로 임명하고 그들에게 지침을 내려주었다. 예수는 다시 양의 이미지를 사용해서 그들을 "이스라엘 집의 잃어버린 양들에게" 보냈다(10:6). 제자들의 노력은 마태복음 28:18-20의 대위임령에서 새로운 성취 국면에 이른다. 대위임령에서, 제자들은 이제 이스라엘뿐만 아니라 "모든 민족"에게 간다(19절). 그들은 예수가 이미 성취한 승리를 근거로 그렇게 한다. "하늘과 땅의 모든 권세를 내게 주셨다"(18절). 추수는 그리스도가 다시 오실 때 완전함에 도달할 것이다.

목양과 추수에 대한 클라우니의 삼각형

우리는 클라우니의 삼각형을 사용해서 목양 이미지와 추수하는 일꾼 이미지 모두를 요약할 수 있다(그림 21.1).

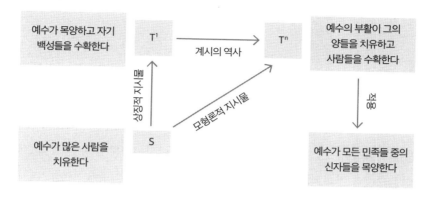

그림 21.1: 목양과 추수에 대한 클라우니의 삼각형

예수가 목양하고 자기 백성들을 수확한다

T^1

계시의 역사

T^n

예수의 부활이 그의 양들을 치유하고 사람들을 수확한다

상징적 지시물

모형론적 지시물

적용

예수가 많은 사람을 치유한다

S

예수가 모든 민족들 중의 신자들을 목양한다

양과 수확물로서의 사람들에 대한 적용

이 절들은 이 복음 선포 시대에 자연스럽게 적용된다. 모든 민족의 사람들이 현 시대의 사역 대상이다. 복음은 모든 민족 출신의 사람들로 하여금 신적 목자인 예수께로 나오라고 초대한다. 복음을 받는 사람들은 목양이 필요한 양들이다. 예수의 동정심은 그들에게까지 이른다. 그리고 바로 그 사람들이 예수가 위임하고 능력을 준 일꾼들을 통해서 모으는 수확물이다.

열두 제자에게 기적을 행하도록 위임함

예수의 치유 사역과 관련해서 우리는 바로 뒤에서 그가 열두 제자에게 위임한 강력한 사역들에 대한 묘사를 보게 된다.

가면서 전파하여 말하되 "천국이 가까이 왔다" 하고 병든 자를 고치며 죽은 자를 살리며 나병환자를 깨끗하게 하며 귀신을 쫓아내되 너희가 거저 받았으니 거저 주라(마 10:7-8).

열두 제자는 여기서 예수의 치유와 축귀 기적을 닮은 기적을 행하도록 능력을 부여 받았다. 이 기적들은 "천국이 가까이 왔다"는 선포에 동반되었다. 그 기적들은 하나님 나라의 표지들이며, 하나님의 능력 있는 구원의 권능이 역사하고 있다는 표지들이다. 제자들은 자기들의 고유한 능력으로 기적을 행한 것이 아니라 예수가 위임한 능력에 의해 기적을 행했다. 앞에서 예수는 백부장의 하인을 멀리서 고쳤다(마 8:13). 예수의 말에는 그 안에 하나님 나라의 능력이 있기 때문에 예수는 말하는 것만으로도 충분히 기적을 일으킬 수 있었다. 마찬가지로 예수의 위임의 말은 제자들이 기적을 행하는 능력을 행사하도록 보증했다.

모든 치유 기적들과 마찬가지로 열두 제자를 통한 이 기적들은 예수의 부활이라는 최고의 기적을 가리킨다. 예수의 부활은 이후에 이를 근거로 복음이 전파되고 모든 민족 출신의 사람들이 제자가 되는(마 28:19) 토대다. 예수가 부활한 뒤에 그의 제자들은 새로운 차원에서 하나님 나라의 메시지를 전파했다. 제자들의 사역은 영적 어둠과 사망에 있던 자들에게 영적 생명을 가져다주었다(행 26:18, 23; 엡 2:1-3).

클라우니의 삼각형을 사용한 요약

늘 그러했듯이, 우리는 클라우니의 삼각형을 사용해서 이 요점들을 요약할 수 있다(그림 21.2).

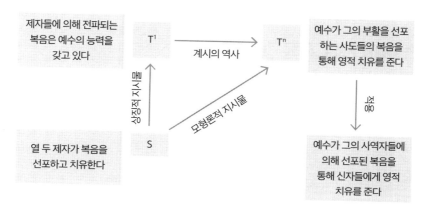

그림 21.2: 열 두 제자의 기적에 대한 클라우니의 삼각형

적용

이 구절은 우리에게 적용된다. 예수는 지금도 그의 이름으로 사도들의 복음을 선포하는 사역자들에게 위임한다. 또한 예수는 오늘날에도 여전히 죄의 비참함으로부터 사람들을 치유한다. 오늘날에도 예수의 사역은 여전히 그를 찬양하고 그의 이름에 영광을 돌리는 반응으로 이끈다.

22

손 마른 사람 치유 마 12:9-14

마태복음 11장에서 13장까지로 이루어진 단락에서는 이전 단락보다 지혜
와 분별 문제에 더 초점을 맞춘다. 마태복음 13장에 기록된 비유들의 의미
를 누가 분별할 것인가? 또한 마태복음 11-12장에 기록된 하나님 나라의
표지들을 누가 깨달을 것인가? 이 맥락에서 우리는 손 마른 사람의 내러티
브를 만난다.

거기에서 떠나 그들의 회당에 들어가시니 한쪽 손 마른 사람이 있는지라. 사
람들이 예수를 고발하려 하여 물어 이르되 "안식일에 병 고치는 것이 옳으니
이까?" 예수께서 이르시되 "너희 중에 어떤 사람이 양 한 마리가 있어 안식일
에 구덩이에 빠졌으면 끌어내지 않겠느냐? 사람이 양보다 얼마나 더 귀하냐?
그러므로 안식일에 선을 행하는 것이 옳으니라" 하시고 이에 그 사람에게 이
르시되 "손을 내밀라" 하시니 그가 내밀매 다른 손과 같이 회복되어 성하더라.
바리새인들이 나가서 어떻게 하여 예수를 죽일까 의논하거늘(마 12:9-14).

이 치유의 의미

이 치유 일화는 안식일 준수에 관한 앞의 일화와 병행한다(마 12:1-8). 앞의 일화의 끝에서 예수는 핵심적인 진술을 한다. "인자는 안식일의 주인이니라"(8절). 손 마른 사람의 치유는 안식일에 일어났기 때문에 동일한 질문을 제기한다. "안식일에 병 고치는 것이 옳으니이까?"(10절) 예수는 말과 행동으로 그렇다고 대답했다. 그는 구덩이에 빠진 양과 비교함으로써 이 사안을 논증했다(11절). 손 마른 사람은 양보다 훨씬 더 가치가 있다. 왜냐하면 그는 이스라엘 집의 양이기 때문이다.

앞의 일화와 연결해서 고찰하면, 예수의 치유는 "안식일에 선을 행하는 것이 옳으니라"(12절)는 일반적인 주장 자체에 의해서만 정당화되는 것이 아니다. 행위자가 "안식일의 주인"(8절)인 "인자"일 때 선을 행하는 것은 지극히 적절하다.

이스라엘에서 안식일은 창조에 기원한다. 하나님이 엿새 동안 세상을 만들고 일곱 째 날에 안식했다(출 20:11). 안식일은 또한 구속과도 연결된다. 하나님이 이스라엘 사람들을 이집트의 노예 생활로부터 구해주었기 때문에 그들은 자기의 일꾼들로 하여금 쉬게 해야 한다(신 5:14-15). 예수는 이스라엘의 구속자이고 이 세상의 구속자인 인자(人子)다. "인자"라는 표현의 핵심 배경은 다니엘 7:13이다. 다니엘 7:13은 이 세상의 짐승의 나라들을 대체하는 인물을 묘사한다. 상징적으로, 그 단어는—창세기 1:28에서 아담에게 주어진 지배권을 배경으로—짐승에 대한 인간의 승리를 나타낸다. 그러므로 이 구절은 고린도전서 15:45에서 그리스도를 마지막 아담으로 보는 개념에 대한 구약의 배경이다. 그는 인류의 새로운 질서를 대표하는 머리로서 새 창조를 완성으로 이끌 것이다. 최종적인 안식의 표지로서의 안식일은 그를 가리킨다. 따라서 예수가 **특히** 안식일에 치유 사역을 성취하는 것은 아주 적절하다.

예수가 그의 지상 사역을 마치고 사흘째에 새로운 생명으로 살아났던 때에 최종적인 안식일의 안식이 그리스도에게 개인적으로 시작되었다. 그리스도의 백성들은 그와 연합했기 때문에 그들은 이미 예수 안에서 치유의 새 생명으로 들어갔다. 그러나 그들은 또한 예수의 재림 때에 있을 완성을 기다린다(히 4:9-10).

안식일의 치유에 대한 클라우니의 삼각형

우리는 클라우니의 삼각형을 사용해서 안식일에 손 마른 사람을 치유한 이 기적의 의미를 요약할 수 있다(그림 22.1).

그림 22.1: 안식일에 손 마른 사람을 고친 기적에 대한 클라우니의 삼각형

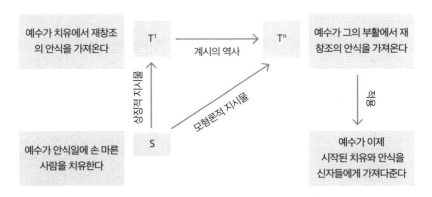

이 이야기의 적용

우리는 하나님의 백성들이 "시작된 안식"에 들어가기 위해 그리스도의 부활의 성취와 연합할 필요가 있음을 살펴봄으로써 이미 적용을 다뤘다. 이 일화는 독자들로 하여금 그리스도 안에서 새 창조가 시작된 것을 기뻐하고, 그의 재림과 새 창조의 완성을 고대하며 기다리도록 격려한다.

23

많은 사람 치유 _{마 12:15-21}

마태복음 12:15-21은 예수가 많은 사람을 치유한 것에 관한 또 다른 요약
진술을 기록한다.

예수께서 아시고 거기를 떠나가시니 많은 사람이 따르는지라. 예수께서 그들
의 병을 다 고치시고 자기를 나타내지 말라 경고하셨으니 이는 선지자 이사
야를 통해서 말씀하신 바
"보라! 내가 택한 종 곧 내 마음에 기뻐하는 바
내가 사랑하는 자로다.
내가 내 영을 그에게 줄 터이니
그가 심판을 이방에 알게 하리라.
그는 다투지도 아니하며 들레지도 아니하리니
아무도 길에서 그 소리를 듣지 못하리라.
상한 갈대를 꺾지 아니하며
꺼져가는 심지를 끄지 아니하기를
심판하여 이길 때까지 하리니

또한 이방들이 그의 이름을 바라리라"

함을 이루려 하심이니라.

치유들의 의미

이 요약은 단지 예수의 치유 사역에 대한 이전의 요약들을 반복하기만 하는 것이 아니다. 이 구절은 이사야에 기록된 종의 구절들 중 하나(42:1-4)에서 인용함으로써 그 치유들의 의미를 살핀다. 마태복음 4:23-25에 기록된 요약 진술에 대한 11장의 논의에서 우리는 이미 마태복음 8:16-17도 살펴보았다. 그 구절은 이사야 53장을 인용하는데 그럼으로써 예수의 사역을 이사야서에 기록된 종에 관한 구절들과 연결시킨다. 이사야 53장은 그리스도의 고난과 죽음을 예언한다. 이사야 42:1-4의 초점은 그 예언과 보완적이다. 그 구절은 약한 자와 쓰러져 가는 자에게 오는 정의와 자비에 관해 말한다. 그리스도의 치유 사역이 보여주는 동정심은 이사야 42:1-4의 성취다. 그 구절은 그리스도의 메시아적 역할을 확인한다. 동시에 그리스도의 사역을 이사야 42:1-4과 연결한 것은 치유가—이스라엘뿐 아니라 모든 민족들을 위한(사 42:1, 4, 6) 정의의 성취를 포함하는—하나님 나라의 구원의 더 큰 프로그램의 일부라는 것을 나타낸다. 그리스도가 민족들에게 정의를 가져오는 것과 관련하여 수행하는 역할의 일부로서, 이사야 42:5 이후의 절들은 그리스도가 다음과 같이 할 것이라고 말한다.

…눈먼 자들의 눈을 밝히며

갇힌 자를 감옥에서 이끌어 내며

흑암에 앉은 자를 감방에서 나오게 하리라(42:7).

그리스도의 부활은 믿음에 대하여 눈 먼 사람들의 눈을 뜨게 했고 사람들을 죄의 감옥으로부터 구해냈다. 그의 부활은 온 세상에 정의와 동정심이 완전히 성취되게 하는 토대다. 오늘날에는 그리스도가 영적 시력과 구원을 주는 것으로 적용된다. 그는 자신에게 속한 사람들을 공의로 다스린다. 구원 받은 사람들은 그의 은혜에 대해 그를 찬양하는 데 합류하기 시작한다.

정의와 연민에 대한 클라우니의 삼각형

우리는 클라우니의 삼각형을 사용해서 예수의 치유 사역에서의 정의와 동정심이라는 주제의 의미를 요약할 수 있다(그림 23.1).

그림 23.1: 정의와 자비로운 치유에 대한 클라우니의 삼각형

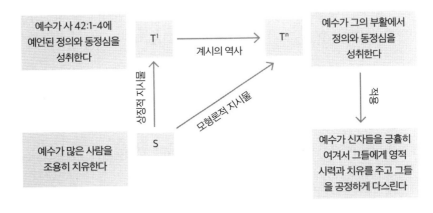

눈 멀고 말 못하는 사람 치유 마 12:22-23

마태는 이어서 귀신 들려 눈 멀고 말 못하는 사람을 치유한 기사를 제공한다.

> 그때에 귀신 들려 눈 멀고 말 못하는 사람을 데리고 왔거늘 예수께서 고쳐 주시매 그 말 못하는 사람이 말하며 보게 된지라. 무리가 다 놀라 이르되 "이는 다윗의 자손이 아니냐?"하니 (마 12:22-23).

이 기사는 예수가 귀신 들려 말 못하는 사람을 치유했던 앞의 기사(마 9:32-34)와 비슷하다. 이러한 기사들은 가다라의 귀신 들린 사람들에 대한 일화(마 8:28-34)와 더불어 그리스도가 귀신의 영역으로부터 사람들을 구한다는 주제를 담고 있다.

마태복음 12:22-23에 기록된 이 기사에서 특별히 강조하는 점은 무엇인가? 이 내러티브에서는 바리새인들의 반대에 대해 보다 자세하게 설명한다.

> 바리새인들은 듣고 이르되 "이가 귀신의 왕 바알세불을 힘입지 않고는 귀신

을 쫓아내지 못하느니라" 하거늘 예수께서 그들의 생각을 아시고 이르시되 "스스로 분쟁하는 나라마다 황폐하여질 것이요, 스스로 분쟁하는 동네나 집마다 서지 못하리라. 만일 사탄이 사탄을 쫓아내면 스스로 분쟁하는 것이니 그리하고야 어떻게 그의 나라가 서겠느냐? 또 내가 바알세불을 힘입어 귀신을 쫓아내면 너희의 자녀들은 누구를 힘입어 쫓아내느냐? 그러므로 그들이 너희의 재판관이 되리라. 그러나 내가 하나님의 성령을 힘입어 귀신을 쫓아내는 것이면 하나님의 나라가 이미 너희에게 임하였느니라. 사람이 먼저 강한 자를 결박하지 않고서야 어떻게 그 강한 자의 집에 들어가 그 세간을 강탈하겠느냐? 결박한 후에야 그 집을 강탈하리라. 나와 함께 아니하는 자는 나를 반대하는 자요, 나와 함께 모으지 아니하는 자는 헤치는 자니라. 그러므로 내가 너희에게 이르노니 사람에 대한 모든 죄와 모독은 사하심을 얻되 성령을 모독하는 것은 사하심을 얻지 못하겠고 또 누구든지 말로 인자를 거역하면 사하심을 얻되 누구든지 말로 성령을 거역하면 이 세상과 오는 세상에서도 사하심을 얻지 못하리라. '나무도 좋고 열매도 좋다' 하든지 '나무도 좋지 않고 열매도 좋지 않다' 하든지 하라. 그 열매로 나무를 아느니라. 독사의 자식들아, 너희는 악하니 어떻게 선한 말을 할 수 있느냐? 이는 마음에 가득한 것을 입으로 말함이라. 선한 사람은 그 쌓은 선에서 선한 것을 내고 악한 사람은 그 쌓은 악에서 악한 것을 내느니라. 내가 너희에게 이르노니 '사람이 무슨 무익한 말을 하든지 심판 날에 이에 대하여 심문을 받으리니' 네 말로 의롭다 함을 받고 네 말로 정죄함을 받으리라(마 12:24-37).

하나님 나라와 사탄의 나라, 이 두 나라들 사이의 극명한 차이가 생생하게 강조된다. 이 맥락에서 예수는 바리새인들에게 그들의 말 자체가 그들을 정죄한다고 경고한다. 그들은 이 갈등에서 잘못된 편에 서 있다.

두 나라 사이의 극명한 차이는 보이지 않는 영적 힘들의 영역에 뿌리를 두고 있는데, 한편에는 하나님이 있고 다른 한편에는 귀신들이 있다. 그러나 바리새인들로부터의 반대는 그 갈등이 인간의 영역으로도 확장된다는 것을 나타낸다. 인간은 귀신들에게 억압 받아 보지도 못하고 말하지도 못하게 될 수 있다. 그러나 인간은 또한 자신의 생각에 의해 심지어 성령을 모독하는 경지까지(32절) 자신을 하나님과 그 나라에 반대하는 자리에 위치시킬 수 있다. 하나님에 대한 뿌리깊은 반대는 단지 육체의 무력함에서만 발견되는 것이 아니라 그 사람의 말을 통해 드러나는 마음의 무력함에서도 발견된다.

사실 "무력함"(debility)은 너무 약한 단어다. 사람들은 단지 약하거나 병들기만 한 것이 아니다. 그들은 하나님에 대한 반역자들이다. 그들은 영적으로 죽었다(엡 2:1, 5). 우리가 지적했듯이, 육체적 시각장애는 영적 시각장애를 상징할 수 있다. 그 귀신 들린 사람은 육체적으로 시각 장애자였고 말을 하지 못했다. 그 바리새인들은 같은 식으로 귀신 들리지는 않았지만, 그들은 자신들이 영적인 시각장애자임을 보여주었다. 또한 그들은 하나님 나라의 진리 표현과 관련하여 말을 하지 못하는 사람들이었다. 사실 그들은 말을 하지 못하는 사람들보다 더 나빴다. 그들은 하나님과 그의 나라에 **대적하여** 말했다.

두 나라 사이의 싸움의 절정은 십자가형과 부활에서 발견된다. 사탄은 배신자 유다 및 예수를 체포하여 죽일 음모를 꾸민 자들의 힘을 북돋았다(마 26:3-4, 14-16). 누가복음 22:3, 22:53 그리고 요한복음 13:27과 달리 마태복음은 재판과 십자가형에 사탄이 개입했음을 명시적으로 언급하지 않는다. 그러나 우리는 마태복음 12:24-37에 기록된 두 나라들 사이의 극명한 차이로부터 그 배후에 사탄이 있음을 추론할 수 있다. 예수는 그의 십자가형과 부활에서 사탄에 대한 결정적 승리를 성취했다. 자기 백성들을 위한 대표자로서, 예수는 그들을 사탄의 왕국으로부터 단번에 구원했다. 그는 부활을 통해 그가 지상 사역 동안 귀신을 쫓아냄으로써 성취했던 것보다 훨씬 더 철저하게 "강한 자를 강탈한다"(마 12:29을 보라).

사탄에 대한 예수의 승리는 하나님의 능력의 위대함을 강조한다. 하나님 나라와 사탄의 나라는 대등하게 겨루는 나라들이 아니다. 사탄은 참된 하나님과 비교할 만한 두 번째 "신"이 아니다. 사탄은 강력하기는 해도 피조물일 뿐이다. 하나님에 대한 그의 반역은 성공할 수 없다. 귀신들은 그리스도의 권위에 복종한다. 사탄과 그의 악한 대리인들은 그리스도가 십자가에 처형되게 만들었다. 그러나 하나님의 손이 모든 과정을 인도했으며, 또한 하나님은 사탄이 악하게 의도했던 바로 그 사건들을 통해서 구원을 가져왔다.

> 그가 하나님께서 정하신 뜻과 미리 아신 대로 내준 바 되었거늘 너희가 법 없는 자들의 손을 빌려 못 박아 죽였으나 하나님께서 그를 사망의 고통에서 풀어 살리셨으니 이는 그가 사망에 매여 있을 수 없었음이라(행 2:23-24).

두 나라들에 클라우니의 삼각형 적용하기

늘 그랬듯이, 우리는 클라우니의 삼각형을 사용해서 귀신들린 사람을 치유한 사건의 의미를 요약할 수 있다(그림 24.1).

III 마태복음에 기록된 기적들

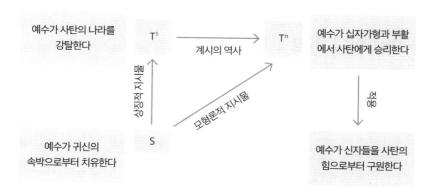

그림 24.1: 그리스도가 사탄을 이기심에 대한 클라우니의 삼각형

예수가 사탄의 나라를 강탈한다

T¹

계시의 역사

Tⁿ

예수가 십자가형과 부활에서 사탄에게 승리한다

상징적 지시물

모형론적 지시물

적용

예수가 귀신의 속박으로부터 치유한다

S

예수가 신자들을 사탄의 힘으로부터 구원한다

적용

우리가 사탄이 다스리는 이 세상의 어둠의 나라의 속박으로부터 구원 받을 때(요일 5:19) 그리스도의 사역이 우리에게 적용된다.

> 그가 우리를 흑암의 권세에서 건져내사 그의 사랑의 아들의 나라로 옮기셨으니 그 아들 안에서 우리가 속량 곧 죄 사함을 얻었도다(골 1:13-14).

우리는 찬양으로 그의 구원을 경축하고, 우리의 원수 사탄이 패배했다는 것을 기뻐해야 한다.

25

5,000명을 먹임 마 14:13-21

마태복음 14장에서 18장까지로 이루어진 단락은 하나님 나라 안에서 하나님의 백성을 돌보는 것에 대해 좀 더 초점을 맞춘다. 예수가 육체의 양식 형태로 돌봄을 제공한 기적 2개가 이 단락에 기록된 것은 아주 적절하다. 기적적으로 음식을 불린 두 일화들 중 첫 번째 일화에서 예수는 5,000명 (여자들과 아이들 외에)을 먹였다.

예수께서 들으시고 배를 타고 떠나사 따로 빈 들에 가시니 무리가 듣고 여러 고을로부터 걸어서 따라간지라. 예수께서 나오사 큰 무리를 보시고 불쌍히 여기사 그 중에 있는 병자를 고쳐 주시니라. 저녁이 되매 제자들이 나아와 이르되 "이곳은 빈 들이요 때도 이미 저물었으니 무리를 보내어 마을에 들어가 먹을 것을 사 먹게 하소서." 예수께서 이르시되 "갈 것 없다. 너희가 먹을 것을 주라." 제자들이 이르되 "여기 우리에게 있는 것은 떡 다섯 개와 물고기 두 마리뿐이니이다." 이르시되 "그것을 내게 가져오라" 하시고 무리를 명하여 잔디 위에 앉히시고 떡 다섯 개와 물고기 두 마리를 가지사 하늘을 우러러 축사하시고 떡을 떼어 제자들에게 주시매 제자들이 무리에게 주니 다 배불리 먹고 남은 조각을 열두 바구니에 차게 거두었으며 먹은 사람은 여자와 어린이 외에 오천 명이나 되었더라(마 14:13-21).

5,000명을 먹인 기적의 의미

이 첫 번째 기사(두 번째는 4,000명을 먹인 기적이다. 15:32-39)에서 우리는 예수의 태도로부터 이 기적의 의미에 관한 실마리를 얻는다. "큰 무리를 보시고 불쌍히 여기사 그중에 있는 병자를 고쳐 주시니라"(14:14). 자비와 치유에 대한 언급은 마태복음 9:35-36을 떠올린다(21장을 보라). 양식 공급은 예수가 이스라엘의 양들의 필요를 공급하는 목자로 행동했던 방식 중 하나다. 에스겔 34장에 기록된 배경 또한 양들을 위한 양식이라는 이미지에 주의를 기울이게 한다.

> 내가 그것들을 만민 가운데에서 끌어내며 여러 백성 가운데에서 모아 그 본토로 데리고 가서 이스라엘 산 위에와 시냇가에와 그 땅 모든 거주지에서 **먹이되 좋은 꼴을 먹이고** 그 **우리를** 이스라엘 높은 산에 두리니 그것들이 그곳에 있는 **좋은 우리에** 누워 있으며 이스라엘 산에서 **살진 꼴을 먹으리라**.···내가 정의대로 그것들을 **먹이리라**(겔 34:13-14, 16).

엘리사가 백 명을 먹였던 기적(왕하 4:42-44)도 마태의 기사의 배경을 이룬다. 그다음에 우리는 하나님이 광야에서 이스라엘 백성에게 만나를 먹인 것을 생각할 수 있다. 요한복음 6장에 기록된 기사는 (우리가 3장에서 보았던 것처럼) 만나와의 연결을 보다 분명히 한다. 그러나 자기 백성들을 위한 하나님의 공급이라는 일반적인 주제가 이 모든 구절들을 연결하기 때문에 그 연결 관계는 마태복음에도 존재한다.

영적 양식 공급의 절정은 예수를 유월절 어린 양으로 삼은 새로운 유월절 역할을 한(마 26:26-29) 예수의 십자가형과 부활에서 일어났다. 그리스도를 통한 이 공급은 새 하늘과 새 땅의 잔치에서 완성될 것이다(계 19:9).

5,000명을 먹인 기적에 대한 클라우니의 삼각형

우리는 앞에서 요한복음 6장을 고찰하면서 클라우니의 삼각형이 어떻게 적용되는지 살펴보았다. 마태는 예수가 하늘로부터 온 떡이라는 사실에 대하여 명시적으로 언급하지는 않지만 동일한 그림이 명백히 마태의 기사에도 해당한다. 대신에 마태복음에서의 함축적인 연결들은 예수가 이스라엘의 메시아적 목자라는 사실을 더 두드러지게 한다. 따라서 그림 25.1은 예수의 목자 역할과 유월절 어린 양 역할을 강조하기 위해 요한복음 6장(그림 3.1)에서 약간 수정된 클라우니의 삼각형을 보여준다.

적용

예수는 유월절을 성취함으로써 구원을 이루었다. 그는 마지막 유월절 제물이었다. 이 제물은 우리에게 영의 양식을 공급한다. 5,000명을 먹인 기적은 우리가 그를 먹고 예수의 희생제물의 유익을 받도록 우리를 초청한다.

그림 25.1: 마태복음에서 5,000명을 먹인 기적에 대한 클라우니의 삼각형

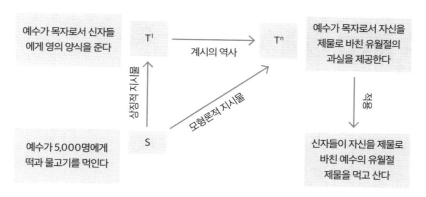

예수가 목자로서 신자들에게 영의 양식을 준다

T^1

계시의 역사

T^n

예수가 목자로서 자신을 제물로 바친 유월절의 과실을 제공한다

상징적 지시물

모형론적 지시물

적용

예수가 5,000명에게 떡과 물고기를 먹인다

S

신자들이 자신을 제물로 바친 예수의 유월절 제물을 먹고 산다

26

물 위를 걸은 기적 ^{마 14:22-33}

마태는 예수가 물 위를 걷고 베드로도 물 위를 걷기 시작한 강력한 기적을
묘사한다.

> 예수께서 즉시 제자들을 재촉하사 자기가 무리를 보내는 동안에 배를 타
> 고 앞서 건너편으로 가게 하시고 무리를 보내신 후에 기도하러 따로 산에
> 올라가시니라. 저물매 거기 혼자 계시더니 배가 이미 육지에서 수 리나 떠나
> 서 바람이 거스르므로 물결로 말미암아 고난을 당하더라. 밤 사경에 예수께서
> 바다 위로 걸어서 제자들에게 오시니 제자들이 그가 바다 위로 걸어오심을
> 보고 놀라 "유령이라!" 하며 무서워하여 소리 지르거늘 예수께서 즉시 이르
> 시되 "안심하라, 나니 두려워하지 말라." 베드로가 대답하여 이르되 "주여, 만
> 일 주님이시거든 나를 명하사 물 위로 오라 하소서" 하니 "오라" 하시니 베드
> 로가 배에서 내려 물 위로 걸어서 예수께로 가되 바람을 보고 무서워 빠져 가
> 는지라. 소리 질러 이르되 "주여, 나를 구원하소서" 하니 예수께서 즉시 손을
> 내밀어 그를 붙잡으시며 이르시되 "믿음이 작은 자여, 왜 의심하였느냐?" 하
> 시고 배에 함께 오르매 바람이 그치는지라. 배에 있는 사람들이 예수께 절하

며 이르되 "진실로 하나님의 아들이로소이다" 하더라 (마 14:22-33).

예수는 이 일화에서 그의 제자들을 만날 때 몇 가지 위협들을 극복했다. 첫째, 이 구절은 제자들이 그들의 목숨에 대하여 두려워했던 이전의 폭풍을 떠올린다 (마 8:23-27. 15장을 보라). 마 14:22-33은 비슷한 폭풍을 묘사하는가? 마태복음 14장에서는 광풍이 언급되지 않지만 제자들은 여전히 파도 때문에 곤경에 처했다. "배가 이미 육지에서 수 리나 떠나서 **바람이 거스르므로 물결로 말미암아 고난을 당하더라**" (마 14:24). 이 이야기의 결말에서 바람이 멈춘다 (32절). 따라서 제자들은 이 첫 번째 어려움에서 구출되었다.

둘째, 제자들은 어떤 인물이 바다 위로 걸어오고 있는 것을 보고 두려워했다. 그들은 그 인물이 유령인 줄 알았다 (26절). 예수는 자신이라고 밝히고 그들에게 "안심하라"고 말함으로써 그들의 두려움에 응답했다 (27절). 이 구절은 예수의 말에 대한 제자들의 반응을 명시적으로 기록하지는 않는다. 그러나 제자들의 대표격인 베드로는 확실히 안심하였고 대담해지기까지 했다. 따라서 예수의 말이 제자들이 겪었던 두려움을 극복했다고 쉽게 결론을 내릴 수 있다.

세 번째 어려움은 베드로의 대담함 때문에 일어났다. 베드로는 물 위를 걷기 시작했지만, 곧 가라앉았다. "바람을 보고 무서워 빠져 가는지라. 소리 질러 이르되 '주여, 나를 구원하소서' 하니" (30절). 예수는 손을 내밀어 그를 구했다. 따라서 세 번째 어려움도 극복되었다.

이 기적의 의미

그러면 이 일련의 기적들의 의미는 무엇인가? 세 개의 어려움들을 같이 고려하면, 우리는 확실히 이 기적은 모든 종류의 어려움들을 극복하는 예수의 능력과 의지를 나타낸다고 말할 수 있다. 그러나 그것은 매우 일반적인 요약이다. 우리가 이 특별한 이야기의 세부 사항들에 주의를 기울이면, 보다 특별한 강조점을 볼 수 있는가?

강조되는 한 가지 주제는 두려움과 믿음이라는 주제다. 제자들은 두려워하기 시작했다. 베드로는 예수께로 가겠다는 그의 제안에서 일종의 믿음을 보여주었다. 그러나 베드로의 그 믿음은 그에게 도움이 되지 않았고 그는 가라앉기 시작했다. 그러나 베드로에게는 최소한 예수께 자신을 구해 달라고 소리지를 만한 믿음은 있었다. 예수는 그에 대한 응답으로 믿음이라는 주제를 명시적으로 끄집어냈다. "**믿음이 작은 자여, 왜 의심하였느냐?**"(31절) 이 이야기는 제자들의 믿음에 관해 뭔가를 보여주는 고백으로 끝맺는다. "배에 있는 사람들이 예수께 절하며 이르되 '진실로 하나님의 아들이로소이다' 하더라"(33절).

이 내러티브에서 베드로는 두드러진 역할을 한다. 예수가 물 위를 걸었던 것은 충분히 극적이다. 그러나 베드로도 그러한가? 그리고 무엇이 베드로로 하여금 자기가 물 위로 걸어서 예수께로 가겠다고 제안하게 하였는가? 복음서들의 다른 곳에서 베드로는 대담할 때가 있다. 그리고 대담함은 지나친 자신감을 의미할 수 있다. 베드로가 "나는 결코 버리지 않겠나이다"(마 26:33)라고 약속했을 때처럼 그리고 "내가 주와 함께 죽을지언정 주를 부인하지 않겠나이다"(26:35)라고 약속했을 때처럼 말이다. 이 일화에서 그의 대담함은 단지 허세 때문이었는가? 그것은 교만함으로 오염되어서 사실상 "내가 무엇을 할 수 있는지 보여주겠다"라고 말한 것인가? 아니면 그것은 진정한 믿음이었는가? 마태복음에 기록된 이 이야기는 베드로의 내면에 대한 완전한 분석을 제공하지 않는다. 이 기사는 베드로가 "바람을 보고 무서웠다"(마 14:30)고 말한다. 그리고 예수는 베드로가 "믿음이 작다"고 말했다. 그 이상으로는, 우리는 베드로의 복잡한 마음에 대해 추측만 할 뿐이다.

베드로는 이 이야기에서 긍정적인 면과 부정적인 면이 뒤섞인 인물이다. 그에게는 믿음이 있었지만 그것은 "작은 믿음"이었고, 의심과 두려움에 사로잡힐 수 있었다. 이 이야기의 요점 중 일부는 예수가 그런 제자들을 관대하게 대했다는 것이다. 그리고 예수는 그들의 믿음이 성장하도록 격려했다.

하나님의 아들로서의 예수

여기서 문제가 되는 믿음은 믿음 자체가 아니라 예수에 대한 믿음이었다. 이 이야기의 결말에서 제자들은 "[당신은] 진실로 하나님의 아들이로소이다"라고 고백했다(마 14:33). 예수에 대한 믿음은 예수가 누구인가라는 질문에 기초할 필요가 있다. 그는 누구인가? 그는 "하나님의 아들"이다. 그 호칭은 마태복음에서 반복된다. 마태복음 16장에서, 베드로는 "주는 그리스도시요 살아계신 하나님의 아들이시니이다"라는 핵심적인 고백을 했다(마 16:16). 예수가 세례 받을 때 하늘에서 "이는 내 사랑하는 아들이요, 내 기뻐하는 자라"고 말하는 음성이 들렸다(3:17). 이 말에 대한 구약의 배경은 하나님이 시온 산에서 왕좌에 앉힌 다윗 가문의 왕에 대해 사용된 "아들"이라는 표현을 포함한다(시 2:6-7). 하나님은 다윗을 이스라엘의 왕좌에 앉혔다. 그러나 다윗은 자신보다 더 위대한 후손인 메시아적 아들에게 우리의 시선을 이끈다(사 9:6-7). 그리고 이 아들은 사람이자 하나님일 것이다. 마태복음 28:19에 기록된 대위임령의 언어는 그 아들을 이름과 영예에 있어서 아버지 및 성령과 대등한 위치에 두는데, 이는 아들의 신성을 전제한 것이다.

마태복음 14:22-33은 모든 것을 명시적으로 보여주지는 않으며, 우리는 마태복음 전체를 읽어야 비로소 큰 그림을 알 수 있다. 그러나 예수가 하나님의 아들이라는 실재는 이미 그 구절에 드러나 있다. 예수는 물 위를 걸음으로써 신적 능력을 행사했다. 그 배경에는 구약에서 하나님이 바다를 잠잠하게 한 구절(시 107:29)과 하나님이 물을 밟은 구절들이 놓여 있다.

그가 홀로 하늘을 펴시며
바다 물결을 **밟으시며**(욥 9:8).

주께서 말을 타시고
바다 곧 큰 물의 파도를 **밟으셨나이다**(합 3:15).

격랑이 이는 바다는 굴복시킬 수 없는 것의 상징이다. 하나님만이 그것을 굴복시킬 수 있다.

이 상징에 비추어, 우리는 예수의 자기 정체성 묘사에서 보다 심오한 의미를 볼 수 있다. 그는 "나다"(It is I, 마 14:27)라고 말했다. 이 말의 그리스어 표현(*ego eimi*)는 실제로 "나다"(It is I)를 의미할 수 있다. 그리고 제자들은 자기들이 유령을 보고 있다고 생각했다는 점에 비춰볼 때 그것은 이 맥락에서 적절한 번역이다. 우리는 이런 상황에서 예수가 그의 제자들에게 자신의 정체를 밝혀주는 것이 적절한 대답이리라고 기대한다. 그러나 이 외에도, 27절에 있는 표현은 예수가 "아브라함이 있기 전에 **내가 있었느니라**(I am)"고 말하는 요한복음 8:58에 있는 유명한 표현과 동일한 그리스어 표현이다. 그때 유대인들은 예수의 선언을 신성모독으로 보았다. 이는 단지 그가 영원한 존재라고 주장하는 것처럼 보였기 때문만이 아니라, "내가 있었다"(I am)라는 표현은 출애굽기 3:14에서 하나님이 모세에게 계시한 하나님의 특별한 이름을 반영하기 때문이기도 하다.

> 하나님이 모세에게 이르시되 "나는 스스로 있는 자(I AM)이니라." 또 이르시되 "너는 이스라엘 자손에게 이같이 이르기를 스스로 있는 자가 나를 너희에게 보내셨다"하라.

그렇다면 마태복음 14:27에는 출애굽기 3:14에 대한 암시가 들어 있는가? 마태복음의 구절은 요한복음 8:58이 명시적으로 언급하는 것과 동일한 방식으로 명시적으로 말하지는 않는다. 그럼에도 물 위를 걷는 인물의 등장은 바다에 대한 지배력을 가진 **신적인** 인물을 생각하는 것이 자연스러운 맥락을 제공한다. 따라서 "나는 스스로 있는 자니라"라는 이름과 관련시키는 것이 자연스럽다. 이러한 관련성은 예수가 제자들에게 자신의 정체성을 나타내는 명백한 층위—"나다"(It is I)—이상의 추가적인 층을 형성한다. 물 위를 걸은 예수의 능력은 정체성 문제를 강력하게 제기하기 때문에 이 두 층위들은 일관성 있는 하나다. ["나다"라는] 이 대답은 제자들이 본 인물은 유령이 아니라 이미 그들에게 친숙한 주님이라는 것을 나타낸다. 동시에 그 "친숙하다"는 느낌은 예수가 자신에 대해 드러낸 것에 의해 도전 받았다. 그는 "하나님의 아들"인데, 제자들은 단지 그것이 암시하는 모든 것을 이해하기 시작했을 뿐이다.

이 기적은 앞으로 있을 십자가형 및 부활과 어떻게 연결되는가? 이 기적에는 우리가 보았던 것처럼 적어도 두 개의 측면이 있다. 그중 하나는 하나님의 아들로서의 예수의 정체성과 관련이 있다. 예수의 정체성에 대한 이 계시는 십자가와 부활에서 일어났던 그의 정체성의 **보다 완전한** 계시를 가리킨다. 이 절정의 사건들은 그가 이 세상에 대한 신적 그리고 인간적 중재자임을 나타낸다. 적절하게도, 백부장(이방인)은 십자가 옆에서 "그는 진실로 하나님의 아들이었도다"(마 27:54)라고 고백했다. 또한 부활 후에 예수는 대위임령을 내리면서 자신을 "아들"이라고 밝혔다(마 28:19).

이 기적의 두 번째 측면은 믿음의 행사와 관련이 있다. 베드로에게는 믿음이 있었지만 그것은 "작은 믿음"이었다. 믿으라는 도전은 십자가형과 부활에서 절정에 이른다. 이 절정의 지점에서 그 도전은 "예수를 믿고, 예수가 십자가형과 부활에서 성취한 것을 믿으라"는 것이다.

예수가 손을 내밀어 베드로를 구하는 그림은 마태복음 14:22-33에 기록된 이야기의 절정을 나타낸다. 이 세상의 구원자인 예수는 말하자면 이제 우리를 죄와 사망으로부터 구하기 위해 그의 손을 내민다. 베드로는 사망의 물속으로 가라앉고 있었다. 그는 익사할 수도 있었다. 따라서 베드로에게 일어났던 일은 죄와 사망으로부터 구원하는 예수의 사역에 대한 적합한 상징이다.

클라우니의 삼각형으로 요약하기

여느 때처럼 우리는 클라우니의 삼각형을 사용해서 이 기적의 의미를 요약할 수 있다(그림 26.1).

그림 26.1: 물 위를 걸은 기적에 대한 클라우니의 삼각형

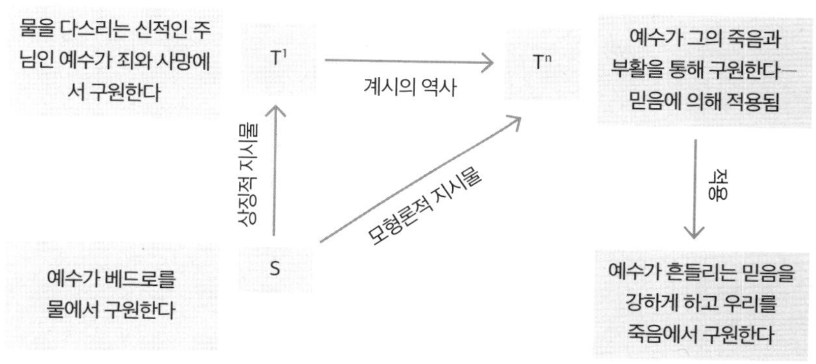

우리에 대한 적용

이 기적을 복음 시대에 사는 우리에게 적용하는 것은 다음과 같은 두 가지 사실의 연속성에 의존한다. (1) 예수는 바다와 죽음에 대한 지배력을 가진, 동일한 신적 주님이다. (2) 사람들은 믿음과 불신이 섞인 흔들리는 믿음을 갖고 있다. 그들의 흔들리는 믿음은 베드로에게 일어났던 일과 유사하다. 예수는 하늘에서 살아 있으며 죽음을 이겼다. 사람들이 "주여, 구원하소서"라고 외칠 때 그는 성령에 의하여 그들의 삶에 그의 손을 내민다.[1] 예수

---

[1] 칼뱅주의자인 나는 죄인이 그리스도에게 구원해 달라고 부르짖는 것은 언제나 그 죄인의 마음

는 그들을 죄와 사망의 바다에서 건져낸다. 우리는 예수께서 자비롭게도 기꺼이 우리의 흔들리는 믿음을 강하게 해줄 의사가 있음을 찬양한다. 또한 그의 능력은 모든 것을 다스리기 때문에 그는 우리를 완전히 구원할 수 있다.

에 성령이 미리 역사함으로써 그렇게 할 능력이 부여된다고 믿는다. 우리는 하나님의 주권적인 은혜에 의해 구원받는다. 베드로의 경우, 구원에서 하나님의 주권은 다음과 같은 예수의 말에서 예시된다. "너희가 나를 택한 것이 아니요 내가 너희를 택했다"(요 15:16). 마 14:30은 베드로의 생애에서 성령의 지속적인 사역과 관련된 복잡한 과정의 중간에 일어난 한 사건에 대한 그림을 우리에게 보여준다.

많은 사람 치유 ^{마 14:34-36}

마태복음 14:34-36은 예수가 많은 사람들을 치유한 기적에 관한 또 다른 요약 진술을 제공한다.

> 그들이 건너가 게네사렛 땅에 이르니 그곳 사람들이 예수이신 줄을 알고 그 근방에 두루 통지하여 모든 병든 자를 예수께 데리고 와서 다만 예수의 옷자락에라도 손을 대게 하시기를 간구하니 손을 대는 자는 다 나음을 얻으니라.

마태복음 4:23-25 (11장), 9:35-38 (21장) 그리고 12:15-21 (23장)에 기록된 이전의 요약들과 마찬가지로, 이 요약은 우리로 하여금 마태가 특별히 기록하는 기적들은 예수의 사역에서의 하나님 나라 도래라는 더 넓은 이야기에 속한다는 것을 상기시켜준다. 예수는 기록된 이 기적들 외에도 더 많은 기적들을 행했다. 또한 이 모든 기적들은 구원하고 치유하는 하나님의 능력이 역사하고 있음을 보여준다. 이 요약들은 우리로 하여금 각각의 특정 기적들을 구원을 가져오는 하나님의 넓은 계획의 일부로 보도록 초청한다.

마태복음 14:34-36은—마태복음 4:23-25과 마찬가지로—사람들이 적극적으로 병든 자들을 데려왔다고 말한다. 마태복음 14:34-36은 앞의 다른 어떤 요약들보다 이 측면에 더 주의를 기울인다. 사람들은 마태복음 4:24에서처럼 병든 자들을 데려왔다(35절). 그러나 그 외에도 "[그들은] 그 근방에 두루 통지했다"(14:35). 그들은 예수가 와 있다는 소식을 상당히 공을 들여 인근에 알렸다. 그들은 또한 예수에게 절박하게 요청했다. 즉 그들은 "다만 예수의 옷자락에라도 손을 대게 하시기를 간구했다"(36절). 이러한 행동들은 하나님 나라는 개인들의 행동뿐만 아니라 공동체 구성원의 네트워크의 행동을 통해서도 성장한다는, 보다 일반적인 원리를 드러낸다. 최초의 "네트워크"는 예수 자신이며, 사람들은 성령을 통해서 믿음으로 그에게 나아와 그와 연합한다.

이 원리는 예수의 십자가형과 부활이라는 절정의 사건들에서 어떻게 나타나는가? 예수의 성취는 개인과 네트워크 그리고 공동체를 변화시키는 구원을 가져온다. 예수의 구원의 완성은 새 예루살렘의 형태로 오는데 (계 21:2, 10), 새 예루살렘은 공동체와 개인들 모두를 포괄한다. 복음 시대에서는, 교회는 개인들로 구성된 공동체다. 관련자들은 예수의 소식을 전파하며 다른 사람들로 하여금 예수를 통해서 구원을 발견하게 하는 역할을 한다.

클라우니의 삼각형을 사용한 요약

우리는 이러한 공동체 측면의 의미를 클라우니의 삼각형을 사용해서 요약할 수 있다(그림 27.1).

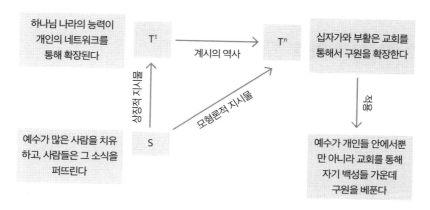

그림 27.1: 교회의 공동체적 측면에 대한 클라우니의 삼각형

하나님 나라의 능력이 개인의 네트워크를 통해 확장된다

T^1

계시의 역사

T^n

십자가와 부활은 교회를 통해서 구원을 확장한다

상징적 지시물

모형론적 지시물

적용

예수가 많은 사람을 치유하고, 사람들은 그 소식을 퍼뜨린다

S

예수가 개인들 안에서뿐만 아니라 교회를 통해 자기 백성들 가운데 구원을 베푼다

적용

적용할 때 우리는 하나님이 자기 백성을 구원할 때 공동체로서의 교회를 어떻게 사용하는지 고려해야 한다. 그는 개인들 안에서 및 그리스도의 몸인 교회 안에서 일한다. 우리는 그가 일하는 방식에서의 그의 지혜를 찬양해야 한다.

28

수로보니게 여인 마 15:21-28

마태가 보고하는 다음 기적은 두로와 시돈 출신 가나안 여인과 관련이
있다.

> 예수께서 거기서 나가사 두로와 시돈 지방으로 들어가시니 가나안 여자 하
> 나가 그 지경에서 나와서 소리 질러 이르되 "주 다윗의 자손이여, 나를 불쌍
> 히 여기소서. 내 딸이 흉악하게 귀신 들렸나이다" 하되 예수는 한 말씀도 대
> 답하지 아니하시니 제자들이 와서 청하여 말하되 "그 여자가 우리 뒤에서 소
> 리를 지르오니 그를 보내소서." 예수께서 대답하여 이르시되 "나는 이스라
> 엘 집의 잃어버린 양 외에는 다른 데로 보내심을 받지 아니하였노라" 하시니
> 여자가 와서 예수께 절하며 이르되 "주여, 저를 도우소서." 대답하여 이르시
> 되 "자녀의 떡을 취하여 개들에게 던짐이 마땅하지 아니하니라." 여자가 이르
> 되 "주여, 옳소이다마는 개들도 제 주인의 상에서 떨어지는 부스러기를 먹나
> 이다" 하니 이에 예수께서 대답하여 이르시되 "여자여, 네 믿음이 크도다! 네
> 소원대로 되리라" 하시니 그 때로부터 그의 딸이 나으니라(마 15:21-28).

마태복음 8:5-13에 기록된 백부장의 이야기처럼 이 기적은 이방인과 관련이 있다. 설상가상으로 이 이방인은 "가나안 사람"이었는데(마 15:22), 이는 그녀가 오래 전에 여호수아에게 멸망시키라고 위임되었던 인간 집단과 관련이 있었음을 의미한다(신 7:2; 수 6:17, 21). 피상적으로 보면 우리는 그녀가 하나님의 자비의 범위를 벗어났다고 추론할 수 있다. 더욱이 예수는 처음에는 그녀에게 반응하지 않았다. 그가 반응했을 때, 그것은 "이스라엘의 잃어버린 양"에 대한 목자로서의 자신의 의무를 예리하게 지적한 것이었다. 마태복음을 전체적으로 보면 예수가 제자들을 "모든 민족들"에게 보낼 때(마 28:19)가 올 것이다. 그러나 이 시점에서는 아직 그때가 오지 않았다. 예수의 지상 생애 동안 그의 사역은 "양들"—유대 백성—에게 초점이 맞춰졌다. 이 백성은 역사에서 하나님의 목적을 실행하는 것과 관련해 특권을 누렸다. 그러나 하나님의 자비를 믿는 이 여인의 믿음은 그런 장애를 극복했다. "여자여, 네 믿음이 크도다!"(마 15:28)

이 기적의 의미

이 기적은 하나님 나라의 능력을 보여준다. 또한 그럼으로써 하나님 나라의 특징들에 대해 뭔가를 보여준다. 하나님 나라의 구원의 목적은 참으로 유대인들로부터 시작한다. 이방인의 사도였던 바울조차 "먼저는 유대인에게요 그리고 헬라인에게로다"(롬 1:16)라는 표현을 사용한다. 그러나 구원의 하나님 나라는 또한 민족들에게 확장되며, 그들 가운데 가장 가망이 없을 것 같은 민족들에게까지 확장된다. 구원은 1세기 유대 문화가 덜 명예롭게 여겼을 사람들—여인들, 외국인들, 이방 우상숭배자들—에게도 온다.

바울이 기록했듯이 복음은 "모든 믿는 자에게 구원을 주시는 하나님의 능력"(롬 1:16)이다. 그 여인은 그리스도에 대한 믿음을 보여주는데, 이 믿음이 구원을 가져온다. "또 오셔서 먼 데 있는 너희에게 평안을 전하시고 가까운 데 있는 자들에게 평안을 전하셨으니 이는 그로 말미암아 우리 둘이 한 성령 안에서 아버지께 나아감을 얻게 하려 하심이라"(엡 2:17-18).

클라우니의 삼각형을 사용한 요약

우리는 클라우니의 삼각형으로 이 기적의 의미를 요약할 수 있다(그림 28.1).

그림 28.1: 수로보니게 여인에 대한 클라우니의 삼각형

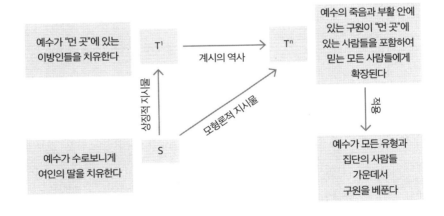

적용

이 기적의 주된 적용은 명백하다. 우리는 오늘날 예수가 **모든** 믿는 사람에게 구원을 준다는 것을 이해해야 한다. 그는 자신의 사역을 일부 민족 집단이나 언어 집단, 또는 사회 계층, 종족, 또는 특권층에 한정하지 않는다.

아무도 자신을 너무 무가치하다고 [구원의 대상에서] 제외시킬 수 없다. 또한 누구도 교회에서 민족, 사회 계층, 또는 "가치 있음"을 근거로 감히 장벽을 만들어서는 안 된다. 우리는 하나님의 은혜의 넓이를 찬양해야 한다. "모든 사람이 죄를 범하였으매 하나님의 영광에 이르지 못했다"(롬 3:23). 복음의 초대는 이러한 보편적 실패에 맞서서 모든 사람에게 뻗어 나간다(롬 15:8-13).

29

많은 사람 치유 마 15:29-31

마태는 이어서 또다시 많은 사람을 치유한 것에 관해 말한다.

> 예수께서 거기서 떠나사 갈릴리 호숫가에 이르러 산에 올라가 거기 앉으시니
> 큰 무리가 다리 저는 사람과 장애인과 맹인과 말 못하는 사람과 기타 여럿을
> 데리고 와서 예수의 발 앞에 앉히매 고쳐 주시니 말 못하는 사람이 말하고 장
> 애인이 온전하게 되고 다리 저는 사람이 걸으며 맹인이 보는 것을 무리가 보
> 고 놀랍게 여겨 이스라엘의 하나님께 영광을 돌리니라(마 15:29-31).

이 묘사는 많은 사람을 치유한 것에 대한 이전의 묘사들에 기록된 내용과
비슷하다(마 4:23-25[11장], 9:35-38[21장], 12:15-21[23장], 14:34-36[27장]).
우리는 그 묘사들에 대하여 말하였던 내용을 반복할 수 있을 것이다. 이 구
절에서는 무리들이 본 사항을 상세하게 덧붙인다. "그들은 말 못하는 사람
이 말하고 장애인이 온전하게 되고 다리 저는 사람이 걸으며 맹인이 보는
것을 보았다"(마 15:31). 여기서는 무리들의 반응이 부각되고 있다. 무리는
"놀랍게 여겨" "이스라엘의 하나님께 영광을 돌렸다"(31절).

31절에서 우리는 하나님이 "이스라엘의 하나님"으로 묘사되었다는 점을 주목해야 한다. 1세기에 "이스라엘의 하나님"이라는 명칭은 유대인이 **아니었던** 누군가의 입에서 나왔을 가능성이 높다. 유대인이 동료 유대인에게 말할 때에는 그저 "하나님"이라고 불렀겠지만, 이방인의 관점에서 하나님은 **다른** 사람들, 즉 이스라엘 사람들의 하나님이었다. D. A. 카슨과 R. T. 프랑스는 "그들이 이스라엘의 하나님께 영광을 돌렸다"는 표현은 이 일화가 이방인의 땅에서 일어났음을 나타낸다고 생각한다.[1] 예수는 "갈릴리 호숫가에" 있었다(29절). 그러나 이곳은 주로 이방인들이 살았던 갈릴리 호수 **동쪽** 데가볼리 지역이었을 수도 있다. 그렇다면 이 기적은 가나안 여인에게 일어났던 기적과 마찬가지로 복음이 이방인들에게 전해질 때를 가리킨다. 지역과 청중에 관한 동일한 문제가 뒤이어 나오는 4,000명을 먹이는 기적(마 15:32-39)에 영향을 준다.

이 기적들의 의미

이 치유 기적들은 하나님 나라의 기적들이라는 주제를 이어간다. 그러나 우리는 경이라는 주제를 더할 수 있다. 기적들은 경이, 놀라움 그리고 경외의 반응을 고취한다. 사람들은 하나님께 영광을 돌린다. 경이의 반응은 그리스도의 부활에서의 절정의 기적에 대해 우리가 보여야 할 반응을 가리킨다. 우리가 예수의 십자가형, 죽음 그리고 부활의 의미를 이해하면 우리

---

1 D. A. Carson, "Matthew," *Expositor's Bible Commentary*, 개정판, Tremper Longman III and David E. Garland 편, 9권(Grand Rapids, MI: Zondervan, 2010), 407에 실린 글; R. T. France, *The Gospel of Matthew*(Grand Rapids, MI: Eerdmans, 2007), 597.

도 경이와 놀라움의 반응을 보이게 된다. 우리는 구약의 예언과 마태복음 모두에서 경이의 양상을 볼 수 있다.

> 우리가 전한 것을 **누가 믿었느냐?**
> 여호와의 팔이 누구에게 나타났느냐?(사 53:1)

> 너희는 여러 나라를 보고 또 보고
> **놀라고 또 놀랄지어다.**
> 너희의 생전에 내가 한 가지 일을 행할 것이라.
> 누가 너희에게 말할지라도 너희가 **믿지** 아니하리라
> (합 1:5; 행 13:41과 비교하라).

> 백부장과 및 함께 예수를 지키던 자들이 지진과 그 일어난 일들을 보고 **심히 두려워하여** 이르되 "이는 진실로 하나님의 아들이었도다" 하더라(마 27:54).

우리는 클라우니의 삼각형을 사용해서 이 점을 요약할 수 있다(그림 29.1).

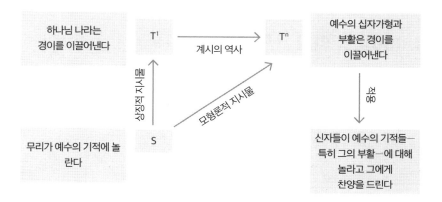

그림 29.1: 치유에 대해 보여준 경이의 반응에 대한 클라우니의 삼각형

경이와 영광의 적용

그 기적들에 대한 반응은 오늘날에도 적용될 수 있다. 이 특별한 기적은 하나님의 모든 기적들에 대한 우리의 반응이 어떠해야 하는지를 특별히 상기시켜준다. 우리도 예수의 기적들, 특히 그의 부활을 놀랍게 여겨야 한다. 그리고 모든 민족들은 "이스라엘의 하나님"께 영광을 돌려야 한다. 우리는 단지 그리스도의 부활이라는 핵심적인 기적을 인해서만 하나님께 영광을 돌리는 것이 아니라, 중생의 기적을 인해서도 영광을 돌려야 한다. 이 기적은 구원받은 각 사람의 마음에서 일어나는데, 우리는 그 기적으로 인하여 하나님께 영광을 돌리고 그의 은혜를 놀랍게 여겨야 한다.

30

4,000명을 먹임 마 15:32-39

마태는 예수가 (여자들과 어린이 외에) 4,000명을 먹인 이야기를 기록한다.

> 예수께서 제자들을 불러 이르시되 "내가 무리를 불쌍히 여기노라. 그들이 나
> 와 함께 있은 지 이미 사흘이매 먹을 것이 없도다. 길에서 기진할까 하여 굶겨
> 보내지 못하겠노라." 제자들이 이르되 "광야에 있어 우리가 어디서 이런 무
> 리가 배부를 만큼 떡을 얻으리이까?" 예수께서 이르시되 "너희에게 떡이 몇
> 개나 있느냐?" 이르되 "일곱 개와 작은 생선 두어 마리가 있나이다" 하거늘,
> 예수께서 무리에게 명하사 땅에 앉게 하시고 떡 일곱 개와 그 생선을 가지사
> 축사하시고 떼어 제자들에게 주시니 제자들이 무리에게 주매 다 배불리 먹고
> 남은 조각을 일곱 광주리에 차게 거두었으며 먹은 자는 여자와 어린이 외에
> 사천 명이었더라. 예수께서 무리를 흩어 보내시고 배에 오르사 마가단 지경으
> 로 가시니라(마 15:32-39).

이 일화는 14:13-21에서 5,000명을 먹인 기적과 비슷한 점이 많다. 이 일
화의 강조점이 앞의 기사와 현저히 다른 것 같지는 않다. 따라서 이 일화의

주된 요지는 예수가 사람들을 돌본 것을 재강조하는 것이다. 5,000명을 먹인 기적에서와 마찬가지로, 육체의 양식은 하나님이 자기 백성을 포괄적으로 돌보는 것을 상징한다. 그리고 이 포괄적인 돌봄은 하나님의 구원에 있어서 주인공인 메시아 예수를 통해서 일어나고 있었다. 우리는 5,000명을 먹인 기적을 다룬 장(25장)에서 이 기적의 의미를 논의했다. 사람들을 먹인 이 두 번째 기적은 예수가 자기 백성을 돌보는 것이 계속된다는 사실을 강조한다. 사람들을 먹인 기적은 한 번만 일어난 것이 아니었다.

이 기적이 일어난 장소가 이방인의 땅이었다는 카슨과 프랑스의 주장이 옳다면, 이 기적은 하나님 나라가 이방인들에게 확장되는 것도 상징한다. 이방인들도 하나님의 돌봄에 참여할 수 있으며 궁극적으로 종말론적 잔치에 참여할 것이다(마 8:11).[1]

(클라우니의 삼각형을 사용한 요약에 대해서는 25장에 수록된 그림 25.1을 보라).

---

1   R. T. France, *The Gospel of Matthew* (Grand Rapids, MI: Eerdmans, 2007), 600-601.

31

변용 마 17:1-8

변용(transfiguration) 이야기에는 몇 가지 기적적인 요소들—예수의 얼굴과 옷이 밝아짐, 모세와 엘리야가 나타남, 신의 현현의 밝은 구름이 그들을 덮음 그리고 하늘로부터 음성이 들림—이 있다. 마 17:1-8에 그 기사가 기록되어 있다.

> 엿새 후에 예수께서 베드로와 야고보와 그 형제 요한을 데리시고 따로 높은 산에 올라가셨더니 그들 앞에서 변형되사 그 얼굴이 해 같이 빛나며 옷이 빛과 같이 희어졌더라. 그때에 모세와 엘리야가 예수와 더불어 말하는 것이 그들에게 보이거늘 베드로가 예수께 여쭈어 이르되 "주여, 우리가 여기 있는 것이 좋사오니 만일 주께서 원하시면 내가 여기서 초막 셋을 짓되 하나는 주님을 위하여, 하나는 모세를 위하여, 하나는 엘리야를 위하여 하리이다." 말할 때에 홀연히 빛난 구름이 그들을 덮으며 구름 속에서 소리가 나서 이르시되 "이는 내 사랑하는 아들이요 내 기뻐하는 자니 너희는 그의 말을 들으라" 하시는지라. 제자들이 듣고 엎드려 심히 두려워하니 예수께서 나아와 그들에게 손을 대시며 이르시되 "일어나라, 두려워하지 말라" 하시니 제자들이 눈을 들

고 보매 오직 예수 외에는 아무도 보이지 아니하더라.

변용의 의미

이 변용에는 몇 가지 현저한 특징—예수의 빛남, 모세와 엘리야의 출현 그리고 하늘에서 들린 음성—이 있다. 예수의 빛나는 모습은 그가 부활 후에 받은 영광을 예표한다. 사실, 변화에 관한 구절 앞뒤에 예수가 자신의 죽음과 부활을 예언한 구절들이 나온다.

이 때로부터 예수 그리스도께서 자기가 예루살렘에 올라가 장로들과 대제사장들과 서기관들에게 많은 고난을 받고 **죽임을 당하고** 제삼일에 **살아나야 할 것을** 제자들에게 비로소 나타내시니 (마 16:21).

그들이 산에서 내려올 때에 예수께서 명하여 이르시되 "인자가 **죽은 자 가운데서 살아나기** 전에는 본 것을 아무에게도 이르지 말라" 하시니 (17:9).

인자도 이와 같이 그들에게 고난을 받으리라 하시니 (12절).

이처럼 변용은 예수가 영광을 받는 것과 직접 연결되는데, 이는 그의 부활의 의미와 연결된다.[1]

---

1   마 16:28이 다음과 같이 말하는 것을 주목하라. "진실로 너희에게 이르노니 여기 서 있는 사람 중에 죽기 전에 인자가 그 왕권을 가지고 오는 것을 볼 자들도 있느니라." 어떤 해석자들은 그 변용에서 이 예언이 성취되었다고 보는데, 왜냐하면 예수가 변용된 동안 베드로와 야고보 및

우리는 또한 하늘에서 들려온 음성의 의미도 고려해야 한다.

홀연히 빛난 구름이 그들을 덮으며 구름 속에서 소리가 나서 이르시되 "이
는 내 사랑하는 아들이요 내 기뻐하는 자니 너희는 그의 말을 들으라" 하시는
지라(마 17:5).

여기서의 메시지는 예수가 세례 받을 때의 하나님의 메시지와 비슷하다
(마 3:17). 변용 시에 들린 음성은 "그의 말을 들으라"는 말을 추가한다. 이
말을 추가한 것은 예수가 모세 및 엘리야와 나눈 대화와 관계가 있다. "그
때에 모세와 엘리야가 예수와 더불어 **말하는** 것이 그들에게 보이거늘"(마
17:3). 모세와 엘리야는 구약의 두 위인들이다. 모세와 엘리야 모두 시내산
에서 하나님과 조우했다(시내산은 또한 "호렙산"으로도 불린다. 출 19:19-25; 왕
상 19:8-18). 마태복음 17장은 변용이 "높은 산"에서 일어났다고 말한다
(1절). 구름이 덮인 것과 하늘에서 음성이 들린 것은 하늘이 내려온 것과 하
나님의 음성이 하늘에서 말한 것을 상징하는데, 이는 모세에게 그리고 후
에 엘리야에게 시내산에서 들린 하나님의 음성과 비슷하다. 그러나 변용
시에 들린 음성은 "그의 말을 들으라"고 했다. 그 메시지는 예수가 모세와

요한이 예표에 의해 인자의 영광을 보기 때문이다. 이 영광은 특히 그의 부활을 통해 오게 될 하
나님 나라에서 왕으로서의 그의 권위를 표현한다. 예수의 부활 자체에서 이 예언이 성취된 것
으로 보는 사람들도 있다. 또 어떤 사람들은 심판 중에 인자의 통치가 도래한 것의 가시적인 효
과를 구성하는 예루살렘 멸망에서 이 예언이 성취된 것으로 본다(마 24:27, 30과 비교하라. 나
는 이 예언들이 예루살렘 멸망과 재림에서 2단계로 성취된다고 본다). 예수의 부활이 핵심적
인 역할을 한다는 점에 비춰볼 때, 부활에서 이 예언이 일차적으로 성취되었다고 보는 것이 일
리가 있다. 그러나 마 16:28에 기록된 예수의 예언 직후에 발생한 변용이 보다 멀리 있는 성취
를 미리 지시하는 기능을 하고 있다고 보는 것도 일리가 있다.

엘리야의 이전 사역들을 성취하고 절정을 가져오는 마지막 예언자라는 것을 암시한다.

예수는 그의 지상 생애 동안 많은 것을 가르쳤다. 마태복음은 마치 그의 가르침을 강조하도록 구성된 것으로 보인다. 마태복음에는 예수의 가르침을 담고 있는 다섯 개의 뚜렷한 텍스트 구간들이 있다. 산상수훈(5-7장), 열 두 제자 위임(10장), 비유 모음(13장), 공동체 생활에 관련된 교훈들(18장) 그리고 보다 예언적인 종류의 가르침(21-25장)이 이에 해당한다. 변용 시의 음성은 우리가 이 모든 구절들에 기록된 그의 말을 들어야 한다는 것을 암시한다. 그렇다면 마태복음 28:19-20은 이 가르침을 언급하고 제자들이 이를 모든 민족에게 전해야 한다고 말함으로써 상황을 진전시킨다.

> 그러므로 너희는 가서 **모든 민족을 제자로 삼아** 아버지와 아들과 성령의 이름으로 세례를 베풀고 **내가 너희에게 분부한 모든 것을 가르쳐** 지키게 하라. 볼지어다, 내가 세상 끝날까지 너희와 항상 함께 있으리라 하시니라.

이 지시는 예수의 부활에서 그에게 주어진 권위에 기초한다(마 28:18). 따라서 예수의 부활을 예고하는 변용 시의 밝은 빛은 우리에게 들으라고 말하는 음성과 잘 어울린다. 빛과 음성 모두 예수의 부활로 시작된 하나님 나라의 새로운 국면을 가리킨다. 이어서 이 새 국면은 복음 전파와 민족들을 제자로 삼는 것을 통해서 계속 펼쳐진다.

모세와 엘리야

우리는 또한 모세와 엘리야가 등장한 의미도 주목할 수 있을 것이다. 그들은 모두 예언자들인데 그들의 예언자 사역은 마지막 예언자인 예수를 가리킨다. 그러나 이 외에도 그들이 살아 있다는 것이 중요하다. 그들의 등장은 그들이 하나님 앞에서 계속 살아 있음을 증언한다. 엘리야는 죽음을 겪지 않고 하늘로 들려 올라갔다(왕하 2:11). 모세는 죽었다(신 34:5). 그 두 사람의 등장은 그들 모두 영으로 살아 있음을 보여준다. 하나님은 "죽은 자의 하나님이 아니요 살아 있는 자의 하나님이시라. 하나님에게는 모든 사람이 살았느니라"(눅 20:38). 그러므로 모세와 엘리아의 등장은 생명을 주는 하나님의 능력을 확인하는데, 이 능력이 하나님의 소유인 사람들에게 역사한다. 모세와 엘리야의 등장은 성도들의 몸이 부활할 것이라는 약속을 확인한다. 따라서 그것은 마태복음 17:1-8에서 그리스도의 부활과 연결되는 다른 사항들을 강화한다. 그리스도의 부활은 성도들의 부활의 첫 열매다(고전 15:23).

클라우니의 삼각형을 이용한 의미 요약

우리는 클라우니의 삼각형을 사용해서 변용의 의미를 요약할 수 있다(그림 31.1).

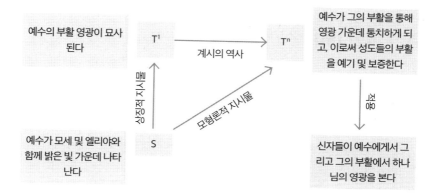

그림 31.1: 변용에 대한 클라우니의 삼각형

예수의 부활 영광이 묘사된다 — T¹

계시의 역사

예수가 그의 부활을 통해 영광 가운데 통치하게 되고, 이로써 성도들의 부활을 예기 및 보증한다 — Tⁿ

상징적 지시물

모형론적 지시물

적용

예수가 모세 및 엘리야와 함께 밝은 빛 가운데 나타난다 — S

신자들이 예수에게서 그리고 그의 부활에서 하나님의 영광을 본다

적용

이 기적은 우리의 삶에 어떻게 적용되는가? 예수의 영광을 인정하고 그를 신뢰하는 것이 그의 영광이 드러난 데 대한 적절한 반응이다. 그리고 예수가 그의 죽음과 부활로 성취한 것의 웅대함과 심오함과 범위를 우리가 이해할 때 우리의 믿음이 성장한다. 우리는 찬양으로 응답하며 그의 이름에 영광을 돌린다.

32

귀신 들린 아이 ^{마 17:14-20}

예수는 다음에는 귀신 들린 아이를 고쳐주었다.

> 그들이 무리에게 이르매 한 사람이 예수께 와서 꿇어 엎드려 이르되 "주여, 내 아들을 불쌍히 여기소서. 그가 간질로 심히 고생하여 자주 불에도 넘어지며 물에 넘어지는지라. 내가 주의 제자들에게 데리고 왔으나 능히 고치지 못하더이다." 예수께서 대답하여 이르시되 "믿음이 없고 패역한 세대여, 내가 얼마나 너희와 함께 있으며 얼마나 너희에게 참으리요? 그를 이리로 데려오라" 하시니라. 이에 예수께서 꾸짖으시니 귀신이 나가고 아이가 그때부터 나으니라. 이 때에 제자들이 조용히 예수께 나아와 이르되 "우리는 어찌하여 쫓아내지 못하였나이까?" 이르시되 "너희 믿음이 작은 까닭이니라. 진실로 너희에게 이르노니 만일 너희에게 믿음이 겨자씨 한 알만큼만 있어도 이 산을 명하여 '여기서 저기로 옮겨지라' 하면 옮겨질 것이요 또 너희가 못할 것이 없으리라"(마 17:14-20).

ESV 역본은 그 아이를 "간질 환자"라고 부른다. 왜냐하면 그 소년의 증상들이 우리가 현대의 간질에서 보는 증상과 비슷했기 때문이다(RSV, NRSV 번역본도 마찬가지다). 그러나 때로는 증상들이 복수의 원인으로 발생할 수도 있다. 이 경우에는 귀신이 관련되었다.

귀신 들린 아이 치유의 의의

이 치유에는 두 측면이 있는 것으로 보인다. 예수는 그 아이를 귀신에게서 구해냈다. 그 아이가 불과 물에 빠졌었기 때문에 예수는 또한 그 아이의 육체도 고쳐주었다. 이 두 측면은 이 기적이 축귀 기적과 육체의 치유 기적 모두를 동반한다는 것을 암시한다. 우리가 축귀와 육체 치유를 논의할 때 살펴본 것처럼 두 종류의 기적들은 하나님 나라의 표지들이다.

이 치유의 경우에서 두드러진 점은 무엇인가? 이 구절은 믿음이라는 주제에 주의를 기울인다. 제자들은 "믿음이 작아서" 그 아이를 치유할 수 없었다(마 17:20). 따라서 이 구절도—백부장의 종 치유(8:5-13, 13장), 혈루증을 앓는 여인 치유(9:18-26, 18장), 두 시각장애인 치유(9:27-31, 19장), 물 위를 걸음(14:28-33, 26장) 그리고 수로보니게 여인의 딸 구원(15:21-28, 28장)과 같이—믿음에 초점을 맞춘 다른 구절들과 궤를 같이한다. 그러나 이 경우에는 고침 받으려는 사람의 믿음이 부족했던 것이 아니라 제자들의 믿음이 부족했다.

클라우니의 삼각형을 사용한 요약

우리는 클라우니의 삼각형을 사용해서 믿음의 핵심적인 역할을 요약할 수

있다(그림 32.1).

그림 32.1: 치유에서 믿음의 역할에 대한 클라우니의 삼각형

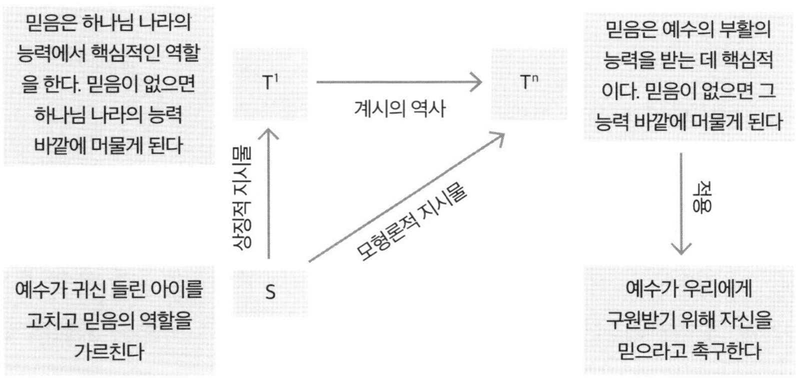

믿음은 하나님 나라의 능력에서 핵심적인 역할을 한다. 믿음이 없으면 하나님 나라의 능력 바깥에 머물게 된다

믿음은 예수의 부활의 능력을 받는 데 핵심적이다. 믿음이 없으면 그 능력 바깥에 머물게 된다

T^1 — 계시의 역사 → T^n

상징적 지시물

모형론적 지시물

적용

S

예수가 귀신 들린 아이를 고치고 믿음의 역할을 가르친다

예수가 우리에게 구원받기 위해 자신을 믿으라고 촉구한다

적용

이 이야기의 핵심적인 적용 중 하나는 믿음을 격려하는 것이다. 예수는 구세주다. 그러나 우리가 그의 구원의 유익을 받으려면 우리는 그와 연합해야 한다. 이 연합은 믿음으로 발생한다. 따라서 이 이야기는 우리가 그리스도를 그리고 오직 그만을 믿으라고 요구한다. 사도들조차도 예수에 대한 믿음을 대체할 만한 적절한 대용물을 제공할 수 없다.

물고기 입 속의 동전 마 17:24-27

물고기 입 속에서 동전 하나가 기적적으로 발견되었다.

> 가버나움에 이르니 반 세겔 받는 자들이 베드로에게 나아와 이르되 "너의 선
> 생은 반 세겔을 내지 아니하느냐?" 이르되 "내신다" 하고 집에 들어가니 예
> 수께서 먼저 이르시되 "시몬아, 네 생각은 어떠하냐? 세상 임금들이 누구에게
> 관세와 국세를 받느냐? 자기 아들에게냐, 타인에게냐?" 베드로가 이르되 "타
> 인에게니이다." 예수께서 이르시되 "그렇다면 자녀들은 세를 면하리라. 그러
> 나 우리가 그들이 실족하지 않게 하기 위하여 네가 바다에 가서 낚시를 던져
> 먼저 오르는 고기를 가져 입을 열면 돈 한 세겔을 얻을 것이니 가져다가 나와
> 너를 위하여 주라" 하시니라(마 17:24-27).[1]

---

[1] R. T. France는 이 일화가 기적으로 끝나는 것이 아니라 예수의 역설적인 언급으로 끝난다고 해
석한다(R. T. France, *The Gospel of Matthew*[Grand Rapids, MI: Eerdmans, 2007], 667, 671).
France는 예수의 언급은 베드로에 대한 문자적인 지시로 여겨지도록 의도한 것이 아니라, 사도
집단의 자원 부족에 대한 언급으로 여겨지도록 의도되었다고 믿는다. 따라서 그의 견해로는 베
드로는 나가서 물고기를 잡아 그 입에서 동전을 발견한 적이 없다. 이 견해가 옳은가?
　이에 대한 논거로 France는 물고기 뱃속에서 어떤 귀중품을 발견하는 고대 민속 이야기가
있다고 지적한다. 그러나 그런 이야기가 있다는 사실 자체는 마태의 이 이야기가 이런 이야기

물고기 입 속의 동전의 의미

회의주의자들은 특히 이 물고기 입 속의 동전 기적에 대해 의심을 표명해 왔다. 그들은 이 기적은 보다 자의적이고 하나님 나라의 보다 넓은 목적들과 관련이 적다고 생각한다. 치유 사례들은 환자들과 귀신 들린 사람들에 대한 예수의 동정심을 표현한다. 이 기적은 훨씬 덜 유용한 것으로 보이거나 심지어 이기적인 것으로 보인다. 그 기적은 단지 예수와 베드로에게 편리하게 돈을 준 것에 불과한데, 그 돈은 조금 덜 편리하게 공금에서 지출될 수도 있었다(요 12:6).

그러나 이 일화를 좀 더 자세히 살펴보면 그 의미에 대한 실마리가 드러난다. 이 일화는 동전 기적에 초점을 맞추는 것이 아니라 이 기적이 발생하게 한 논의에 초점을 맞춘다. "너의 선생은 반 세겔을 내지 아니하느냐?"(마 17:24) 예수는 베드로 및 왕의 다른 "자녀들"이 [성전세가] 면제된다"고 말했다. 그들은 아들이라는 지위 때문에 [성전세가] 면제된다.

예수는 하나님 나라와 이 세상 나라들 사이의 유비를 사용했다. 하나님 나라에서는 하나님이 왕이고 제자들은 그의 자녀들이다. 그들은 하나님과의 친밀함이라는 특권을 갖고 있는데, 이 친밀함이 물리적 성전과 그 성전의 물리적 유지 필요를 대체한다. 예수 자신이 하나님께 가는 유일한 길

들을 언급하는 일종의 허구를 의도한 것인지 아니면 마태의 이야기가 실제로 발생한, 그런 이야기들과 유사한 사건인지에 대해 별로 말해주는 바가 없다. 허구 또는 과장된 이야기들조차도 우리의 어려움들에 대한 구속적인 해결책에 대한 갈망을 표현하는 꿈들을 상징할 수 있다. 이러한 꿈들과 달리, 예수는 진정한 구속을 가져온다. 따라서 나는 이 기적이 실제로 일어났다고 생각한다. 또한 마태는 실제 기적에 대해서는 말하지 않고 예수가 베드로에게 말한 직후에 이 내러티브를 끝내는 점도 주목해야 한다. 그렇게 함으로써 이 내러티브는 기적 자체보다는 자녀들의 지위라는 신학 문제에 초점을 맞춘다.

이고(요 14:6) 참된 성전이다(요 2:21). 그의 이름 임마누엘은 "하나님이 우리와 함께 계시다"(마 1:23)는 뜻이다. 제자들은 그를 통해서 하나님과 친밀해진다. 하나님이 "우리를 흑암의 권세에서 건져내사 그의 사랑의 아들의 나라로 옮기셨으니 그 아들 안에서 우리가 속량 곧 죄 사함을 얻었도다"(골 1:13-14).

따라서 예수는 하나님 나라의 자녀들인 그의 제자들은 "[성전세가] 면제된다"는 결론을 내렸다. 그러나 만약 자녀들이 공격을 피하기 위하여 아무튼 납세하기 원한다면, 왕이신 하나님은 자기 자녀들에게 줄 자원을 많이 보유하고 있다.

이 기적에는 이중의 상징적 의미가 있다. 첫째, 이 기적은 자신이 하나님의 아들로서의 독특한 지위를 갖고 있다는 예수의 주장을 확인한다. 이 기적은 또한 그의 제자들이 그들과 예수의 관계를 통해 유사한 지위를 상속받는다는 것을 암시한다. 제자들과 예수의 관계 때문에 그들도 자녀들이다. 둘째, 이 기적은 하나님이 무엇이든 적절한 자원을 **직접** 공급할 수 있다는 것을 보여준다. "나의 하나님이 그리스도 예수 안에서 영광 가운데 그 풍성한 대로 너희 모든 쓸 것을 채우시리라"(빌 4:19).

신학적으로 말하자면 이 세상의 모든 자원은 하나님께 속한다. 그러나 하나님으로부터 기적적으로 공급된 것은 아들이라는 지위의 특권을 강조한다. 그것은 하나님의 자원이 풍부하다는 점과 그가 자기 자녀들에게 그 자원을 기꺼이 공급한다는 것을 보다 생생하게 나타낸다. 여기서 배우는 교훈은 예수가 자기 제자들에게 먼저 하나님 나라를 구하라고 말하면서 주었던 교훈과 비슷하다.

그러므로 염려하여 이르기를 "무엇을 먹을까? 무엇을 마실까? 무엇을 입을까?" 하지 말라. 이는 다 이방인들이 구하는 것이라 너희 하늘 아버지께서 이 모든 것이 너희에게 있어야 할 줄을 아시느니라. 그런즉 너희는 먼저 그의 나라와 그의 의를 구하라. 그리하면 이 모든 것을 너희에게 더하시리라(마 6:31-33).

성전세의 맥락에서 이 원리를 극적으로 반복한 것은 적절했다. 성전은 하나님의 성전이었다. 따라서 그것은 그의 몸이 성전인 그리스도를 예표했다 (요 2:21). 또한 그것은 부수적으로 왕의 "자녀들"이 하나님의 독생자 예수를 통해서 받는 아들이라는 지위에 의해 받게 되는 하나님과의 친밀함 및 하나님께로 나아감을 예표한다.

따라서 이 기적은 우주의 왕의 자녀들에게 주어진 신적 자원에 대하여 말하는 기적이다. 그것은 그리스도의 죽음과 부활을 통한 절정의 축복의 공급을 예기한다. 궁극적인 "자원"은 그리스도 안에 있는 구원의 부요함이다.

클라우니의 삼각형을 사용한 요약

늘 그래왔듯이, 우리는 클라우니의 삼각형을 사용해서 이 기적의 의미를 요약할 수 있다(그림 33.1).

그림 33.1: 물고기 입 속의 동전에 대한 클라우니의 삼각형

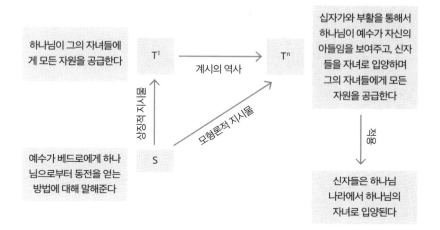

적용

이 구절은 예수를 믿는 믿음을 통해서 하나님의 자녀로 입양된 우리에게 적용된다. 우리는 왕의 자녀들이다. 우리는 우리의 공로에 의해서가 아니라 하나님의 독생자인 예수와의 교제를 통해 하나님과의 친밀함과 놀라운 지위를 지닌다.

> 때가 차매 하나님이 그 아들을 보내사 여자에게서 나게 하시고 율법 아래에 나게 하신 것은 율법 아래에 있는 자들을 속량하시고 우리로 아들의 명분을 얻게 하려 하심이라. 너희가 아들이므로 하나님이 그 아들의 영을 우리 마음 가운데 보내사 아빠 아버지라 부르게 하셨느니라. 그러므로 네가 이 후로는 종이 아니요 아들이니 아들이면 하나님으로 말미암아 유업을 받을 자니라(갈 4:4-7).

이 구절은 또한 아직도 그리스도 밖에 있는 사람들은 그에게로 와서 하나님의 양자들이 되어야 한다는 것을 암시한다.

많은 사람 치유 마 19:2

마태복음 19:1-2은 더 많은 치유 사례들을 언급하는 요약과 장면 전환을
제공한다.

> 예수께서 이 말씀을 마치시고 갈릴리를 떠나 요단 강 건너 유대 지경에 이르
> 시니 큰 무리가 따르거늘 예수께서 거기서 **그들의 병을 고치시더라.**

치유의 의미

이 요약은—마태복음에 기록된 이전 요약들과 마찬가지로—예수의 하나
님 나라 사역의 특징을 묘사한다. 그의 사역은 가르침과 기적을 일으키는
것을 포함했다. 가르침과 기적 모두 전체적인 그림에 기여했다. 구약에서
예언된 하나님의 구원 사역은 이제 예수의 사역에서 밝혀지고 절정에 이르
고 있었다. 또한 예수의 사역은 그의 십자가형과 부활로 나아가고 있었다.

우리가 마태복음의 앞선 요약 구절들에서 살펴본 내용들이 여기서도
적용된다(11장[마 4:23-25], 14장[마 8:14-17], 21장[마 9:35-38], 23장[마 12:15-

21], 27장[마 14:34-36], 29장[마 15:29-31]을 보라). 예수는 예루살렘으로 가고 있었고, 그의 최후의 날들을 향해 나아가고 있었다. 따라서 마태복음의 내러티브의 이 지점에서 예수의 사역의 보다 넓은 범위를 최종적으로 요약하는 것은 적절하다(클라우니의 삼각형을 사용한 요약에 대해서는 11장의 그림 11.1을 보라).

여리고의 두 시각장애인 마 20:29-34

예수는 여리고에서 두 시각장애인을 고쳐주었다.

> 그들이 여리고에서 떠나 갈 때에 큰 무리가 예수를 따르더라. 맹인 두 사람이 길가에 앉았다가 예수께서 지나가신다 함을 듣고 소리 질러 이르되 "주여, 우리를 불쌍히 여기소서, 다윗의 자손이여!" 하니 무리가 꾸짖어 "잠잠하라" 하되 더욱 소리 질러 이르되 "주여, 우리를 불쌍히 여기소서, 다윗의 자손이여!" 하는지라. 예수께서 머물러 서서 그들을 불러 이르시되 "너희에게 무엇을 하여 주기를 원하느냐?" 이르되 "주여, 우리의 눈 뜨기를 원하나이다." 예수께서 불쌍히 여기사 그들의 눈을 만지시니 곧 보게 되어 그들이 예수를 따르니라 (마 20:29-34).

이 치유의 의미

이 치유 이야기는 앞에 나온 마태복음 9:27-31의 두 시각장애인 치유와 비슷하다(19장을 보라). 앞의 일화에서처럼 두 시각장애인들은 예수를 "다윗의 자손"이라고 불렀으며(20:30, 31), 이를 통해 예수의 메시아 지위에 초점을 맞추었다. 여리고에서의 이 치유 바로 뒤에 승리의 입성이 나오는데(마 21:1-11), 마태는 이를 명시적으로 스가랴 9:9의 메시아 예언이 성취된 것과 연결한다(마 21:4-5). 무리는 "호산나, **다윗의 자손**이여! 찬송하리로다, 주의 이름으로 오시는 이여! 가장 높은 곳에서 호산나!"라고 외치면서 예수를 맞이했다(마 21:9). 앞의 두 시각장애인 치유 기적과 마찬가지로 이 치유 사례는 육체적 시력의 회복뿐 아니라 영적 시력의 회복도 나타낸다. 영적 시력은 예수를 메시아로 인식하는 결과를 낳는다.

치유 받은 두 시각장애인들은 적절하게도 "그를 따랐다"(마 20:34). 마태는 두 시각장애인이 여리고에서 벳바게 그리고 예루살렘에 도착하기까지 줄곧 예수를 따랐다고 명시적으로 말하지는 않는다. 그러나 예수에 대한 그들의 반응은 주제상으로 군중의 환영과 연결된다. 그 시각장애인들과 군중 모두 예수를 "다윗의 자손"으로 인식했다. 그러나 군중의 경우 그들의 "인식"은 부분적이며 불완전했다. 그들은 예수의 메시아 사역의 참된 본질을 열두 사도들이 이해한 것보다 불완전하게 이해했다.

두 기적들의 의미가 비슷함에도 마태는 왜 두 시각장애인 치유 사례 두 건을 별도로 기록하는가? 유사점이 매우 많은 두 일화들을 기록한 효과는 떡과 물고기를 늘린 두 기적들—5,000명을 먹인 사례와 4,000명을 먹인 사례(마 14:13-21과 15:32-39, 25장과 30장도 보라)—을 기록한 효과와 비슷하다. 반복은 요점을 강화한다. 두 시각장애인의 경우에서, 여리고에서의 치유는 예수가 예루살렘으로 가는 마지막 여정 중에 일어났다. 승리의 입성 직전에 그리고 예수가 십자가와 부활에서 메시아적 의미가 있는 절정의 사건들을 겪기 직전에 메시아적 의미와 영적 시력이라는 의미가 있는 마지막 기적이 기록된 것은 적절하다.

늘 그래왔듯이, 이 구절을 우리의 삶에 적용할 수 있다. 우리는 예수가 성령을 통해서 우리에게 시력을 줄 때 영적 시력을 받는다.

클라우니의 삼각형을 사용한 요약

클라우니의 삼각형을 사용한 요약은 두 시각장애인을 치유한 이전 사례와 본질적으로 동일하다(그림 35.1).

그림 35.1: 여리고의 두 시각장애인 치유에 대한 클라우니의 삼각형

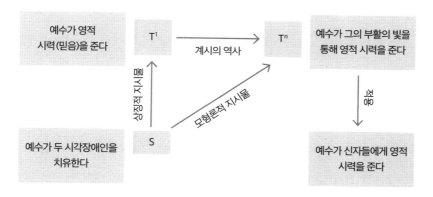

무화과 나무 저주 마 21:18-22

예수가 무화과나무 한 그루를 저주한 뒤에 그 나무가 기적적으로 말라 죽었다.

> 이른 아침에 성으로 들어오실 때에 시장하신지라. 길가에서 한 무화과나무를 보시고 그리로 가사 잎사귀 밖에 아무 것도 찾지 못하시고 나무에게 이르시되 "이제부터 영원토록 네가 열매를 맺지 못하리라" 하시니 무화과나무가 곧 마른지라. 제자들이 보고 이상히 여겨 이르되 "무화과나무가 어찌하여 곧 말랐나이까?" 예수께서 대답하여 이르시되 "내가 진실로 너희에게 이르노니 만일 너희가 믿음이 있고 의심하지 아니하면 이 무화과나무에게 된 이런 일만 할 뿐 아니라 이 산더러 '들려 바다에 던져지라' 하여도 될 것이요 너희가 기도할 때에 무엇이든지 믿고 구하는 것은 다 받으리라" 하시니라(마 21:18-22).

일부 독자들은 이 기적이 이해하기 어렵다고 생각할 것이다. 첫 번째 어려움은 마태복음과 마가복음 사이의 관계에서 발생한다. 마가는 같은 사건들을 다소 다르게 기록한다(막 11:12-14, 20-25). 마가와 비교할 때, 마태는 이 일화를 압축해서 묘사한다. 이 기사들 사이의 차이들 가운데서의 조화에 대한 논의는 내 저서 『무오성과 복음』(*Inerrancy and the Gospels*)을 참조할 수 있을 것이다.[1]

두 번째 어려움은 일부 독자에게는 예수가 그 무화과나무에게 지나치게 가혹한 것으로 보이기 때문에 일어난다. 무화과나무는 나무일 뿐 사람이 아니다. 예수는 왜 무화과나무를 저주했는가?

우리는 여기서 "행동으로 보여준"(acted-out) 비유와 비슷한 예언적 행동을 보고 있다는 점을 이해해야 한다. 이 무화과나무 일화는 예수가 성전을 정화한 일화 바로 뒤에 나온다(마 21:12-17). 상인들이 성전을 더럽혔기 때문에 예수가 성전을 정화했다(12-13절). 하나님은 이스라엘 백성을 선한 행실의 열매를 맺으라고 팔레스타인 땅에 "심었다." 이사야의 포도원 비유(사 5:1-7)와 에스겔의 포도나무 비유(겔 19:10-14) 모두 이스라엘과 열매 맺기 사이의 유사성을 설정한다. 성전을 정화할 필요는 예수 당시에 전체적인 백성으로서의 이스라엘이 적절한 영적 열매를 맺지 못하고 있었다는 사실에 대한 하나의 징후였다.

이스라엘과 열매 없는 이 무화과나무 사이의 유사성은 무화과나무의 특성 때문에 더욱 두드러진다. 무화과나무는 잎과 열매가 함께 자라는 특징이 있다. 예수는 멀리서 이 무화과나무에 잎이 달려 있는 것을 보았다. 이 나무는 잎이 있는 것으로 보아 열매도 있을 것으로 보였다. 그러나 이

---

1   Vern S. Poythress, *Inerrancy and the Gospels: A God-Centered Approach to the Challenges of Harmonization* (Wheaton, IL: Crossway, 2012), chapter 20.

나무에는 열매가 없었다. 마찬가지로 하나님의 구약 백성으로서의 이스라엘의 지위와 하나님이 이스라엘에게 아낌없이 베푼 돌봄에 비춰보면, 이스라엘은 다른 어떤 백성들보다 의의 열매를 보여줄 것으로 보였다.

사실 그 문제는 더 미묘하다. 이스라엘 백성 중 모든 사람이 똑같이 심판 아래 있었던 것은 아니다. 그 무화과나무의 문제는 단순히 열매가 없었다는 것이 아니라, 잎이 있으니 열매도 있을 것으로 보였다는 것이다. 따라서 그 무화과나무는 인간의 위선에 대한 상징이다. 따라서 예수가 행동으로 보여준 비유는 이스라엘의 종교 지도자들에 대한 그의 비판과 잘 들어맞는다. 그 기적은 신앙이 있는 체하지만 열매를 맺지 않는 모든 사람에 대한 경고 역할을 한다.[2]

여기서의 유사성 때문에 우리는 그 무화과나무에 대한 예수의 행동에 이스라엘에 대한 메시지가 있었음을 알 수 있다. 그것은 **단순히** 한 무화과나무에 실망한 것에 관한 이야기가 아니다. 예수의 행동은—우리가 살펴본 것처럼—이스라엘 백성이 회개하고 열매를 맺지 않으면 그들 위에 닥칠 하나님의 저주에 대하여 경고하는 **예언적** 행동이다. 이 경고 메시지와 회개의 촉구는 일찍이 세례 요한에게서 시작되었다.

요한이 많은 바리새인들과 사두개인들이 세례 베푸는 데로 오는 것을 보고 이르되 "독사의 자식들아! 누가 너희를 가르쳐 임박한 진노를 피하라 하더냐? 그러므로 회개에 합당한 **열매를** 맺고 속으로 '아브라함이 우리 조상이라'고

---

2   D. A. Carson, "Matthew," *Expositor's Bible Commentary* 개정판, Tremper Longman III and David E. Garland 편, 9권(Grand Rapids, MI: Zondervan, 2010), 502-503에 실린 글.

생각하지 말라. 내가 너희에게 이르노니 하나님이 능히 이 돌들로도 아브라함의 자손이 되게 하시리라. 이미 도끼가 나무 뿌리에 놓였으니 **좋은 열매를 맺지 아니하는 나무마다 찍혀 불에 던져지리라**"(마 3:7-10).

무화과나무 저주의 의미

그렇다면 예수의 이 기적의 의미는 무엇인가? 그 기적은 모든 이스라엘인들이 열매를 맺어야 한다는 경고를 상징한다. 특히 그 경고는 유대인들의 지도자들에게 초점을 맞췄다. 만약 그들이 회개하지 않는다면 그들은 말라죽고 베어져 불 속에 던져질 것이다.

그것이 하나님 나라의 특성이다. 하나님은 구원을 가져온다. 그러나 그의 구원에는 하나님과 그의 의로움에 반대하는 모든 사람에 대한 정화와 심판이 동반된다. 유대인 개인들과 특히 지도자들은 아브라함의 자손이라는 그들의 특권적인 지위에 의지하려는 유혹을 받았다. 따라서 세례 요한은 "속으로 '아브라함이 우리 조상이라'고 생각하지 말라. 내가 너희에게 이르노니 하나님이 능히 이 돌들로도 아브라함의 자손이 되게 하시리라"고 경고했다(마 3:9).

유대 지도자들에 대한 심판의 경고는 십자가형과 부활에서 절정에 이르렀다. 유대 지도자들은 예수가 십자가형을 받는 데 적극적으로 개입했다. 또한 여기서 그들은 하나님의 최대의 적으로 행동했고, 마침내 기원후 70년의 예루살렘 멸망에서 가시적으로 일어났던 자신들에 대한 심판을 가져왔다. 동시에 모든 유대인 각자에게도 이 도전이 제기된다. 당신은 예수와 어떤 관계를 맺을 것인가? 그는 누구의 아들인가? 그의 십자가형의 의미는 무엇인가? 그것은 그저 또 하나의 수치스러운 범죄자의 죽음이었는가? 아니면 그것은 하나님의 구원 계획이 실행된 것인가?

> 그가 하나님께서 정하신 뜻과 미리 아신 대로 내준 바 되었거늘 너희가 법 없는 자들의 손을 빌려 못 박아 죽였으나 하나님께서 그를 사망의 고통에서 풀어 살리셨으니 이는 그가 사망에 매여 있을 수 없었음이라(행 2:23-24).

예수 자신이 죄인들에게 닥쳐야 할 저주를 짊어졌다. 그가 하나님에게 버려져 하나님이 우리를 버리지 않게 되었다. "나의 하나님, 나의 하나님, 어찌하여 **나를 버리셨나이까?**"(마 27:46) 그는 많은 사람이 대속 받도록 자신의 생명을 대속물로 내려놓았다. "인자가 온 것은 섬김을 받으려 함이 아니라 도리어 섬기려 하고 **자기 목숨을 많은 사람의 대속물로 주려 함이니라**"(마 20:28). 십자가형의 구원의 의미를 깨닫는 유대인들과 이방인들은 예수를 믿고 열매를 맺는다. 나머지는 그렇게 하지 않으며, 그 결과 그들의 생명이 시들어버린다. 그들은 그리스도 안의 영생의 근원에서 잘린 상태에 머무른다.

적용

열매 없음에 대한 이 경고는 오늘날의 독자들에게도 적용된다. 그리스도의 십자가형과 부활의 메시지에 대한 우리의 반응은 믿음 아니면 불신이다. 그리스도를 믿으면 열매를 맺게 된다. 믿지 않으면 열매를 맺지 못하고 저주를 받게 된다.

클라우니의 삼각형을 사용한 요약

우리는 클라우니의 삼각형을 사용해서 그 무화과나무 저주의 의미를 요약할 수 있다(그림 36.1).

그림 36.1: 무화과나무 저주에 대한 클라우니의 삼각형

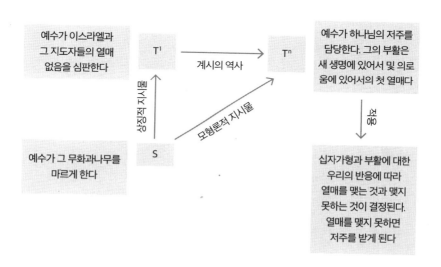

IV

·

그리스도의 부활과 그 적용

승천하시는 예수
Drawing by Gustave Dore.

37

예수의 부활 마 28:1-10

마태복음에서 절정의 기적은 예수의 부활이다. 그것은 천사들에 의해 선언되었고 예수 자신의 출현으로 확인되었다.

안식일이 다 지나고 안식 후 첫날이 되려는 새벽에 막달라 마리아와 다른 마리아가 무덤을 보려고 갔더니 큰 지진이 나며 주의 천사가 하늘로부터 내려와 돌을 굴려 내고 그 위에 앉았는데 그 형상이 번개 같고 그 옷은 눈 같이 희거늘 지키던 자들이 그를 무서워하여 떨며 죽은 사람과 같이 되었더라. 천사가 여자들에게 말하여 이르되 "너희는 무서워하지 말라. 십자가에 못 박히신 예수를 너희가 찾는 줄을 내가 아노라. 그가 여기 계시지 않고 그가 말씀하시던 대로 살아나셨느니라. 와서 그가 누우셨던 곳을 보라. 또 빨리 가서 그의 제자들에게 이르되 '그가 죽은 자 가운데서 살아나셨고 너희보다 먼저 갈릴리로 가시나니 거기서 너희가 뵈오리라' 하라. 보라! 내가 너희에게 일렀느니라" 하거늘 그 여자들이 무서움과 큰 기쁨으로 빨리 무덤을 떠나 제자들에게 알리려고 달음질할새 예수께서 그들을 만나 이르시되 "평안하냐!" 하시거늘 여자들이 나아가 그 발을 붙잡고 경배하니 이에 예수께서 이르시되 "무서워하지 말라. 가서 내 형제들에게 갈릴리로 가라 하라. 거기서 나를 보리라"
하시니라(마 28:1-10).

갈릴리에 대한 언급은 예수가 대위임령을 내렸던 갈릴리에서의 모임을 미리 가리킨다(마 28:16-20). 그리스도의 부활 기적은 대위임령과 밀접한 관계가 있다. 그것은 대위임령으로 이어지는데, 이는 예수가 그의 제자들을 갈릴리로 가라고 지시했기 때문만이 아니라 대위임령이 예수의 우주적 권위에 토대를 두고 있기 때문이기도 하다. "하늘과 땅의 모든 권세를 내게 주셨다"(18절). 이 권위는 그의 부활 덕분에 예수에게 부여되었다(빌 2:9-11과 비교하라).

부활의 의미

그렇다면 부활의 의미는 무엇인가? 마태복음에 기록된 이전 기적들은 그리스도의 부활을 미리 가리킨다는 점에 의미가 있다. 그리스도의 부활 자체가 그 기적들이 가리키는 "머릿돌"이다. 부활사건은 다른 어떤 것을 가리키는 데 주된 기능이 있는 것이 아니며, 부활 그 자체로서 의미를 갖고 있다.

그러나 그리스도의 부활도 역사에 대한 하나님의 더 큰 계획과 분리되어 있지 않다. 그리스도는 단지 그의 인성에서의 그리스도 자신을 위해서만 살아난 것이 아니라, "그리스도 안"에 있는 사람들, 곧 그에게 속한 모든 사람을 위해 살아났다. 로마서 6장과 골로새서 3:1-4 모두 그리스도인들이 어떻게 그리스도로부터 새 생명, 부활의 생명을 받는지 말해준다.

무릇 그리스도 예수와 합하여 세례를 받은 우리는 그의 죽으심과 합하여 세례를 받은 줄을 알지 못하느냐? 그러므로 우리가 그의 죽으심과 합하여 세례를 받음으로 그와 함께 장사되었나니 이는 아버지의 영광으로 말미암아 그리스도를 죽은 자 가운데서 **살리심**과 같이 우리로 또한 **새 생명 가운데서** 행하게 하려 함이라.

만일 우리가 그의 죽으심과 같은 모양으로 연합한 자가 되었으면 또한 **그의 부활과 같은 모양으로 연합한** 자도 되리라.…만일 우리가 그리스도와 함께 죽었으면 또한 **그와 함께 살** 줄을 믿노니…이와 같이 너희도 너희 자신을 죄에 대하여는 죽은 자요 **그리스도 예수 안에서 하나님께 대하여는 살아 있는** 자로 여길지어다.…또한 너희 지체를 불의의 무기로 죄에게 내주지 말고 오직 너희 자신을 **죽은 자 가운데서 다시 살아난** 자 같이 하나님께 드리며 너희 지체를 의의 무기로 하나님께 드리라 (롬 6:3-5, 8, 11, 13).

그러므로 너희가 그리스도와 함께 다시 살리심을 받았으면 위의 것을 찾으라. 거기는 그리스도께서 하나님 우편에 앉아 계시느니라. 위의 것을 생각하고 땅의 것을 생각하지 말라. 이는 너희가 죽었고 너희 생명이 그리스도와 함께 하나님 안에 감추어졌음이라. 우리 생명이신 그리스도께서 나타나실 그때에 너희도 그와 함께 영광 중에 나타나리라 (골 3:1-4).

그리스도의 부활은 또한 완전히 새로운 세상의 시작이었다. 부활의 몸을 입은 그리스도는 죽음의 힘으로부터 영원히 자유로운 온전한 존재의 질서에 속한다. "이는 그리스도께서 죽은 자 가운데서 살아나셨으매 [**결코**] 다시 죽지 아니하시고 사망이 다시 그를 주장하지 못할 줄을 앎이로라. 그가 죽으심은 죄에 대하여 단번에 죽으심이요, 그가 살아 계심은 하나님께 대하여 살아 계심이니"(롬 6:9-10). 그러므로 그의 육신은 새로운 세상 전체의 첫 번째 부분이다. 그의 부활에서 그리스도 자신이 새 하늘과 새 땅을 시작했다.

요한계시록 21:1-22:5에 묘사된 것처럼 완전히 새로운 하늘과 새로운 땅이 오면 그 새로운 세상은 "하나님의 자녀들의 영광의 자유"에 참여할 것이다(롬 8:21). 그 해방의 양상은 하나님의 자녀들의 자유다. 또한 그들의 자유는 그리스도의 부활에 의하여 확립된 양상과 일치한다. 따라서 그리스도의 부활은 신자들의 몸의 부활의 중심이자 기초이며(고전 15:44-49) 모든 창조 질서의 갱신이다. 그것은 바로 역사의 지주(支柱)다.

구약에는 그리스도의 부활에 대한 예기(豫期)들과 예표들이 수록되어 있다. 예컨대 우리는 죽음을 겪지 않고 하나님께 들려 올라간 에녹을 생각할 수 있다(창 5:24). 또는 노아를 생각해보라. 노아와 그의 가족들은 홍수를 겪었고 사악함이 정화된 새로운 세상에 들어갔다. 요셉은 일종의 살아 있는 죽음인 감옥에 갔지만 이후에 하나님의 계획에 따라 구해지고 높아졌다. 이스라엘 백성은 이집트의 속박에서 벗어났을 때 새로운 삶을 얻었다. 홍해를 건널 때, 상징적으로 말하자면 그들은 죽음의 물로 들어갔다가 다른 쪽으로 나와서 새로운 삶으로 들어갔다. 신약은 이스라엘 백성이 "모세에게 속하여 다 구름과 바다에서 세례를 받았다"(고전 10:2)라고 말함으로써 홍해를 건넌 것과 그리스도인의 구속 사이에 일종의 유비가 있다고 명시적으로 말한다. 홍해를 건넌 일은 그리스도 안에 있는 새로운 생명을 상징하는 그리스도인들의 세례에 필적한다.

사르밧 과부의 아들은 엘리야에 의해 다시 살아났고(왕상 17:17-24), 수넴 여인의 아들은 엘리사에 의해 다시 살아났다(왕하 4:32-37). 다니엘은 사자 굴에서 살아났다(단 6:23). 요나는 죽음을 상징하는 바다 깊은 곳에서 나왔다(욘 2:6, 10). 자신의 지상 사역에서, 예수는 야이로의 딸과 나사로를 살렸다.

이 모든 일화들은 하나님이 여러 형태로 새로운 생명을 주는 것을 보여준다. 그러나 그 모든 일화들은 여전히 예비적이다. 영원히 죽음이 없는 존재로의 전환은 오직 그리스도가 죽음에 대해 승리를 거둔 것을 통해서 온다.

> 자녀들은 혈과 육에 속하였으매 그도 또한 같은 모양으로 혈과 육을 함께 지니심은 죽음을 통해서 죽음의 세력을 잡은 자 곧 마귀를 멸하시며 또 죽기를 무서워하므로 한평생 매여 종 노릇하는 모든 자들을 놓아 주려 하심이니(히 2:14-15).

> 두려워하지 말라! 나는 처음이요 마지막이니 곧 살아 있는 자라. 내가 전에 죽었었노라. 볼지어다! 이제 **세세토록 살아 있어** 사망과 음부의 열쇠를 가졌노니(계 1:17-18).

그리스도에게 속한 우리는 지금도 그가 우리 안에 내주하는 성령을 통해 우리에게 준 영생을 지니고 산다. 우리는 죽음에 대한 그의 승리의 완성을 고대한다. 그때에 죽음이 영원히 삼킴을 당할 것이다.

사망을 영원히 멸하실 것이라.

주 여호와께서 모든 얼굴에서 눈물을 씻기시며

자기 백성의 수치를 온 천하에서 제하시리라.

여호와께서 이같이 말씀하셨느니라(사 25:8).

내가 들으니 보좌에서 큰 음성이 나서 이르되 "보라! 하나님의 장막이 사람들과 함께 있으매 하나님이 그들과 함께 계시리니 그들은 하나님의 백성이 되고 하나님은 친히 그들과 함께 계셔서 모든 눈물을 그 눈에서 닦아 주시니 다시는 사망이 없고 애통하는 것이나 곡하는 것이나 아픈 것이 다시 있지 아니하리니 처음 것들이 다 지나갔음이러라"(계 21:3-4).

이것들을 증언하신 이가 이르시되 "내가 진실로 속히 오리라" 하시거늘 아멘. 주 예수여, 오시옵소서(계 22:20).

대위임령

우리가 이미 살펴본 것처럼, 마태복음에 기록된 내러티브에서 부활은 마태복음 28:18-20에서 주어진 대위임령으로 연결된다. 대위임령은 예수의 우주적 권위에 대한 선언으로 시작한다. "하늘과 땅의 모든 권세를 내게 주셨다"(18절). 예수가 권위를 받았다는 사실은 그의 부활의 함의 중 하나이며, 부활은 그리스도가 하나님의 아들임을 보여준다. 마태복음 28:19에 따르면, 세례는 "아버지와 아들과 성령의 이름으로" 베푼다. 아버지 및 성령과 더불어 아들을 포함한 것은 아들의 신성을 전제한다. 세례 문구는 삼위

일체 교리의 짧은 형태 안으로 압축되어 들어간다(나중에 교회는 신학적 성찰 과정에서 이 작업을 명시적으로 수행한다). 예수는 높이진 인자일 뿐 아니라 하나님이다. 따라서 부활은 마태복음에 기록된 이전의 기적들에서 나타내었던 것—그리스도의 신성 및 그의 구속자로서의 메시아 역할—을 강조한다.

사람들이 복음을 듣고, 믿고, 세례를 받고, 제자로 성장하도록 그리스도의 구속은 이제 전 세계로 확장될 필요가 있다.

성전 휘장이 찢어지고 죽은 성도들이 살아남

마태복음 27:51-53에 기록된 기적들에 대해서도 간단히 살펴보자. 그 기적들은 예수의 부활의 중요성을 한층 강조한다. 세 개의 기적들이 밀집되어 있다. 첫 번째 기적에서는 "성소 휘장이 위로부터 아래까지 찢어져 둘이 되었다"(51절). 여기서 말하는 성소 휘장은 아마도 성소와 지성소를 구분하는 장막인 성전 내부 장막일 것이다. 이 장막은 하나님의 현존의 가장 안쪽으로 가는 길이 인간에게 차단되었음을 나타냈다(히 9:8). 하나님은 거룩한 반면, 인간은 거룩하지 않다. 따라서 그들은 하나님의 현존 앞에 나아갈 수 없다(사 6:5과 비교하라). 모세의 율법에 따르면 성별되어서 상징적 수준에서 거룩한 대제사장마저도 1년에 한 번 속죄일에 속죄의 피를 취하여 지성소로 들어간다(레 16장; 히 9:7).

따라서 휘장이 찢어진 것은 그리스도가 하나님의 현존 앞으로 나아가는 길을 열어놓았음을 나타낸다. 그리스도는 이 땅에서의 하나님의 현존의 상징인 지상의 지성소로 들어가는 길뿐만 아니라 하늘에 있는 하나님의 현존으로 가는 길도 열어놓았다(히 10:20). 장막이 아래에서부터 찢어진 것이 아니라 위에서부터 찢어졌다는 사실은, 하나님께 나아가는 길이 열린 것은 사람이 아니라 하나님에 의하여 성취된 것임을 나타낸다.

마태복음 27:51-53에 포함된 두 번째 기적은 지진과 바위들이 깨진 것이다. "땅이 진동하며 바위가 터졌다"(51절). 지진은 하나님의 능력을 과시한 것으로, 하나님이 시내산에 나타났을 때 땅이 흔들린 것(출 19:18)을 상기시켜준다. 이처럼 능력을 보여준 것은 그리스도의 죽음과 부활에 관련된 능력을 강조한다.

세 번째 기적은 죽은 성도들이 살아난 것이다. "무덤들이 열리며 자던 성도의 몸이 많이 일어나되 예수의 부활 후에 그들이 무덤에서 나와서 거룩한 성에 들어가 많은 사람에게 보이니라"(52-53절). [부활한 성도들이 사람들에게] 보인 것은 "[예수의] 부활 후"에 발생했다는 점을 주목하라. 일부 성도들이 살아난 것은 그리스도의 부활이 그에게만 개인적으로 중요한 것이 아니라 모든 성도들에게 중요하다는 사실을 강조한다. 성도들의 부활은 그리스도의 부활에 의해 보증된다. 우리는 성경의 다른 부분들을 통해 그리스도가 재림할 때 성도들의 전 세계적 부활이 일어난다는 것을 안다 (살전 4:13-18. 고전 15:23도 보라). 그러나 마태복음 27:52-53은 조기(早期)에 성도들이 소규모로 살아났음을 나타낸다. 이 사건은 재림 때에 일어날 일을 소규모로 묘사한다. 이 소규모의 사건과 성도들의 미래의 부활 모두 그리스도의 부활에 기초를 두고 있다.

38

특별한 필요들에 대한 적용

그리스도의 부활은 기원후 1세기라는 특정 시점에 아리마대 요셉의 무덤이라는 특정 장소에서 일어난 독특한 사건이었다. 그것은 반복할 수 없는 사건이다. 동시에 그것은 보편적인 적실성(適實性)이 있는 사건인데, 왜냐하면 그것은 그리스도와 연합한 모든 사람에게 일어나는 영적 변화의 토대를 형성하기 때문이다. 이 변화는 성령을 통해 최초로 회개하고 회심할 때 단번에 일어난다. 그러나 날마다 계속적인 변화도 일어난다(롬 12:1-2). 또한 신자들은 그리스도의 재림 때 그의 부활을 토대로 물리적으로 몸이 부활하고, 그리스도의 부활의 양상을 따르는 새 하늘과 새 땅으로 들어간다(롬 8:18-25).

기적들의 보편적 적실성

이 책에서 우리는 줄곧 예수의 기적들은 구속의 표지들이라고 강조했다. 그런데 이 구속은 예수의 부활에서 절정에 이른다. 부활에는 보편적인 적실성이 있기 때문에, 표지로서의 기적들에도 보편적인 적실성이 있다. 왜

나하면 이 기적들이 부활과 연결되어 있기 때문이다. 기적 이야기들은 이 복음 시대 내내 적용되며, 또한 몸의 최종적인 부활 및 새 하늘과 새 땅의 도래에도 적용된다. 비슷한 이유로 구약에 기록된 기적들과 모형들에 대해서도 같은 말을 할 수 있다.

인간이 안고 있는 문제에 대한 적실성

기적들은 사람들의 삶에서 일어나는 특정 상황들에도 암시적으로나마 적실성을 갖는다. 8장에서 우리는 설거지에 지겨워진 조우를 생각해 보았다. 마찬가지로 수는 아들을 훈계하고 있고, 데이브는 낙제로 인해 우울하다. 그리고 제인은 연애로 들떠 있다. 예수의 기적들은 이런 상황들 각각에 관련이 있다.

문제를 안고 있는 사람에게는 **어떤** 기적은 다른 기적들보다 더 생생하게 말해줄 수도 있다. 예컨대 갈릴리 가나에서의 기적은 결혼식에서 일어났으며, 어린 양의 혼인 잔치를 예표한다(계 19:9). 결혼이라는 주제 때문에 이 기적은 연애가 시작될 가능성에 대한 관심이 가득한 제인에게 더욱더 생생하게 그리고 중대하게 다가갈 수도 있을 것이다. 그 기적은 제인에게 이 땅에서의 즐거움에 대한 욕구는 하나님의 계획의 맥락 안에 놓일 필요가 있으며, 하나님의 계획은 지상의 축복을 포함하지만 그것으로 끝나지 않는다는 점을 상기시켜줄 수도 있다. 하나님의 계획은 일시적인 즐거움을 어린 양의 혼인 잔치에서 표현되는 것과 같은 하나님과의 최종적인 친교라는 가장 심오한 즐거움에 종속시킨다.

기적 이야기들은 모든 상황에 처한 사람들—그들이 들떠 있든, 애쓰고 있든, 괴로워하고 있든—에게 적실하다. 기적 이야기들은 또한 괴로워하고 있는 누군가를 격려하기 원하는 친구에게도 적실하며, 고민하며 찾아오는 많은 사람들을 상담하는 전문 상담자에게도 적실하다. 홀리가 괴로워하고 있다고 가정하자. 그녀는 성경으로부터 하나님과 하나님이 일하는 방식에 관하여 격려 받고, 하나님이 괴로워하는 사람들에게 어떻게 역사하는지 이해할 필요가 있다. 성경에 기록된 이야기들은 하나님의 섭리적인 돌봄에 관해 명시적으로 가르치는 구절들을 보완한다.

특정 상황을 고려해보자. 낸시는 자신이 "더럽다"는 느낌을 떨쳐 버릴 수 없다. 그녀는 어쩌면 성폭력의 피해자였기 때문에 자신이 더럽다고 느낄 수 있다. 또는 그녀가 부도덕한 성관계들에 자발적으로 동의하였기 때문에 더럽다고 느낄 수도 있다. 마태복음 8:1-4에 기록된 나병 환자 치유 이야기는 그녀에게 강렬하게 와닿을 수 있다. 왜냐하면 나병 환자는 사회 기준으로 볼 때 그리고 실로 모세의 율법에 들어 있는 상징의 기준으로 볼 때 사회적으로 "더러운"(부정한) 사람이기 때문이다. 낸시는 이러한 특정 기적 이야기를 살펴보고 그 이야기와 자신의 삶 사이의 유사점들에 대하여 생각한다. 그러고 나서 그녀는 특정 기적에서 예수의 죽음과 부활이라는 절정의 기적으로 옮겨갈 수 있다. 낸시는 예수의 부활이 자신의 상황과 관련이 있음을 점점 더 잘 알게 될 수 있다. 낸시는 예수에게 나아옴으로써 정결해질 수 있다. 고린도후서 5:17은 "누구든지 그리스도 안에 있으면 새로운 피조물이라"고 말한다. 낸시는 그리스도가 자기를 위하여 죄와 사망 아래로 내려갔으며, 자기가 날마다 갱신된 새로운 삶을 살게 하려고 부활하였다는 것을 이해할 필요가 있다. 예수에게서 죄 용서와 피해로부터의 치유가 찾아온다.

다른 상황을 하나 더 고려해보자. 매리는 그녀의 어머니가 암으로 죽어간다는 소식을 듣고 슬퍼하고 있다. 그녀는 자기 자신을 위해서가 아니라 자신이 사랑하는 사람에 대하여 염려한다. 백부장의 하인 치유 또는 베드로 장모 치유 기적이 그녀에게 적실하다(마 8:5-13, 14-17). 성경은 하나님이 우리의 기도에 대한 응답으로 언제나 즉시 고쳐주는 것은 아니라고 말한다(고후 12:9; 딤후 4:20). 그러나 병을 고쳐달라는 기도는 확실히 정당하며, 하나님이 그리스도를 통해서 치유**할 수 있다**는 확신은 탄탄한 근거를 갖고 있다. 백부장이 "다만 말씀으로만 하옵소서. 그러면 내 하인이 낫겠사옵나이다"(마 8:8)라고 말한 것처럼 말이다. 치유는 즉각적으로, 또는 나중에 이생에서, 또는 훨씬 더 훗날 육체의 부활 때에 올 수도 있다. 매리는 한 두 개의 기적이 자신의 상황에 적실하다는 것을 알게 될 수도 있다. 그런 후 그녀는 또한 거기에서 이동하여 위대한 기적 즉 예수의 부활의 적실성을 볼 수도 있다. 그녀는 또한 시련에 관하여 이야기하는 구절들로부터 도움을 받을 수도 있을 것이다.

> 내 형제들아, 너희가 여러 가지 시험을 당하거든 온전히 기쁘게 여기라. 이는 너희 믿음의 시련이 인내를 만들어 내는 줄 너희가 앎이라. 인내를 온전히 이루라. 이는 너희로 온전하고 구비하여 조금도 부족함이 없게 하려 함이라(약 1:2-4).

태미는 할 일들과 분주함에 압도되어 자신이 그 일들에 "빠져 죽고 있다"고 말한다. 따라서 예수가 폭풍을 잠잠하게 한 기적(마 8:23-27)이 그녀에게 적실하다. 만약 태미가 그 기적이 자기에게 적실하다는 것을 알게 되면,

그녀는—낸시나 매리처럼—폭풍을 잠잠케 한 기적으로부터 예수의 부활 기적으로 옮겨갈 수 있다.

돈은 자기가 미쳐버릴 것 같다고 느낀다. 그의 직장에서의 압력들은 비명을 지르고 싶게 만든다. 아니면 그는 자살하라고 말하는 음성이나 끔찍한 범죄를 저지르라고 말하는 음성으로 시달리고 있을 수도 있다. 돈은 가다라의 귀신들린 사람들과 자신의 상황 사이에 유사한 점이 있다는 것을 알아볼 수 있겠는가? 그의 상황이 나쁠 수 있고 그의 생각이 끔찍할 수도 있다. 그러나 돈은 아마도 자신의 상황이 아직은 귀신들렸던 그 사람들의 상황만큼 끔찍한 상태로 빠져들지는 않았다는 것을 알 수 있을 것이다. 만약 예수가 귀신 들린 사람들을 구할 수 있었다면, 그는 돈도 구할 수 있다. 늘 그렇듯이, 귀신 들린 사람을 구원한 기적은 가장 위대한 기적인 예수의 부활 기적을 가리킨다.

이런 구체적인 예들은 많은 교훈적인 구절들과 연결된다.

사람이 감당할 시험 밖에는 너희가 당한 것이 없나니 오직 하나님은 미쁘사 너희가 감당하지 못할 시험 당함을 허락하지 아니하시고, 시험 당할 즈음에 또한 피할 길을 내사 너희로 능히 감당하게 하시느니라(고전 10:13).

내게 능력 주시는 자 안에서 내가 모든 것을 할 수 있느니라(빌 4:13).

그런즉 너희는 하나님께 복종할지어다. 마귀를 대적하라. 그리하면 너희를 피하리라(약 4:7).

조지는 죄책감으로 무력감을 느낀다. 그는 꼼짝달싹할 수 없다. 그렇다면 중풍병자 치유 기적(마 9:1-8)이 그에게 어떻게 말하는지 고려해보라. 그리스도는 그의 부활을 통해서 조지의 영적 마비상태를 치유할 수 있다. "그러므로 이제 그리스도 예수 안에 있는 자에게는 결코 정죄함이 없다"(롬 8:1).

주디는 매우 우울하다. 그녀는 삶의 모든 흥미가 사라졌고 자기는 죽은 것과 마찬가지라고 느끼면서 일상을 시체처럼 보내고 있다. 그녀는 야이로의 딸을 살린 이야기(마 9:18-26)가 자기에게 적실하다는 것을 알 수 있을 것인가? 또는 나사로를 살린 이야기(요 11:1-44)를 고려해보라.

> 내 영혼아, 네가 어찌하여 낙심하며
> 어찌하여 내 속에서 불안해 하는가?
> 너는 하나님께 소망을 두라. 나는 그가 나타나 도우심으로 말미암아
> 내 하나님을 여전히 찬송하리로다(시 42:11).

사람들의 삶에서 취한 이 예들은 예수에 관한 기적 이야기들로부터 나오는 적용들이 얼마나 광범위한지 보여준다(그림 38.1).

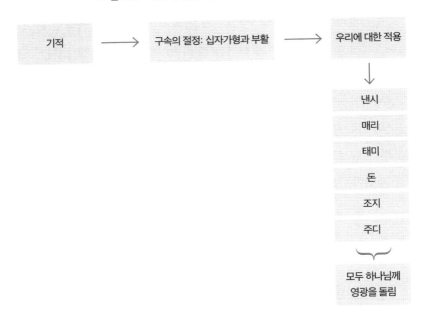

그림 38.1 : 예수에 관한 기적 이야기들로부터의 적용

기적 ⟶ 구속의 절정: 십자가형과 부활 ⟶ 우리에 대한 적용

낸시
매리
태미
돈
조지
주디

모두 하나님께
영광을 돌림

감수성과 선별성

만약 성경의 어떤 이야기가 주디의 관심을 끌지 못한다 해도, 다른 이야기가 그녀의 관심을 끌 수도 있다. 복음서들은 기적 이야기로 가득하다. 우리는 지금까지 요한복음과 마태복음에 기록된 기적 이야기들을 사용해서 예시해 왔다. 그러나 동일한 원리들이 마가복음과 누가복음에도 적용된다. 그리고 더 광범위하게는, 동일한 원리가 성경 전체의 구속의 줄거리들에 적용된다. 그 이야기들은 모두 어려움을 겪고 있거나, 죄책감을 느끼고 있거나, 혹은 덫에 걸려 있다고 느끼고 있거나, 죽음에 직면한 사람들에게 말하는 능력이 있다. 하나님의 말씀에는 신적 권능이 있다. 그러나 그 능력

이 고통 당하는 사람에게 영향을 주려면 성령이 역사해야 한다는 것도 사실이다. 어려움을 겪고 있는 사람들과 그들을 격려하려는 사람들은 성령이 이를 통해 그들에게 생생하고 강력하게 말할 수 있는 이야기 혹은 이야기들을 들려주고, 고통 당하는 사람들에게 그리스도 안에 있는 새 생명을 갖다 달라고 기도해야 한다.

어떤 인간에게도 마음을 바꿀 능력이 없다. 오직 하나님만 그런 능력을 갖고 있다. 그는 예수의 기적들에서 그 능력을 보여주었다. 또한 하나님은 예수의 죽음과 부활의 치유를 모든 종류의 인간의 죄와 필요에 적용할 때 그 능력을 계속 보여준다. 우리에 대한 적용들 중 하나는 우리가 하나님을 찬양하며 그의 이름에 영광을 돌릴 수 있게 되었다는 것이다.

> 여호와의 인자하심과 인생에게 행하신 기적으로 말미암아 그를 찬송할지로다(시 107:8, 15, 21, 31).

결론

우리는 마태복음에 기록된 모든 기적들을 살펴보는 우리의 여정을 마쳤다. 그 기적들은 참으로 구속의 표지들이다. 그 기적들은 하나님의 능력, 하나님 나라의 능력, 그리고 그 나라의 왕이며 하나님의 신적인 아들인 예수가 주님임을 보여준다. 그러나 이에 더하여, 그 기적들은 예수의 십자가형, 죽음, 부활 그리고 승천에서의 예수의 위대한 핵심 사역을 예표한다. 그 기적들은 예수를 가리킴으로써 또한 다양한 측면으로 복음을 선포한다.

그러니 그 기적들이 복음을 신선하게 다시 보여주기를 바란다. 그리고 성령이 계속 복음의 메시지를 통해서 영적으로 눈먼 사람들의 눈을 뜨게 하고 영적으로 죽은 사람들에게 새 생명을 주기를 바란다. 모든 민족 출신의 사람들이 제자가 되고 그리스도와 그의 구원을 기뻐하기를 바란다.

그리스도의 구속은 우리에게 필요한 모든 것을 성취했다. 따라서 그리스도의 구속은 각 개인이 회심할 때에만 적용되는 것이 아니라 일상의 삶에서도 적용된다. 복음서들에 기록된 기적들이 설거지가 지겨워진 조와 같은 사람들에게, 자녀를 훈계하고 있는 수와 같은 사람들에게, 학교에서 낙제해서 낙심한 데이브와 같은 사람들에게, 그리고 연애에 대한 기대로 들떠 있는 제인과 같은 사람들에게도 계속해서 말하기를 원한다. 그 기적들이 모든 종류의 죄, 어려움 그리고 문제를 안고 있는 사람들—구속의 치유 줄거리가 그들의 삶(중생과 매일의 삶 모두)에서 작동할 필요가 있는 사람들—에게 말하기를 원한다. 사람들이 계속해서 그리스도의 구속이 자신의 삶에서 실현되는 것을 경험하기를 원한다. 그들이 "인생에게 행하신 [하나님의] 기적"(시 107:8)을 볼 때, 목소리를 높여 하나님을 찬양하고 하나님께 영광을 돌리기를 원한다.

하나님은 복음서에 기록된 기적들을 고안하실 때 보다 명백한 목적들뿐만 아니라, 우리에게 발생한 사건을 말해주고, 예수가 메시아이자 구주라는 것을 말해주고, 또한 시공간에서 발생한 놀라운 일들로 그리스도에 관한 주장을 확인한다는 목적들까지도 염두에 두셨다.

부록

성경 전체에 기록된 기적들

우리는 요한복음과 마태복음에 기록된 기적들이 어떻게 그리스도의 십자가형과 부활이라는 결정적인 구속의 행위들과 연관성을 갖는지 탐구해 왔다. 만약 요한복음과 마태복음에 기록된 기적들에 대해 우리가 살펴본 내용이 사실이라면, 그것은 마가복음과 누가복음에 기록된 기적들에 대해서도 사실인가? 그렇다. 동일한 종류의 추론이 4복음서들 모두에 해당한다. 앞에서 말했던 것처럼 리처드 필립스는 이 원리들을 누가복음에 적용한 책을 썼다.[1]

복음서들 안에서의 연관성

우리는 동일한 원리들을 4복음서들의 경계를 넘어 확장할 수 있는가? 마태복음 8:1-4에 기록된 나병 환자의 치유를 다시금 고려해보자(12장을

---

1   Richard D. Phillips, *Mighty to Save: Discovering God's Grace in the Miracles of Jesus* (Phillipsburg, NJ: Presbyterian & Reformed, 2001).

보라). 나병 환자에 대한 치유를 십자가형과 부활에 연결하는 것이 일리가 있는 이유는 부분적으로는 마태복음 전체가 우리에게 하나의 내러티브에서 다른 내러티브로 이어지는 연속적인 내러티브를 제공하기 때문이다. 게다가 하나님 나라의 도래라는 주제가 마태가 기록하는 모든 사건들을 통합한다. 더욱이 예수 자신이 나병 환자 치유 및 십자가형과 부활이라는 최종적인 사건들 모두에서 주인공이다. 예수 자신이 두 사건들을 연결시키는 중심적인 연결고리다. 동일한 연결고리들이 마가복음 및 누가복음에도 존재한다. 따라서 우리는 그 복음서들에서도 기적들이 십자가와 부활을 가리키는 구속의 표지 역할을 한다고 추론할 수 있다.

사도행전에서의 연관성

사도행전에서도 동일한 원리들이 적용될 수 있는가? 사도행전에 기록된 기적들은 성령의 능력으로 일어나며 복음 설교에 동반된다. 그 기적들은 그리스도의 부활과 승천 그리고 오순절에 성령을 부어준 사실을 전제한다. 사도행전에서 선포된 복음은 구약 성경을 성취하는 그리스도의 죽음과 부활을 선언하는 복음이다.

사도행전에 기록된 복음은 근본적으로 그리스도가 이미 성취한 구속의 사건들을 회고하여 가리킨다. 동시에 그 복음은 사람들로 하여금 그리스도에게 반응하라고, 그가 누구인지에 대해서 그리고 그가 한 일들에 대해서 반응하라고 촉구한다. 그 기적들은 구속적인 복음 선포와 병행하는 구속적인 행위들이다. 그 기적들은 복음의 메시지를 강화한다. 따라서 비록 그 기적들이 그리스도의 부활 전에 발생한 것이 아니라 부활 후에 발생한 것이기는 하지만, 그것들은 그리스도가 지상 생애 동안에 행했던 기적들과 유사한 기능을 갖고 있다. 그 기적들은 하나님 나라에 대해 증언하며 그 나라의 성격을 드러낸다. 그것들은 구속의 표지들이다. 그렇다면 그 기적들은 그리스도가 그의 부활을 통해서 그리고 성령 강림을 통해서 가져오는 구속의 축소판이다.

구약에 기록된 기적들

구약에 기록된 기적들이 구속의 표지들로 기능하는가? 구약의 모든 기적들이 그리스도와 연결되는 정도가 예수 자신이 이 땅에서 행했던 기적들만큼 현저하지는 않을 수도 있다. 그러나 기적들이 그리스도의 사역을 예표한다는 개념은 여전히 타당하다.[2]

구약에 기록된 가장 두드러진 기적들 중 하나는 출애굽 때 일어났다. 출애굽은 열 재앙, 홍해를 건넌 사건, 하나님이 시내산에 출현한 사건 등 일련의 기적 전체를 포함하고 있다. 이 기적들이 합해져서 이집트로부터의 구속을 가져왔다. 그리고 이집트로부터의 구속은 확실히 그리스도 안의 구속에 대한 **모형**이며 예표다. 예컨대 고린도전서 5:7은 출애굽 때의 유월절과 "우리의 유월절 어린 양" 그리스도 사이의 연관성을 지적한다. 고린도전서 10:2은 홍해를 건넌 것과 그리스도인의 세례 사이의 연관성을 지적한다. 히브리서 3:1-6은 모세와 그리스도 사이의 연관성을 지적한다. 우리

---

2 나는 Vern S. Poythress, *In the Beginning Was the Word: Language—A God-Centered Approach* (Wheaton, IL: Crossway, 2009), 24-26장에서 구속의 줄거리들을 이해하기 위해 일반 원칙들에 대해서도 논의했다.

는 그런 구절들을 많이 인용할 수 있다.

마찬가지로 노아의 홍수는 심판과 구속의 기적이었다. 악한 자들은 심
판 받았고 노아와 그의 가족은 구원받았다. 베드로전서 3:20-21은 노아의
홍수와 세례로 상징된 그리스도인의 구원 사이에 연관성이 있다고 말한다.

이 외에도 앞에서 우리는 그리스도의 기적들과 엘리야 및 엘리사의 기
적들 사이의 몇 가지 연관성들을 지적했다.

우리는 이러한 연관성들로 놀라서는 안 된다. 왜냐하면 그리스도 자신
이 누가복음 24:25-27, 44-47에서 지적한 바와 같이 구약 전체가 그리스
도를 가리키고 있기 때문이다. 모세, 엘리야 그리고 엘리사와 같은 예언자
들은 최후의 예언자인 그리스도를 가리킨다(히 1:1-3). 복음서들에서 "하나
님 나라" 혹은 "천국"이라는 표현은 역사의 절정 동안 구약의 예언들을 성
취하는 하나님의 구원 사역을 지칭한다. 그러나 보다 광범위한 의미에서
하나님은 구약 전체에서 사람들을 구원함에 있어 왕으로서 역사했다. 따라
서 "하나님 나라"라는 표현은 구약에 기록된 기적적인 구원 사역을 포함하
도록 확장될 수 있다.

누가복음 24:44-47에서 그리스도는 그의 제자들에게 구약은 자신에
관한 것이라고 가르쳤다. 이 생각은 그리스도가 새로 고안한 것이 아니다.
그리스도는 심지어 자신이 이 땅에 오기 전에도 구약이 **언제나** 자기에 관
한 것이었다고 말했다. 하나님은 구약에서 구속에 관해 말하고 있었다. 하
나님은 이스라엘 백성에게 이집트로부터의 구속과 같은 구속의 예들을 보
여주었다. 이러한 구속의 행위들은 그리스도 안에서의 마지막 구속 행위
를 예기했다. 하나님은 처음부터 구약에 기록된 그의 말씀과 행동이 은혜
를 나타내도록 의도했는데, 그 은혜는 언제나 그리스도의 성취에 근거를

두었다. 비록 그 성취 자체—그의 삶, 죽음 그리고 부활—가 구약 시대에는 아직 미래에 발생할 사건이었지만 말이다. 하나님은 구약이 아직 오지 않은 그리스도와 관련하여 의미를 갖도록 고안했다. 이 원리는 구약 언약들에서 예시된다—하나님은 자기 백성들과 언약들을 맺었는데, 그 언약들은 그리스도에 의해 시작된 새 언약을 예견한다(막 14:24; 고전 11:25).[3]

따라서 하나님이 구약 시대에 그의 백성들에게 준 의미는 우리가 지금 인식할 수 있는 의미와 유기적인 일관성이 있다. 하나님의 소통은 과거에는 흐릿하게 이해되었는데 이제 우리는 그것을 보다 명확하게 이해한다.

그리고 왜 우리 자신을 **기적적인** 일들에 국한시켜야 하는가? 성경에서 하나님은 기적들뿐만 아니라 평범한 섭리적 수단들을 통해서도 일한다. 그의 평범한 섭리는 덜 극적이지만 결국에는 기적과 동일한 효력을 갖는다. 사울이 다윗을 죽이려 했을 때 다윗은 계속 구원받았다. 우리는 상황들이 공모하여 사울을 대적했다고 말할 수 있을 것이다. 그러나 그 상황들은 물론 하나님의 통제 아래 있었다. 다윗은 생애 말년에 이 점을 명시적으로 깨달았다. "내 생명을 모든 환난에서 구하신 여호와께서 살아 계심을…"(왕상 1:29).

"모든 환난"에 대해 말할 때 다윗은 단지 영적 시험들만이 아니라 어느 정도는 다양한 **육체적** 환난들에 초점을 맞춘 것이었다. 그러나 이러한 육체적 환난들로부터의 구원은 다윗에 대한 하나님의 사랑과 돌봄을 보여

---

3   보다 완전한 설명은 "Overview of the Bible: A Survey of the History of Salvation," *The ESV Study Bible*(Wheaton, IL: Crossway, 2008), 23-26, http://www.frame-poythress.org/over-view-of-the-bible-a-survey-of-the-history-of-salvation/(2014년 7월 3일 접속)에 실린 글을 보라.

주었다. 또한 하나님의 사랑과 돌봄은 단지 육체적 측면만이 아니라 삶의 모든 측면까지 확장된다. 다윗의 시들에서 우리는 하나님이 단지 다윗의 육체적 구원에 대한 필요만이 아니라, 어떻게 다윗의 감정적·영적 어려움들까지 돌보았는지를 볼 수 있다. 요약하자면 하나님의 구원의 행위들은—기적적이든, 섭리적이든—구속의 표지로서의 역할을 하며, 작은 구속의 행위들은 하나님이 그리스도를 통해 성취한 **포괄적인** 구속을 고대한다.

그림 A.1은 그리스도 안의 구속이 어떻게 성경의 나머지 모든 부분과 관계가 있는지를 요약한다.

그림 A.1: 성경의 중심인 그리스도

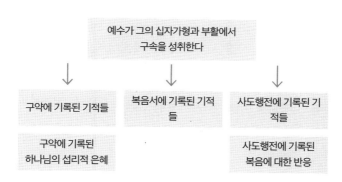

모형들과 모형론

요한복음과 마태복음에 기록된 기적들을 살펴볼 때 우리는 기적들의 상징적 의미를 이해하기 위해 반복적으로 클라우니의 삼각형을 사용해왔다. 그러나 클라우니는 원래 구약의 **모형들**을 해석하기 위한 방법에 대한 그의 아이디어를 표현하기 위해 이 삼각형을 만들었다. 따라서 클라우니의 삼각형에 요약된 아이디어들을 사용해서 구약—구약은 클라우니가 원래 그 삼각형이 사용되도록 의도한 곳이다—의 기적들을 분석할 수 있다. 이 책의 본론에서 우리는 원래는 구약에 사용되던 클라우니의 삼각형을 끌어내서 이 삼각형을 복음서들에 기록된 기적들에 적용했다. 다음에 우리는 이 삼각형을 사도행전에 기록된 기적들에까지 확장해서 사용했다. 또한 우리는 방금 전에 클라우니가 원래 적용 대상으로 의도했던 구약의 영역으로 이 삼각형을 "되가져왔다."

구속에 대한 갈망

성경을 읽어보지 않은 사람들조차 하나님에게서 달아날 수 없다. 로마서 1:18-23에 따르면 그들은 하나님을 안다. 그러나 이런 종류의 불가피한 지식은 그들을 구원할 수 없다. 도리어 그 지식은 그들을 정죄한다. 그들은 하나님을 알면서도 하나님으로부터 달아나고, 하나님의 대체물인 우상들을 섬긴다.

사람들은 또한 이 세상 전체가, 그리고 특히 그들 자신의 삶이 마땅히 그래야 하는 모습이 아니라는 사실을 경험한다. 그들은 구속을 갈망한다. 그래서 그들은 자신들의 역사에서 출현하는 영웅들을 존경한다. 또는 그들은 다른 사람들을 억압으로부터 구속하는 영웅이 나오는 허구의 이야기들을 지어낸다. 성경 밖의 이런 이야기들은 아무런 특별한 권위도 없다. 성경에 기록된 이야기들만 신적 권위가 있다. 정경에 그 이야기들이 포함된 것은 그 이야기들이 창조부터 타락, 그리스도 안의 구속 그리고 새 하늘과 새 땅에서의 완성까지의 구속으로 이어지는 전체 구속 이야기에서 뚜렷한 역할을 한다는 것을 암시한다.

이와 대조적으로 성경 밖의 영웅 이야기들은 인간에게서 비롯되었다. 그러나 구속에 대한 인간의 갈망은 완전히 억누를 수 없기 때문에 이러한 이야기들조차도 어떤 구속의 양상을 보여준다. 이 이야기들은 잘못되고 위조된 종교적 아이디어들과 소망들에 의하여 왜곡될 수도 있다. 그럼에도 그리스도 안에 있는 진짜 이야기와 어느 정도 닮은 점이 발견될 수 있다. 그러므로 이런 이야기들은 질문들을 제기하고 비그리스도인들과의 논의를 고취하는 접점 역할을 할 수 있다. 이 이야기들은 구속의 실재가 어떻게 발견될 수 있는지에 대한 질문을 제기한다. 우리는 성경을 통해 이것이 그리스도 안에서 발견된다는 것을 안다.[4]

영웅들

예컨대 슈퍼맨은 일종의 그리스도와 같은 존재인가? 슈퍼맨은 단지 인간의 모습을 했을 뿐이지만 그리스도는 참 인간이기 때문에 모든 것이 다 일치하지는 않는다. 그러나 슈퍼맨은 다른 세계에서 왔고 기적을 행하는 능력을 갖고 있다.

ET는 그리스도와 같은 존재인가? 영화 "스타워즈"에 등장하는 오비완 케노비가 그런 인물인가? 픽션 또는 논픽션 영화에 등장하는 어떤 영웅적인 인물들도 그리스도와 완전히 일치하지는 않는다. 그러나 우리는 왜

---

4   Poythress, *In the Beginning Was the Word*, 195–208, 217–218.

사람들이 영웅적인 인물들에 매력을 느끼는지 그리고 그들은 왜 구속적인 줄거리를 가진 영화들을 보기 원하는지 물어야 한다. 그들의 갈망은 질문을 제기하는데, 그리스도의 사역은 근본적인 대답을 제공한다.

작은 구속의 줄거리들

우리는 그리스도가 성취한 구속이 포괄적이라는 것을 안다. 그 구속의 효과는 인간의 모든 질병과 인간의 모든 필요 그리고 인간의 모든 죄에 미치며, 심지어 죽음 자체에까지 미친다. 또한 그 구속은 이 외에도 우주 자체의 갱신을 위한 토대 역할을 한다(롬 8:19-21). 만약 그 효과들이 그토록 광범위하고 깊게 미친다면, 그 효과들은 모든 그리스도인 개인의 삶 속 및 모든 인간의 기관들 안에 미친다. 8장에서 우리는 구체적인 적용들을 살펴보았다. 그리스도의 구속의 효과는 설거지에 지겨워진 조우에게, 아들을 훈계하는 수에게, 화학 시험에 낙제한 데이브에게, 그리고 신나는 연애를 시작하기 원하는 제인에게 적용된다. 이런 사례들 혹은 우리가 경험했거나 상상할 수 있는 더 많은 사례들의 특수성은 그리스도 및 그가 성취한 것의 적실성을 보여준다.

그런 사례들은 또한 구속의 줄거리들의 적실성과 침투성을 나타낸다. 그리스도는 조우의 삶과 수의 삶에서 성령을 통해 역사한다. 조우가 그리스도가 하신 일을 마음에 새기면 그리스도는 조우가 그의 싫증을 극복하게 해준다. 조우는 설거지에서 그리스도를 섬기는 의미를 발견하기 시작한다. 그리스도가 수의 삶에서 역사하면 그녀는 이기적인 분노 및 게으름과의 싸움에서 승리를 경험할 수도 있을 것이다. 그녀는 고통과 어려움으로부터 부분적인 해결로 옮겨간다. 수는 그리스도 안에서 악하고 자기중심적인 동기들을 회개하고 경건한 훈육으로 옮겨갈 영적 힘을 얻는다. 그녀의 아들 팀은 만약 자신의 죄의 결과를 후회할 뿐 아니라, 그리스도 안의 용서를 경험하고 이에 대해 감사하며 앞으로 하나님을 섬기기 원하는 진정한 열망을 갖게 된다면 은혜 안에서 성장할 수 있을 것이다. 시련 중의 순종은 보상으로 이어진다. 말하자면 그런 일련의 사건들은 구속의 줄거리를 예시한다. 하나님은 그의 성도들에게 보상을 약속했다. "이는 기업의 상을 주게 받을 줄 아나니…"(골 3:24).

그러나 우리는 성화된 순종과 율법적인 순종을 구별할 필요가 있다. 교만과 현세의 보상에 대한 이기적인 욕구에서 나온 율법적 순종이 때때로 **일시적** 보상으로 이어질 수 있다. 그러나 그 근저의 동기들은 왜곡되어 있다. 그러나 왜곡된 형태로도, 그 동기들은 여전히 본래의 왜곡되지 않은 줄거리를 반영한다. 율법적인 순종은—그리스도 안에서 참으로 하나님을 섬기는 것을 위조하지 않는 한—매력적이지 않을 것이다.

우리는 또한 이생의 삶에서 우리에게 성공뿐 아니라 실패도 온다는 것을 깨달을 필요가 있다. 우리는 거듭해서 하나님의 길을 따르지 못할 수도 있다. 이러한 실패에 대한 답은 그리스도의 순종에 근거해서 얻어진 용서다. 불순종에 대한 용서는 진정한 순종에 대한 보상만큼 좋은 방법은 아니다. 그러나 그것도 여전히 우리에게 구속의 줄거리의 한 형태를 제공한다.

마지막으로, 우리는 인간의 삶—우리 자신의 삶과 다른 사람들의 삶—에 비극적으로 악화되는 줄거리들이 있다는 것을 깨달을 필요가 있다. 불순종과 어리석음은 재앙으로 이어진다. 나는 "비극적 줄거리"라는 명칭을 상당히 광범위하게 외관상 재앙으로 끝나는 인간의 모든 경험에 대해 사용하고 있다. 수많은 재앙들이 있다. 그중 일부는 어떤 사람 자신의 죄의 즉각적인 결과로 발생한다. 그중 일부는 다른 누군가가 희생자들에게 죄를 지은 결과로 발생한다. 일부는 우리가 아담의 죄로 인하여 신비하고 추적할 수 없는 방식으로 영향을 받은 타락한 세상에 살고 있기 때문에 발생한다. 그리스도에게 속한 사람들에게는 고난조차도 결국에는 긍정적인 의미가 있다. 우리는 "고난에 참여"하도록 요구된다(빌 3:10). 우리는 각 사건의 의미를 알지 못하며, 때때로 욥처럼 괴로워할 수도 있다. 그러나 우리가 그것을 알지 못할 때에조차도 "하나님을 사랑하는 자 곧 그의 뜻대로 부르심을 입은 자들에게는 모든 것이 합력하여 선을 이루는"(롬 8:28) 것이 사실이다.

그리스도인들이 그것을 이해하지 못하며 그것이 어떻게 오는지 알 수 없을 때에도, 고통 중에 있는 그리스도인들에게 그리스도의 구속의 능력이 찾아온다. 그리스도인 신자들에게는 고통이—그리스도의 삶과 죽음과 부활에서도 그랬듯이—결국에는 영광으로 이어진다. 따라서 그리스도에게 속한 우리 각자는 계속해서 살아 있는 구속의 줄거리들인데, 어떤 것은 아주 작아 보이고, 어떤 것은 더 커 보인다.

심판의 줄거리

비그리스도인들은 어떠한가? 그들은 햇빛과 비 그리고 일반은총의 다른 혜택들을 받는다.

이는 하나님이 그 해를 선인과 악인에게 비추시며 지를 의로운 자와 불의한 자에게 내려주심이라(마 5:45).

곧 여러분에게 하늘로부터 비를 내리시며 결실기를 주시는 선한 일을 하사 음식과 기쁨으로 여러분의 마음에 만족하게 하셨느니라(행 14:17).

비그리스도인들은 그들이 일반은총을 받을 때 희미한 형태의 구속의 줄거리들을 경험한다. 그러나 일반은총의 존재가 그들이 구원받는다는 의미는 아니다. 만약 그들이 계속 그들의 상실된 상태에 머문다면, 그들의 삶의 전체적인 줄거리는 결국 비극적으로 된다. 구속의 줄거리의 이미지에 완전히 반대되는 것으로서의 반구속적(anti-redemptive) 줄거리가 존재한다. 그것은 우리가 아담 안에서 그리고 그의 불순종에서 보는 줄거리다.

에덴 동산에서의 축복의 상황은 아담의 죄로 붕괴되었다. 그리고 그 붕괴는 암처럼 퍼져 죽음을 초래했다. 아담에게 일어난 이 근본적인 결과는 모든 그의 후손들에게 영향을 끼쳤다. 그들은 모두 죽음에 종속된다(창 5장). 그들은 모두 자신의 삶에서 계속해서 죄의 비극을 경험한다. 하나님은 반구속적 줄거리의 존재 때문에 이 세상에 그리스도를 보냈다. 그의 구속은 죄의 반구속을 없애는 유일한 길이다.

구속의 줄거리와의 유비를 사용하기

따라서 우리는 그리스도 안에서의 구속의 핵심적 의미와 우리의 삶에서의 특별한 구속의 경험들 사이의 유비를 인식해야 한다. 우리는 파괴적으로 끝나는 비극적인 이야기들이 있다는 것도 깨달아야 한다. 이러한 유비들을 인식해감에 따라 우리는 우리의 구속자인 그리스도와 연합한 삶을 더 잘 살 수 있다. 우리는 우리의 삶이 어떻게 그의 승리에 의지해야 하며 그의 현존에 의하여 어떻게 힘을 얻게 되는지 더 잘 이해하게 된다.

유비들을 인식한다 해서 우리 자신의 경험들을 성경과 같은 수준에 둘 수는 없다. 그리스도의 사역은 독특하며, 역사 전체에서 구속의 모든 적용의 토대다. 성경은 하나님 자신의 말씀이기 때문에 독특하다. 우리는 성경에서 구속의 의미에 대한 권위 있는 설명과 해석을 받을 뿐, 다른 곳에서는 이를 받지 못한다.

우리가 그리스도의 사역의 독특성과 성경의 독특성을 이해할 때 우리는 비로소 우리 삶에 대한 그리스도의 사역의 적실성과 성경이 우리의 삶에 함의하는 바에 대해서도 이해하기 시작할 수 있다. 그리스도의 사역과 성경은 바로 독특하고 근본적이기 때문에 지극히 적실하다. 사람이 아니라 하나님께서 그리스도의 사역과 성경이 일상의 삶에 적용되는 바가 있도록 고안했다.

불신자들의 삶에서 우리는 성경의 구속과 심판 양상들에 대한 희미한 유비들을 깨달을 수 있다. 불신자들과 신자들은 다르다. 잃어버림을 당하는 것과 구원 받는 것 사이에는 엄청난 차이가 있다. 그러나 불신자들은 이 잃어버림을 당한 세상의 일부이며 하나님의 일반은총의 축복들에 참여한다. 그 과정에서 그들 자신은 행복한 결말과 비극 모두를 포함한 삶을 산다. 우리가 이 사실을 깨달을 때 그리고 우리가 불신자들의 삶에서조차 하나님의 섭리적 통제를 볼 때, 우리는 그들의 삶에 대한 복음의 적실성을 더 잘 설명할 수 있는 위치에 있게 된다.

우리는 성경에 기록된 하나님의 교훈에 비추어 우리의 삶을 이해하기 위해 노력해야 한다. 이 과업에서 성경 전체가 유용하다(딤후 3:16-17). 성경의 유용성은 복음서들에 기록된 예수의 기적들에도 적용된다. 한 측면에서는 그 기적들은 핵심적인 구속의 성취인 그리스도의 죽음과 부활을 가리킨다. 또 다른 측면에서는 그것들은 구약과의 연결고리 및 사도행전과의 연결고리뿐만 아니라, 현재를 살아가는 각 사람의 삶과의 연결고리도 제공한다. 우리의 삶은 줄거리를 보여준다. 우리의 삶은 성경과 동일한 수준에 있는 것이 아니다. 성경은 하나님의 영감으로 써졌고 하나님의 권위가 있는 반면에 우리는 하나님의 섭리적 통제 아래에서 살아간다. 그러나 성경은 우리의 삶과 우리의 삶 안에서의 보다 작은 줄거리들에 **적용된다**.

바라기는 영광의 하나님이 우리 모두에게 예수 자신이 복음서들에서 우리에게 보여준 기적들을 통해 그리스도의 영광을 보여주셨으면 한다. 하나님이 그리스도의 십자가형과 부활 안에 있는 그리스도의 영광을 우리에게 보여주시기를 소원한다. 그리스도와의 연합을 통해서 하나님이 우리 삶에서 구속의 적용을 실행하고, 우리로 하여금 그의 자비, 그의 위엄, 그의 지혜 그리고 영생의 약속을 인하여 하나님을 찬양하고 하나님께 영광을 돌리게 하시기를 소원한다. 그리스도를 통해서 우리가 지금 성령 안에서 새로운 삶을 경험하고, 이후에 새 하늘과 새 땅에서 그의 현존 가운데 영생을 경험하기를 소원한다.

참고문헌

Blomberg, Craig. *The Historical Reliability of John's Gospel: Issues and Commentary*. Downers Grove, IL: InterVarsity Press, 2002.

_____. *The Historical Reliability of the Gospels*. 2판 Downers Grove, IL: InterVarsity Press, 2007.

Bruce, F. F. *The New Testament Documents: Are They Reliable?* Grand Rapids, MI: Eerdmans, 2003.

Carson, D. A. *The Gospel according to John*. Leicester, England: InterVarsity; Grand Rapids, MI: Eerdmans, 1991.

_____. "Matthew." In *The Expositor's Bible Commentary*. Vol. 9. 개정판 Tremper Longman III and David E. Garland 편, Grand Rapids, MI: Zondervan, 2010.

Clowney, Edmund P. *Preaching and Biblical Theology*. Grand Rapids, MI: Eerdmans, 1961.

Collins, C. John. *The God of Miracles: An Exegetical Examination of God's Action in the World*. Wheaton, IL: Crossway, 2000.

Fant, Gene C., Jr. *God as Author: A Biblical Approach to Narrative*. Nashville: B&H, 2010.

Frame, John M. *The Doctrine of the Word of God*. Phillipsburg, NJ: Presbyterian & Reformed, 2010.

France, R. T. *The Gospel of Matthew*. Grand Rapids, MI/Cambridge, UK: Eerdmans, 2007.

Keener, Craig S. *Miracles: The Credibility of the New Testament Accounts*. 2 vols. Grand Rapids, MI: Baker, 2011.

Köstenberger, Andreas J. *John*. Grand Rapids, MI: Baker, 2004. Leithart, Peter J. *Deep Exegesis: The Mystery of Reading Scripture*. Waco, TX: Baylor University Press, 2009.

Metzger, Bruce M. *A Textual Commentary on the Greek New Testament*, 2판, London/New York: United Bible Societies, 1994.

Murray, John. *Redemption Accomplished and Applied*. Grand Rapids, MI: Eerdmans, 1955.

_____. "The Attestation of Scripture." In *The Infallible Word: A Symposium by the Members of the Faculty of Westminster Theological Seminary*, N. B. Stonehouse and Paul Woolley 편, Philadelphia: Presbyterian & Reformed, 1946. 1–54.

Osborne, Grant R. *Matthew*. Zondervan Exegetical Commentary on the New Testament. Grand

Rapids, MI: Zondervan, 2010.

Phillips, Richard D. *Mighty to Save: Discovering God's Grace in the Miracles of Jesus*. Phillipsburg, NJ: Presbyterian & Reformed, 2001.

Poythress, Vern S. *God-Centered Biblical Interpretation*. Phillipsburg, NJ: Presbyterian & Reformed, 1999.

_____. *In the Beginning Was the Word: Language—A God-Centered Approach*. Wheaton, IL: Crossway, 2009.

_____. *Inerrancy and Worldview: Answering Modern Challenges to the Bible*. Wheaton, IL: Crossway, 2012.

_____. *Inerrancy and the Gospels: A God-Centered Approach to the Challenges of Harmonization*. Wheaton, IL: Crossway, 2012.

_____. "Overview of the Bible: A Survey of the History of Salvation," *The ESV Study Bible*. Wheaton, IL: Crossway, 2008. Pages 23-26에 실린 글. http://www.frame-poythress. org/overview-of-the-bible-a-survey-of-the-history-of-salvation/, 2014년 7월 3일 접속.

_____. *Reading the Word of God in the Presence of God: A Handbook for Biblical Interpretation*. Wheaton, IL: Crossway, forth-coming.

_____. *Redeeming Science: A God-Centered Approach*. Wheaton, IL: Crossway, 2006.

Stonehouse, N. B., and Paul Woolley 편, *The Infallible Word: A Symposium by the Members of the Faculty of Westminster Theological Seminary*. Philadelphia: Presbyterian & Reformed, 1967.

Trench, Richard Chenevix. *Notes on the Miracles of Our Lord*, 13판, London: Kegan Paul, Trench, & Co., 1886(그리고 다른 많은 판본들).

성구 색인

구속사적 관점에서 본 예수의 기적

예수의 기적의 과거·현재·미래적 의미

Copyright ⓒ 새물결플러스 2019

1쇄 발행 2019년 12월 13일

지은이 번 S. 포이트레스
옮긴이 홍승민
펴낸이 김요한
펴낸곳 새물결플러스

편 집 왕희광 정인철 박규준 노재현 한바울 정혜인
이형일 서종원 나유영 노동래 최호연
디자인 윤민주 황진주 박인미 이지윤
마케팅 박성민 이원혁
총 무 김명화 이성순
영 상 최정호 조용석 곽상원
아카데미 차상희

홈페이지 www.holywaveplus.com
이메일 hwpbooks@hwpbooks.com
출판등록 2008년 8월 21일 제2008-24호
주 소 (우) 04118 서울시 마포구 마포대로19길 33
전 화 02) 2652-3161
팩 스 02) 2652-3191

ISBN 979-11-6129-133-8 93230

책값은 뒤표지에 있습니다.

이 도서의 국립중앙도서관 출판예정도서목록(CIP)은 서지정보유통지원
시스템 홈페이지(seoji.nl.go.kr)와 국가자료공동목록시스템(nl.go.kr/
kolisnet)에서 이용하실 수 있습니다. CIP2019048389